Reclams
Lateinisches Zitaten-Lexikon

Von

Muriel Kasper

Philipp Reclam jun. Stuttgart

Für Raban und Maura

2., durchgesehene Auflage 1997

Gesamtherstellung: Reclam, Ditzingen. Printed in Germany 1997

ISBN 3-15-029477-0

Einleitung

So ein paar grundgelehrte Zitate zieren den ganzen Menschen.

Heinrich Heine, *Reisebilder*, Zweiter Teil

Es mag seltsam anmuten, daß eine Sammlung lateinischer Zitate mit einem Spruch eines deutschen Dichters beginnen soll – zumal einem so ironischen. Kaum ein anderes Zitat jedoch gibt die Zwiespältigkeit eines solchen Unterfangens in der heutigen Zeit so treffend wieder.

Selbst wenn im Internet Kommunikationen in lateinischer Sprache stattfinden, so ist generell eher eine rückläufige Tendenz in der ernsthaften Auseinandersetzung mit der Sprache und Kultur Roms zu verzeichnen – eine Tendenz, die bei der zunehmenden Relevanz anderer Wissensbereiche verständlich ist, die Liebhaber der Reichtümer jener Kultur jedoch eine enorme geistige Verarmung der kommenden Zeiten voraussehen läßt.

Dieser Tendenz steht die oft mißbrauchte Aura der Gelehrsamkeit gegenüber, die in den Augen vieler die lateinische Sprache auch heute noch umgibt: Manch einer bedient sich solcher Zitate, um mit ein paar souverän dahergesagten lateinischen Worten seine vermeintlich »tiefe Gelahrtheit anzubringen« (wieder Heine, siehe oben). »Delirant, isti Romani!« – »Die spinnen, die Römer!« mag sich da der mit unverständlichem Latein bombardierte Gesprächspartner sagen.

Sowohl dem Verschwinden einer ganzen Kultur als auch dem seichten, allein auf Prestige bedachten Wissen möchte dieses Büchlein entgegenwirken. Es soll Neugierde wecken, zu weiterer Lektüre anregen und vor allem die Bedürfnisse der Benutzer erfüllen, die ein bestimmtes Zitat suchen: durch knappe, exakte Hinweise auf den genauen Wortlaut eines Zitats, dessen Fundort und, wenn nötig, durch Erläuterungen zum literarischen Kontext und kulturellen Hintergrund. Leser, die mit der Sprache Roms bislang keinen Kontakt hatten, sind hier ebenso angesprochen wie Kenner der lateinischen Literatur, da neben den Informationen zur Situierung der Zitate häufig Parallelstellen aufgeführt werden. Die streng alphabetische Anordnung der Einträge erlaubt es, auch ohne Kenntnis des Lateinischen ein im Wortlaut vorliegendes Zitat ausfindig zu machen. Wer lediglich rudimentäre Sprachkenntnisse besitzt, dem soll durch die textnahen (für deutsche Ohren daher bisweilen vielleicht etwas widerspenstigen) Übersetzungen der lateinischen Originale wieder auf die Sprünge geholfen und das Zitat so auch sprachlich nähergebracht werden. Die »Holprigkeit« mancher Übersetzung wird, wo dies möglich ist, durch analoge sprichwörtliche Wendungen des Deutschen wettgemacht, die in vielen Fällen Karl Simrocks Sammlung deutscher Sprichwörter entnommen sind. Bei der Suche nach dem Ausspruch eines bestimmten Urhebers leistet ein Quellenregister (siehe S. 423), das bei den wichtigsten Schriftstellern nach Einzelwerken oder Werkgruppen aufgegliedert ist, eine Hilfestellung. Lesern, die ein Zitat für einen bestimmten Anlaß suchen oder sich nicht mehr an den genauen Wortlaut erinnern, mag ein knappes Schlagwortregister (siehe S. 403) dienlich sein.

Die ausgewählten Zitate beschränken sich nicht auf antike Quellen, sondern illustrieren das Fortleben der lateinischen Sprache über das Mittelalter hinaus bis in die Neuzeit: Queen Elizabeth II. hat mit ihrem Ausspruch aus dem Jahre 1992 hier in zeitlicher Hinsicht das letzte Wort (siehe S. 35). Außer literarischen Zitaten fanden auch zahlreiche Wendungen aus dem kirchlichen und juristischen Bereich sowie aus Studentenliedern neben Aussprüchen historischer Persönlichkeiten Eingang. Frappant ist bereits nach kurzem Schmökern die gedankliche Nähe vieler Zitate zu heutigen Lebenssituationen; häufig zeigt sich auch eine Parallelität zu den sprachlichen Motiven des Deutschen (z. B. »Una hirundo non facit ver« – »Eine Schwalbe macht noch keinen Frühling«). Befremdlich hingegen sind etwa die zahlreichen misogynen Einträge, die, auch wenn bereits das Zeitalter der ›political correctness‹ eingeläutet wurde, hier aus zwei Gründen nicht fehlen sollen: Zum einen wäre die Sammlung ohne sie nicht vollständig und würde das Bild des überlieferten Gedankenguts verfälschen. Zum andern bieten Hintergrundinformationen zu solchen Zitaten mitunter die Mittel, ewig Gestrige zu entwaffnen, wurden doch manche Aussprüche erst im Laufe ihres Gebrauchs frauenfeindlich gedeutet, während sie im Kontext des Originals anders intendiert waren (siehe z. B. das Plautus-Zitat auf S. 209).

Um einen effektiven Gebrauch dieses Buchs zu gewährleisten, sind noch einige Hinweise vonnöten:

Wie erwähnt, sind die Zitate streng alphabetisch geordnet. Bei Prosa-Zitaten können einleitende Partikel (z. B. »et«, »nam«) wegfallen, auch wenn sie dem Original voranstehen. Ausschlaggebend für eine solche Auslassung ist die jeweils gängige Zitierweise – ein Vorgehen, das sicherlich anfechtbar ist. Verse hingegen werden unter Beachtung der Satzgrenzen vollständig zitiert. Sind Aussprüche in mehreren Formen überliefert, so wird dies durch Verweise vermerkt (siehe z. B. »›disiecti membra poetae‹, häufig zitiert als ›disiecta membra poetae‹«).

Bei den Quellenangaben wurde stets versucht, einen wörtlichen Beleg für die überlieferte Wendung zu finden, was nicht immer möglich war. Ist der Eintrag gegenüber dem Original nur geringfügig syntaktisch verändert, so wird dies durch Zufügung von »nach« (z. B. »nach Cicero«) verdeutlicht. Eine Ausnahme bilden allerdings vollständige Sätze, die im Original in eine längere Periode eingebettet sind; sie werden als in sich geschlossene Sätze zitiert. Sind Zitat und Quelle nur inhaltlich miteinander verwandt, wird der Fundort mit »vgl.« eingeleitet. Wendungen, die bereits in der Antike als sprichwörtlich galten, werden als solche gekennzeichnet. Ein besonderes Anliegen dieses Büchleins liegt darin, möglichst die jeweils älteste Quelle anzugeben; darauf folgen bei besonders bekannten Zitaten in chronologischer Reihenfolge, wenn diese feststellbar ist, Beispiele für eine Wiederaufnahme oder Weiterentwicklung des jeweiligen Zitats. Sie stellen jedoch nur eine geringe Auswahl dar, da der Rahmen dieses Buches es nicht erlaubt, die komplette Geschichte eines Motivs oder Gedankengangs vorzulegen. So wird man vergeblich nach Verweisen auf die Verwendung der Zitate in den einzelnen Nationalliteraturen suchen.

Schlecht überlieferte Textstellen sowie *versus suspecti* werden nicht als solche markiert, sofern sie in den geläufigen Textausgaben enthalten sind. Generell richten sich die Stellenangaben nach den Zählungen der Standardausgaben (vornehmlich Teubner, Oxford University Press und Loeb). Dies gilt auch für Fragmentsammlungen; da hier die Zählungen stark divergieren, findet der jeweils konsultierte Editor Erwähnung. In den seltenen Fällen auffälliger Archaismen wurden Zitate orthographisch vereinheitlicht; die Interpunktion geht einen Mittelweg zwischen syntaktischer und semantischer Motivation, ähnlich den Gepflogenheiten englischsprachiger Editoren.

Für zahlreiche lateinische Zitate ließen sich griechische Quellen angeben. Hier sollen sich jedoch die Angaben auf Fälle beschränken, in denen das Lateinische eine mehr oder weniger wörtliche Übersetzung einer griechischen Textstelle darstellt, der lateinische Autor selbst auf eine griechische Fassung verweist oder die griechische Urheberschaft so offensichtlich ist, daß sie nicht unerwähnt bleiben durfte. Die Titel der griechischen Werke sind in deutscher Sprache angegeben, die Namen je nach Geläufigkeit nach der deutschen oder lateinischen Schreibweise standardisiert.

Nun wird sich der Leser fragen, nach welchen Kriterien hier entschieden wurde, was ein Zitat sei und in welcher Form es aufgenommen werde, vielmehr noch: wieso überhaupt ein neues Zitatenlexikon einer toten oder zumindest für tot erklärten Sprache publiziert werden müsse.

Zunächst zur Auswahl: Das vorliegende Büchlein ist natürlich den Sammlungen verpflichtet, die im Anschluß an dieses Vorwort aufgelistet werden. Die Überlegung, daß manche Zitate nur noch als solche gelten, weil ein Lexikon-Verfasser sie vom vorausgehenden übernahm, verwehrte jedoch einigen Zitaten die Aufnahme. Statt dessen avancierte der tatsächliche Gebrauch der Wendungen zum ausschlaggebenden Kriterium – mit der

Einschränkung, daß in Zweifelsfällen auch persönliche Vorlieben zum Tragen kamen. Andere Eintragungen beruhen auf der eigenen Sammlung häufig zitierter Wendungen. Der Wortlaut richtet sich generell nach dem Original; wenn Original und zitierte Version stark voneinander abweichen, wird dies erwähnt.

Keine Berücksichtigung fanden sprichwörtliche Wendungen, die nicht auf eine konkrete Quelle zurückgehen, Floskeln und Versatzstücke, die gelegentlich in Fremdwörterlexika und recht umfassend bei Bartels erläutert werden. Nach »De gustibus non est disputandum« etwa wird man vergeblich suchen. Nur in seltenen Fällen wird mit dem Kürzel »HW« auf Hans Walthers *Proverbia sententiaeque Latinitatis medii aevi* verwiesen. »HWS« bezeichnet die Weiterbearbeitung durch Schmidt. Aussagen historischer Persönlichkeiten entbehren gelegentlich einer konkreten Quelle. Wenn sie jedoch in mehreren Geschichtswerken belegt werden, fehlen sie auch in diesem Buch nicht. Amüsanten *Maccaroni*-Sprüchen, Hybriden aus lateinischen und deutschen Wörtern, wie Zoozmann sie bisweilen darbietet, wurde hier keine Aufmerksamkeit zuteil.

Doch wozu ein weiteres lateinisches Zitatenlexikon? Zugegeben: Die Zahl der erst in den letzten Jahren in lateinischer Sprache geäußerten Worte, denen Flügel verliehen wurden, ist beklagenswert gering. Von der Aufnahme aktuell hinzugekommener Zitate kann also nur in wenigen Fällen die Rede sein. Verbesserungsbedürftig schien in den meisten bisherigen Werken jedoch vor allem die Quellenforschung: Bisweilen werden die Quellen nur vage angegeben oder fehlen gänzlich, obwohl sie eindeutig zu lokalisieren sind; nicht selten finden sich leider auch falsche Angaben. Auch das vorliegende Büchlein stellt in dieser Hinsicht nur einen kleinen Fortschritt dar, keineswegs eine endgültige Erkenntnis. Daneben wurde im Vergleich zu einigen Vorgängern vermieden, Zitate nach Vertauschung der Wortreihenfolge mehrfach unter verschiedenen Buchstaben des Alphabets erscheinen zu lassen, da dies den Eindruck von der Größe des überlieferten Zitatenschatzes fälscht und denjenigen, der mehrere Buchstaben hintereinander liest, verwirrt. Neu ist in dieser Sammlung vor allem die kompakte Form, sowohl was das Format betrifft als auch in Hinblick auf die Länge der Erklärungen, ohne daß dadurch die Zahl der Einträge oder die Verständlichkeit beeinträchtigt würde. Sicherlich wird ein jeder Leser einige Zitate vermissen oder auch zur einen oder anderen Quelle eine Ergänzung bieten können; entsprechende Hinweise nehme ich dankbar entgegen.

Nach diesen spröden Präliminarien ist es mir eine Freude, Thorsten Fögen und Antje Schäfer meinen Dank für ihre zahlreichen Hinweise und Ratschläge während der gesamten Arbeitsphase auszusprechen. Mein besonderer Dank gilt ebenso Daniela Bästlein, Tanja Diemer-Benedict und Christoph Benedict, Sigrid Eckart, Dr. Dr. Sotera Fornaro, Dr. Wilfried Henning, Stephan Kriesel, Matthias Müller, Eleonore Pieh, Kerstin Stange, Thorsten Umland, Prof. Dr. Hans-Joachim Zimmermann und meinen Lehrern in Würzburg und in Heidelberg. Daneben soll die Bibliothek des Instituts für Klassische Philologie der Universität Heidelberg nicht unerwähnt bleiben; ohne die dortigen hervorragenden Arbeitsbedingungen wäre dieses Werk wesentlich erschwert worden.

Nun bleibt nur noch der Wunsch an den Leser, diese Sammlung möge ihm Freude bereiten und ihn weniger zu unreflektiertem Zitieren lateinischer Worte als vielmehr zu eigenen Gedanken inspirieren, denn:

Nemo gloriari nisi suo debet.
Niemand soll sich einer Sache rühmen außer der eigenen.
Seneca, *Epistulae morales* 41,7.

Anmerkung zur zweiten Auflage

An dieser Stelle möchte ich den zahlreichen Lesern danken, die durch ihre Hinweise wesentlich zur Verbesserung der zweiten Auflage beigetragen haben.

M. K.

Benutzte und zitierte Literatur

Bartels, Klaus: Veni, Vidi, Vici. Geflügelte Worte aus dem Griechischen und Lateinischen. Zürich/München ^{2}1992.

Bayer, Karl: Nota bene! Das lateinische Zitatenlexikon. Zürich/München ^{2}1994.

Büchmann, Georg: Geflügelte Worte. Der Zitatenschatz des deutschen Volkes. Berlin / Frankfurt a. M. / Wien ^{39}1986.

Cato, Otto: Lateinische Zitate, Kernsprüche und Redensarten. Hildesheim 1981. Neu bearb. von Hugo Birnbaum. Ebd. ^{5}1991.

Duden. Bd. 12: Zitate und Aussprüche. Bearb. von Werner Scholze-Stubenrecht [u. a.]. Mannheim/Leipzig/Wien/Zürich 1993.

Eichholz, Karl: Lateinische Citate mit deutscher Übersetzung. Lateinische Sprüche, Wörter und Sprüchwörter. Hamburg [o. J.].

Finzi, Giuseppe: Dizionario di Citazioni Latine ed Italiane. Palermo ^{2}1979.

Helfer, Christian: Crater Dictorum. Saarbrücken ^{2}1995.

Liebs, Detlef: Lateinische Rechtsregeln und Rechtssprichwörter. München 1982.

Otto, August/Häussler, Reinhard: Die Sprichwörter und sprichwörtlichen Redensarten der Römer. Leipzig 1890. Nachdr. Darmstadt 1968.

Reichert, Heinrich: Unvergängliche lateinische Spruchweisheit. Hamburg ^{7}1983.

Sellner, Alfred: Latein im Alltag. Wien ^{2}1987.

Sepp, Bernhard: Varia. Eine Sammlung von lateinischen und deutschen Versen, Sprüchen und Redensarten. Augsburg 1885.

Simrock, Karl: Die deutschen Sprichwörter. Frankfurt a. M. 1846. Neuausg. Stuttgart 1988. 1995.

Tosi, Renzo: Dizionario delle sentenze Latine e Greche. Milano ^{8}1993.

Walther, Hans: Carmina medii aevi posterioris Latina. Bd. 2: Proverbia sententiaeque Latinitatis medii aevi. Lateinische Sprichwörter und Sentenzen des Mittelalters in alphabetischer Anordnung. Ges. und hrsg. von Hans Walther. 5 Tle. Göttingen 1963–67. [Zit. als: HW.]
Bd. 2. N. F.: Proverbia sententiaeque Latinitatis medii aevi ac recentio-

ris aevi. Lateinische Sprichwörter und Sentenzen des Mittelalters und der frühen Neuzeit in alphabetischer Anordnung. Aus dem Nachlaß von Hans Walther hrsg. von Paul G. Schmidt. 3 Tle. Ebd. 1982–86. [Zit. als: HWS.]

Werner, Jakob / Flury, Peter: Lateinische Sprichwörter und Sinnsprüche des Mittelalters. Heidelberg ²1966.

Zoozmann, Richard: Zitaten- und Sentenzenschatz der Weltliteratur. Leipzig ¹²1994.

A

ab alio amentatas hastas torquere
Pfeile verschießen, die ein anderer verfertigt hat
(d. h.: sich auf eine Autorität berufen; vgl.: Büchsenspanner)

Nach Cicero, *De oratore* 1,242.

Ab alio expectes, alteri quod feceris.
Erwarte vom anderen, was du (selbst) ihm getan.

Publilius Syrus, *Sententiae* A 2; ebenso Seneca (*Epistulae morales* 94,43), der den Spruch als bekannte Regel bezeichnet. Vgl. Fragment Ex inc. 82 Ribbeck; Matthäus 7,12 und Lukas 6,31.

Abducet praedam, qui occurrit prior.
Die Beute wird mit sich fortführen, wer sich als erster auf sie stürzt.
(Vgl.: Wer zuerst kommt, mahlt zuerst.)

Nach Plautus, *Pseudolus* 1197 f.

Ab hac regula mihi non licet transversum digitum discedere.
Von dieser Richtschnur darf ich keinen Finger breit abweichen.

Nach Cicero (*Academici libri priores* 2,58), der die Wendung bereits als Sprichwort bezeichnet.

ab hoc et ab hac et ab illa
von diesem und von dieser und von jener

Epigramm von Friedrich Taubmann (1565–1613), *Taubmanniana*, Abt. 4. Angesichts schwatzender Waschfrauen verkündet er: »Quando conveniunt ancilla, Sibilla, Camilla / sermonem faciunt, & ab hoc, & ab hac, & ab illa.« (»Wenn die Magd, Sibilla und Camilla zusammenkommen, schwätzen sie von diesem und von dieser und von jener.«)

Abi atque abstine manum!
Geh weg und nimm deine Hand weg!

Plautus, *Casina* 229; vgl. Terenz, *Adelphoe* 781.

ab igne ignem
vom Feuer Feuer

Cicero, *De officiis* 1,52. – Es galt als Pflicht, jedem Bedürftigen Feuer vom eigenen Herd zu gewähren.

Abi in malam crucem!
Geh zur Kreuzigung!
(Vgl.: Geh zum Henker!)

Nach Plautus, *Mostellaria* 850; vgl. Plautus, *Poenulus* 295; Terenz, *Andria* 317.

Abiit, excessit, evasit, erupit.
Er ging weg, entschwand, entkam, stürzte davon.

Cicero (*In L. Catilinam* 2,1) über Catilina.

ab imis unguibus usque ad verticem summum
von den Zehen bis oben zum Scheitel
(vgl.: vom Scheitel bis zur Sohle)

Cicero, *Pro Q. Roscio Comoedo* 20; vgl. Petron, *Satyrica* 102: »a capillis usque ad ungues« (»von den Haaren bis zu den Zehen«) und Apuleius, *Metamorphoses* 3,21.

ab imo pectore
aus tiefster Brust

Nach (z. B.) Lukrez, *De rerum natura* 3,57; Catull, *Carmina* 64,198; Vergil, *Aeneis* 1,371 und 1,485.

Ab initio nullum semper nullum.
Anfangs nichtig, immer nichtig.

Vgl. *Digesta* 50,17,29.

Ab Iove principium: Iovis omnia plena.
Von Jupiter her (nehmet) den Anfang: Alles ist von Jupiter erfüllt.

Vergil, *Bucolica* 3,60; vgl. auch *Aeneis* 7,219.

A bove maiore discat arare minor.
Vom größeren Ochsen lerne der kleinere pflügen.
(Vgl.: Wie die Alten sungen, so zwitschern die Jungen.)

HW: 04.

ab ovo
vom Ei an

Horaz (*Ars poetica* 147) spielt hier auf das Zwillingsei der Leda an, aus dem Helena geschlüpft war. Er lobt Homer, da er den Trojanischen Krieg eben nicht mit der Geburt Helenas, sondern »in medias res«, d. h. mitten im Geschehen begonnen habe.

ab ovo / usque ad mala
vom Ei bis zu den Äpfeln
(d. h.: vom Anfang bis zum Ende)

Horaz, *Sermones* 1,3,6 f. – Das römische Mahl wurde häufig mit einem Ei begonnen und mit einem Apfel beendet. Vgl. **ab ovo.**

Absens heres non erit.
Wer nicht zur Stelle ist, wird nicht erben.

HWS: 34367.

absentem qui rodit amicum
wer einen abwesenden Freund herabsetzt

Horaz, *Sermones*, 1,4,81.

Absit invidia verbo!
Mißgunst sei dem Worte fern!
(D. h.: mit Verlaub, mit Respekt)

Livius, *Ab urbe condita* 9,19,15; vgl. 36,7,7. Oft auch zitiert als: »Absit invidia dicto.« (»Mißgunst sei dem Gesagten fern.«)

Absoluta sententia expositore non indiget.
Vollkommene Worte bedürfen keines Interpreten.

Vgl. *Digesta* 32,25,1.

ab urbe condita (a.u.c.)
seit Gründung der Stadt (d. h.: Roms)

Varro hatte das Jahr 753 als Zeitpunkt der Gründung Roms errechnet. Livius benannte seine 142 Bücher umfassende Geschichte Roms bzw. des Römischen Reiches entsprechend *Ab urbe condita*.

Abusus non tollit usum.
Mißbrauch hebt ein Gebrauchsrecht nicht auf.

Vgl. Cicero, *Topica* 17.

A cane non magno saepe tenetur aper.
Ein kleiner Hund fängt oft einen wilden Eber.

Ovid, *Remedia amoris* 422.

a capillis usque ad ungues siehe **ab imis unguibus . . .**

accepto damno ianuam claudere
die Türe schließen, nachdem Schaden erlitten wurde
(vgl.: . . . wenn das Kind bereits im Brunnen liegt)

HWS: 34389.

Accidit in puncto, quod non speratur in anno.
Es ereignet sich in einem Augenblick, was man sich in einem ganzen Jahr nicht erhofft.
(Vgl.: Im Augenblick kann sich begeben, was man nie gedacht im Leben.)

Laut Julius Wilhelm Zincgref (*Teutscher Nation Apophthegmata* 1, S. 78) pflegte Kaiser Ferdinand diese Worte zu äußern »wann etwas unversehens zugieng.«
Vgl. HW: 242.

Accipe quam primum; brevis est occasio lucri!
Greif schleunigst zu; kurz nur bietet sich die Gelegenheit, zu Geld zu kommen.

Martial, *Epigrammata* 8,9,3.

Accipere quam facere praestat iniuriam.
Unrecht erleiden ist besser als Unrecht tun.

Cicero, *Tusculanae disputationes* 5,56.

accipitri columbas credere
einem Habicht Tauben anvertrauen

Nach Ovid, *Ars amatoria* 2,363.

Accusare nemo se debet nisi coram deo.
Niemand muß sich selbst bezichtigen – außer vor Gott.

Liebs A 15.

Acheronta movebo siehe **Flectere si nequeo superos . . .**

Acheruntis pabulum
Futter für den Acheron

Plautus, *Casina* 157. – Der Acheron ist einer der vier Ströme der Unterwelt.

A Corydon, Corydon, quae te dementia cepit!
Ach Corydon, Corydon, welch Wahnsinn hat dich ergriffen!

Vergil, *Bucolica* 69.

acta agere
Erledigtes erledigen
(vgl.: leeres Stroh dreschen)

Nach (z. B.) Plautus, *Cistellaria* 703 und *Pseudolus* 260 sowie Terenz, *Phormio* 419. Cicero bezeichnet die Wendung in *De amicitia* 85 bereits als Sprichwort.

actus fidei
Glaubensakt

Dieser Ausdruck wurde später im Portugiesischen zu *auto da fé*, womit die Urteilsverkündigung und -vollstreckung der spanischen und portugiesischen Ketzergerichte bezeichnet wurde.

Acu tetigisti siehe **Tetigisti acu**

ad absurdum
bis zur Sinnwidrigkeit

Vgl. z. B. Cicero, *Tusculanae disputationes* 1,61: »Absurdum id quidem.« (»Das ist Unsinn.«)

adamanta movere
Stahl (d. h.: ein hartes Herz) bewegen

Nach Ovid, *Amores* 3,7,57 f. und *Ars amatoria* 1,659.

ad bestias
zu den wilden Tieren
(d. h.: zum Kampf mit wilden Tieren verurteilt werden)

(z. B.) *Digesta* 28,1,8,4.

Adde fidem dictis auxiliumque refer!
Halte dein Versprechen und erwidere die Hilfeleistung!

Ovid, *Heroides* 12,194.

Adde, quod insidiae sacris a vatibus absunt.
Dazu kommt, daß den heiligen Dichtern Hinterhältigkeit fernliegt.

Ovid, *Ars amatoria* 3,539.

Additus ab insolente Gallo ponderi gladius.
Vom dreisten Gallier wurde zum Gewicht ein Schwert hinzugelegt.

Livius, *Ab urbe condita* 5,48,9. – Im Jahre 390 v. Chr. warf der Senonenfürst Brennus nach der Einnahme des Kapitols beim Abwiegen des Lösegelds aus Überheblichkeit sein Schwert auf die Waagschale und tat den berühmten Ausspruch: »Vae victis!« (»Wehe den Besiegten!«); vgl. **Vae victis**.

adhuc flagranti crimine
bei noch brennendem Verbrechen
(d. h.: auf frischer Tat)

Nach *Codex Iustinianus* 9,13,1,1. – Die Wendung wurde später abgekürzt zu *in flagranti* (›auf frischer Tat‹).

Adhuc sub iudice lis est siehe **Grammatici certant . . .**

Adhuc tua messis in herba est siehe **Sed nimium . . .**

Ad impossibilia nemo obligatur siehe **Impossibilium nulla obligatio . . .**

ad incitas redigere
in höchste Verlegenheit bringen

Nach Plautus, *Poenulus* 907. – Zu ergänzen ist *calces* (›Spielsteine‹), so daß die Wendung wörtlich bedeutet ›die Spielsteine unbeweglich machen‹, d. h. jemanden schachmatt setzen.

ad infinitum usque
weiter bis ins Unendliche

(z. B.) Quintilian, *Institutio oratoria* 11,2,41.

Ad ingenium redis.
Du kehrst zu deiner Veranlagung zurück.
(D. h.: Du wirst wieder du selbst.)

Terenz, *Hecyra* 113.

Aditum nocendi perfido praestat fides.
Redlichkeit ermöglicht einem Treulosen Zugang zu schädlichem Handeln.

Seneca, *Oedipus* 686. – Jemand, der sich durch vermeintliche Redlichkeit Vertrauen erheischt hat, kann, dieses Vertrauen ausnutzend, um so größeren Schaden anrichten.

Adiuvat in bello pacatae ramus olivae.
Im Krieg ist der Zweig des friedlichen Ölbaumes von Nutzen.

Der in der Verbannung befindliche Ovid (*Epistulae ex Ponto* 1,1,31) erwähnt den Friedenskaiser Augustus in seinen Gedichten und erhofft sich dadurch eine Verbesserung seiner Situation.

Adiuvat in duris aliquos praesentia rebus.
Im Unheil nützt manchen persönliches Erscheinen.

Ovid, *Epistulae ex Ponto* 2,7,53.

ad Kalendas Graecas (soluturi)

an den griechischen Kalenden (werden sie bezahlen)

Nach Sueton (*Vita divi Augusti* 87,1) war dies eine Redewendung des Kaisers Augustus. – Im römischen Kalender bezeichnete man den Monatsersten als ›Kalenden‹. Die Griechen hingegen zählten die Tage des Monats ohne besondere Bezeichnung und hatten folglich keine Kalenden. So ist die Wendung also vergleichbar mit dem deutschen »Sankt Nimmerleinstag«.

Ad maiorem Dei gloriam (vicit pietas).

Zum größeren Ruhme Gottes (siegte die Frömmigkeit).

Papst Gregor I., *Dialogi* 1,2,6. – Die Wendung wurde durch Ignatius von Loyola zum Wahlspruch des 1534 gegründeten Jesuitenordens.

Ad medicam dubius confugit aeger opem.

Wer bedenklich krank ist, sucht ärztlichen Beistand.

Ovid (*Epistulae ex Ponto* 3,4,8) bittet seinen Freund Rufinus, seine Dichtung wohlwollend aufzunehmen: So wie ein Kranker einen Arzt, so brauche er, der durch die Verbannung geschwächte Dichter, einen geneigten Leser. Vgl. **Parcendum est animo miserabile vulnus habenti.**

admodum tenui filo suspensum esse

an einem ziemlich dünnen Faden hängen

(vgl.: an einem seidenen Faden hängen)

Nach Valerius Maximus, *Facta et dicta memorabilia* 6,4,1.

ad nauseam usque

bis zum Erbrechen, bis zum Überdruß

HWS: 34444a.

Adnuit et totum nutu tremefecit Olympum.

(Jupiter) nickte gewährend und ließ durch sein Nicken den ganzen Olymp erbeben.

Vergil, *Aeneis* 9,106.

Ad nummum convenit.

Es stimmt auf den Pfennig.

Cicero, *Ad Atticum* 5,21.

ad oculos
vor Augen

Cicero, *Partitiones oratoriae* 20. – »ad oculos demonstrieren« bedeutet ›jemandem etwas vor Augen führen‹.

Adolescentia deferbuit.
Die Jugend hat sich ausgetobt.

Nach Cicero, *Pro M. Caelio* 43.

Ad omnia alia aetate sapimus rectius.
In allen anderen Angelegenheiten werden wir mit dem Alter weiser.

Terenz, *Adelphoe* 832: »Ad omnia alia aetate sapimus rectius. / Solum unum hoc vitium adfert senectus hominibus: / adtentiores sumus ad rem omnes quam sat est: / quod illos sat aetas acuet.« (»In allen anderen Angelegenheiten werden wir mit dem Alter weiser. Nur dieses eine Laster bringt das Alter den Menschen: Wir streben alle über die Gebühr nach Besitz: Diesbezüglich wird das Alter jene genügend anspornen.«)

Adora, quod incendisti!
Bete an, was du eingeäschert hast.

Nach Gregor von Tours (*Historia Francorum* 2,31) war der Hl. Remigius, Bischof von Reims, von Clodovechs Frau zur Taufe ihres Mannes gerufen worden. Während der Zeremonie soll er folgende Worte gesprochen haben: »Mitis depone colla, Sigamber; adora, quod incendisti, incende, quod adorasti.« (»Beuge gelassen deinen Nacken, Sicamber; bete an, was du verbrannt hast, verbrenne, was du angebetet hast.«)

Ad praesens ova cras pullis sunt meliora.
Heute Eier (zu haben) ist besser als morgen Hennen.
(Vgl.: Der Spatz in der Hand ist besser als die Taube auf dem Dach.)

Rabelais, *Gargantua et Pantagruel* 3,42.

Ad summam laetitiam cumulus accedit.
Dies kommt als Gipfel zu seiner übergroßen Freude noch hinzu.

Nach Cicero, *Ad Atticum* 4,21.

ad usum Delphini
für den Gebrauch des Dauphin

Dauphin war seit dem 12. Jahrhundert der Beiname der Grafen von Albon, dann Titel der Grafen von Vienne. Ihr Land, die Dauphiné, eine historische Provinz im Südosten Frankreichs, fiel 1349 an die französische Krone. Es wurde dem jeweiligen Thronfolger, von nun an auch *Dauphin* genannt, als Apanage bestimmt. – König Ludwig XIV. hatte Jacques Bossuet und Pierre Daniel Huet damit beauftragt, für seinen Sohn, den *Dauphin*, eine von anstößigen Stellen gereinigte Lektüre klassischer Werke zu erstellen. Heute wird diese Bezeichnung auch ironisch für zensierte oder für den Schulgebrauch zurechtgemachte Textausgaben verwendet.

Adversae res admonent religionum.
Unglück erinnert an die Religion.
(Vgl.: Not lehrt beten.)

Nach Livius, *Ab urbe condita* 5,51,9.

adverso flumine
gegen den Strom

Caesar, *De bello Gallico* 7,60,3. – Die Wendung ist bei Caesar wörtlich gemeint. Später erst wurde sie bildlich gebraucht, z. B. bei Juvenal, *Saturae* 4,89 f.

adversum stimulum calces (iactare)
wider den Stachel löcken
(d. h.: vergeblich Widerstand leisten)

Terenz, *Phormio* 78; vgl. Apostelgeschichte 26,14. – Dieses Bild findet sich bereits in der griechischen Literatur bei Aischylos (*Agamemnon* 1624) und Euripides (*Bakchai* 795).

Adversus necessitatem ne dii quidem resistunt.
Gegen (den Zwang der) Notwendigkeit leisten nicht einmal die Götter Widerstand.

Nach Livius, *Ab urbe condita* 9,4,16.

advocatus diaboli
Anwalt des Teufels

Volkstümliche Bezeichnung des amtlichen Vertreters der Gegenargumente bei Selig- und Heiligsprechungsprozessen (auch *promotor fidei* ›Förderer des Glaubens‹), dessen Widersacher der *advocatus Dei* ›der Anwalt Gottes‹ oder auch *postulator* ›Forderer (der Heiligsprechung)‹ war.

Aegroto dum anima est, spes est.
Solange einem Kranken Atem innewohnt, gibt es noch Hoffnung.

Cicero (*Ad Atticum* 9,11) erwähnt dieses Sprichwort, um seine eigene Situation zu schildern: Solange Pompeius noch in Italien war, hegte Cicero die Hoffnung, daß ein Bürgerkrieg noch zu vermeiden sei. Vgl. **Dum spiro, spero.**

A.E.I.O.U.
(En!) Amor Electis Iniuriis Ordinat Ultor. (Sic Fredericus ego rex mea iura rego.)
(Siehe!) Liebe, Rächer des Unrechts, waltet über den Auserwählten. (So führe ich, König Friedrich, mein Recht aus.)

Der Legende zufolge soll Friedrich der Schöne (Friedrich III.) diese Auslegung der Abkürzung an einem Schrank angebracht haben, nachdem ein Widersacher die Abkürzung an die Burgwand geschrieben und ihre Bedeutung als »**A**ller **e**rst **i**st **Ö**sterreich **V**erderben« erklärt hatte. (Die Buchstaben ›U‹ und ›V‹ wurden gleich geschrieben.) In einer anderen Version wird das Akronym mit Albrecht III. in Verbindung gebracht:

Albertus Electus Imperator Optamus Vivat – Der zum Kaiser gewählte Albrecht lebe hoch.

Weitere Auslegungen sind:

Archidux Electus Imperator Optime Vivat – Der zum Kaiser gewählte Erzherzog lebe bestens hoch.
Austriae Est Imperare Orbi Universi – Es ist Aufgabe Österreichs, den ganzen Erdkreis zu beherrschen.
Austria Erit In Orbe Ultima – Österreich wird bestehen bzw. sich ausdehnen bis ans Ende der Welt.
Austria Et Imperium Optima Unita – Österreich und das Reich sind bestens vereint.
Aller Ehren ist Österreich voll.
Alles Erdreich ist Österreich untertan.

Aequalitas non parit bellum.
Kräftegleichheit bringt keinen Krieg hervor.

HWS: 34523.

Aequam memento rebus in arduis / servare mentem.
Denke daran, in widrigen Zeiten ein ruhiges Herz zu bewahren.

Horaz (*Carmina* 2,3,1 ff.) warnt in epikureischer Gesinnung ebenso vor übermäßiger Freude, die die Seelenruhe stören könnte: ». . . non secus in bonis / ab insolenti temperatam / laetitia, moriture Delli.« (». . . und es [das Herz] in guten Zeiten ebenso von übermütiger Freude fernzuhalten, sterblicher Dellius.«)

Aequat omnis cinis.
Die Asche macht alle gleich.
(Vgl.: Der Tod macht alle gleich; er frißt Arm und Reich.)

Seneca, *Epistulae morales* 91,16.

Aequitas numquam contravenit legi.
Billigkeit läuft niemals dem Gesetz zuwider.

Liebs A 53.

Aequo animo audienda sunt imperitorum convicia.
Die Schmähungen der Einfältigen muß man sich mit Gleichmut anhören.
(Vgl.: Was von mir ein Esel spricht, das acht' ich nicht.)

Seneca, *Epistulae morales* 76,4.

Aequo animo poenam, qui meruere, ferant.
Wer die Strafe verdient hat, soll sie gleichmütig ertragen.

Nach Ovid, *Amores* 2,7,12.

Aequum atque iniquum regis imperium feras.
Ertrage den Befehl des Königs, ob gerecht oder ungerecht.

Seneca, *Medea* 195.

Aequum est / peccatis veniam poscentem reddere rursus.
Es ist billig, daß, wer um Nachsicht für Verfehlungen bittet, sie seinerseits gewährleistet.

Horaz, *Sermones* 1,3,74 f.

aere perennius siehe **Exegi monumentum . . .**

Aeris alieni comes miseria.
Elend ist der Begleiter von Schulden.
(Vgl.: Borgen macht Sorgen.)

Nach Plinius d. Ä. (*Naturalis historia* 7,119) ist dies einer der drei weisen Sprüche Chilons, die zu Delphi in Gold niedergeschrieben waren.

Aetas cinaedum celat, aetas indicat.
Die Zeit verhüllt einen Lüstling, die Zeit enthüllt ihn.

Publilius Syrus, *Sententiae* A 24.

Aetas volat.
Die Zeit fliegt dahin.

Nach Cicero, *Tusculanae disputationes* 1,76.

Aetate fruere! Mobili cursu fugit.
Genieße das Leben! In schnellem Lauf flieht es dahin.

Seneca, *Phaedra* 446.

Aethiopem lavare
einen Äthiopier waschen
(Vgl.: Einen Mohren kann man nicht weiß waschen. Und: Schwarz geboren hat's Waschen verloren.)

Jeremia 13,23; vgl. Hieronymus (*In Sophoniam* 2,12 und *Adversus Rufinum* 2,23), der ein ähnliches (judäisches) Sprichwort erwähnt. Wie aus Zenobius 1,46 ersichtlich, geht die Wendung auf ein griechisches Sprichwort zurück (Aesop, *Fabulae* 11 Chambry).

Affirmantis probatio.
Der Beweis (obliegt) dem, der eine Behauptung aufstellt.

Vgl. *Digesta* 22,3,2.

Afflavit deus, et dissipati sunt.
Gott blies, und sie wurden zersprengt.

Inschrift auf einer Gedenkmünze zur Erinnerung an den Untergang der spanischen Armada im Jahre 1588.

Age, libertate Decembri utere!
Wohlan, genieße die Dezemberfreiheit!

Nach Horaz, *Sermones* 2,7,4 f. – Im Dezember fanden die Saturnalien, eine Art Fastnacht, statt, während deren sich z. B. Sklaven als Herren aufführen durften. Vgl. **Non semper Saturnalia erunt.**

Agnosco veteris vestigia flammae.
Ich erkenne die Spuren der alten Flamme wieder.

Vergil, *Aeneis* 4,23. – Dido entdeckt im Gespräch mit Anna die Liebe zu ihrem verstorbenen Mann Sychaeus wieder.

Agunt opus suum fata.
Die Schicksalsgöttinnen sind am Werke.

Seneca, *Ad Marciam de consolatione* 21,6.

A Iove percussus non leve vulnus habet.
Wer von Jupiter getroffen ist, trägt keine leichte Wunde.

Ovid, *Epistulae ex Ponto* 1,7,50.

A lasso rixa quaeritur.
Wer müde ist, sucht Streit.

Der Spruch wird schon von Seneca (*De ira* 3,9,5) als altes Sprichwort bezeichnet.

albae gallinae filius
der Sohn einer weißen Henne

Juvenal, *Saturae* 13,141. – Der Bezug dieser Wendung ist ungeklärt. Eventuell besteht eine Verbindung zu den seit Livia am Kaiserhof gehaltenen weißen Hühnern. Aus dem Kontext geht hervor, daß sich Calvinus für etwas Besonderes hält, womöglich wie sich ein kaiserliches weißes Huhn von der Schar gewöhnlicher Hühner abhebt.

Albus an ater sit, nescio.
Ob er weiß oder schwarz ist, weiß ich nicht.
(D. h.: Er ist mir gleichgültig.)

Nach Catull, *Carmina* 93,2.

Alea iacta est.
Der Würfel ist geworfen.

Laut Sueton (*Vita divi Iulii* 32) tat Caesar diesen Ausspruch im Jahre 49 v. Chr., als er den Rubicon überschritt und somit als Ausdruck seines Machtanspruchs gegenüber Rom trotz Verbots die Grenzen seines Amtsbereichs mit dem Heer verließ. Plutarch (*Pompeius* 60) zufolge bediente sich Caesar des griechischen Idioms, das den Imperativ (lat. *esto)* statt des Indikativs verwendet. Vgl. **Caesar citra Rubiconem.**

Aliam aetatem alia decent.
Für unterschiedliche Lebensalter ziemen sich jeweils andere Dinge.
(Vgl.: Alles zu seiner Zeit. Und: Andere Zeiten, andere Sitten.)

Nach Plautus, *Mercator* 984: »Itidem ut tempus anni, aetatem aliam aliud factum condecet.« (»Wie für unterschiedliche Jahreszeiten, so ziemt sich auch für unterschiedliche Lebensalter eine andere Handlungsweise.«)

Aliena nobis, nostra plus aliis placent.
Fremdes gefällt uns, Unseres mehr den anderen.

Publilius Syrus, *Sententiae* A 28. Vgl. Horaz, *Epistulae* 1,14,11: »Cui placet alterius, sua nimirum est odio sors.« (»Wem das Los eines anderen gefällt, dem ist das eigene natürlich verhaßt.«) Ähnlich Seneca, *De ira* 3,31,1.

Aliena vitia in oculis habemus, a tergo nostra sunt.
Die fremden Fehler haben wir vor Augen, die eigenen liegen hinter unserem Rücken.
(Vgl.: den Balken im eigenen Auge nicht sehen)

Seneca, *De ira* 2,28,8; vgl. Matthäus 7,3 und Lukas 6,42.

alienis gloriari bonis
sich fremder Güter rühmen
(vgl.: sich mit fremden Federn schmücken)

Phaedrus (*Fabulae* 1,3,1 f.) zeigt in Anlehnung an Äsop am Beispiel der Dohle, die sich mit Pfauenfedern schmückt, die Eitelkeit der Menschen auf. Vgl. Horaz, *Epistulae* 1,3,18 ff., und Hieronymus, *Praefatio ad Paulinianum*. Beide sprechen, ähnlich der deutschen Wendung, von fremden *colores* (›Farben‹, d. h. bunten Federn).

Alii sementem faciunt, alii metent.
Die einen säen, die anderen werden ernten.

HWS: 34620.

Aliis inserviendo consumor.
Im Dienst für andere verzehre ich mich.

(z. B.) Gabriel Rollenhagen, *Nucleus Emblematum selectissimorum*, Embleme 31. Er vergleicht einen Herrn, der sich um seine Untergebenen verdient macht, mit einer Kerze, die anderen Licht spendet und dabei selbst vergeht. Bismarck soll die Wendung in einem Brief vom 6. November 1852 zu »Patriae inserviendo consumor« (»Im Dienst für das Vaterland verzehre ich mich«) umgemünzt haben.

Aliis leporem excitavi.
Für andere habe ich einen Hasen aufgescheucht.
(D. h.: Ich habe mich für jemand anderen bemüht.)

Bei Petron (*Satyrica* 131) wird diese Wendung als Sprichwort bezeichnet.

Aliis ne feceris, quod tibi fieri non vis.
Tu anderen nicht an, was du nicht erleiden willst.
(Vgl.: Was du nicht willst, daß man dir tu, das füg auch keinem andern zu.)

Nach *Historia Augusta*, »Vita Alexandri Severi« 51,8; vgl. Matthäus 7,12 und Lukas 6,31.

Aliis si licet, tibi non licet.
Auch wenn es anderen erlaubt sein mag: Dir ist es nicht erlaubt.

Terenz, *Heauton timorumenos* 797.

a limine
von der Schwelle

Nach Catull, *Carmina* 68,1 ff. – Der Dichter antwortet hier auf den Brief seines Freundes Allius, der ihn u. a. gebeten hatte, ihn »von der Schwelle des Todes zurückzuholen«. Heute wird die Wendung »einen Antrag *a limine* ablehnen« in der Bedeutung von ›einen Antrag gleich abweisen, ihn gar nicht erst behandeln‹ verwendet.

Aliud legunt pueri, aliud viri, aliud senes.
Anderes lesen sich Knaben, anderes Männer, anderes Greise heraus.

HW: 792a.

Aliud sceptrum, aliud plectrum.
Das Szepter ist eine Sache, die Laute eine andere.
(D. h.: Jeder versteht sich auf etwas anderes.)

HW: 792b.

alius et idem
anders und doch derselbe

Nach Horaz, *Carmen saeculare* 10.

Alter alterius auxilio eget.
Der eine bedarf der Hilfe des anderen.

Nach Sallust, *Bellum Catilinarium* 1,7.

alter ego siehe **Amicus est tamquam alter ego**

Alter frenis eget, alter calcaribus.
Der eine bedarf der Zügel, der andere der Sporen.

Laut Cicero (*Ad Atticum* 6,1) hat Isokrates so die Historiker Ephorus und Theopompus beschrieben.

Alterius non sit, qui suus esse potest.
Einem anderen gehöre nicht, wer sich selbst gehören kann.

Nach Cicero, *De re publica* 3,37.

Alternant spesque timorque vicem.
Hoffnung und Furcht wechseln sich ständig ab.

Ovid, *Heroides* 6,38.

Alter rixatur de lana saepe caprina.
Der andere streitet oft um die Ziegenwolle.

Horaz, *Epistulae* 1,18,15. – Die Frage, ob man bei dem Fell einer Ziege von ›Haaren‹ oder von ›Wolle‹ sprechen müsse, stand sprichwörtlich für gänzlich nichtige Angelegenheiten.

Altissima flumina minimo sono labuntur.
Die größten Flüsse gleiten mit dem geringsten Geräusch dahin.

Nach Curtius Rufus, *Historia Alexandri Magni* 7,4,13. – Kobares erwähnt hier ein Sprichwort der Baktrianer: ». . . canem timidum vehementius latrare quam mordere altissimaque flumina minimo sono labi« (». . . daß ein ängstlicher Hund heftiger belle als beiße und daß die tiefsten Flüsse mit dem geringsten Geräusch dahinglitten.«)

altum silentium
tiefes Schweigen

Nach Vergil, *Aeneis* 10,63.

amabilis / insania
liebenswürdiger Wahnsinn
(Vgl.: Liebe macht blind.)

Horaz, *Carmina* 3,4,5 f.

amantes amentes
Verliebte, Verwirrte
(Vgl.: Minne verkehrt die Sinne.)

Titel eines Lustspiels von Gabriel Rollenhagen, wohl nach Plautus, *Mercator* 82: »Amens amansque ut animum offirmo meum.« (»Liebend und rasend, wie ich war, faßte ich mir ein Herz.«) Vgl. **Inceptio est amentium, non amantium.**

Amanti nihil difficile.
Nichts ist für einen Liebenden schwer.

Nach Cicero, *Orator* 33.

Amantium irae amoris integratio est.
Der Zorn der Liebenden ist Erneuerung der Liebe.
(Vgl.: Liebeszorn ist neuer Liebeszunder.)

Terenz, *Andria* 555.

Amare et sapere vix deo conceditur.
Zu lieben und (dabei) den Verstand zu bewahren ist selbst einem Gott kaum möglich.

Publilius Syrus, *Sententiae* A 22.

amare tamquam oculos
wie die (eigenen) Augen lieben
(vgl.: wie seinen Augapfel hüten)

Nach Plautus, *Miles gloriosus* 984.

Ambages narras.
Du sprichst in Rätseln.

Nach Terenz, *Heauton timorumenos* 318 f.

Amens incurrit in columnas.
Ein Verrückter rennt gegen Säulen.

Nach Cicero, *Pro M. Aemilio Scauro* 45m.

Ames iudicio, non amore iudices.
Mögest du mit Urteil lieben, aber nicht nach der Liebe urteilen.

Pseudo-Seneca, *De moribus* 48.

Amici, diem perdidi!
Freunde, ich habe einen Tag verloren!

Sueton (*Vita divi Titi* 8,1) über den Kaiser Titus: »Atque etiam recordatus quondam super cenam, quod nihil cuiquam toto die praestitisset, memorabilem illam meritoque laudatam vocem edidit: Amici, diem perdidi.« (»Und als er sich einmal beim Abendessen daran erinnerte, daß er während des ganzen Tages niemandem irgendwie dienlich gewesen war, tat er den bekannten, oft gepriesenen Ausspruch: ›Freunde, ich habe einen Tag verloren!‹«) Vgl. Ausonius, *Gratiarum actio ad Gratianum imperatorem pro consulatu* 16.

Amicitiae immortales, mortales inimicitiae debent esse.
Freundschaften sollen unsterblich, Feindschaften sterblich sein.

Livius (*Ab urbe condita* 40,46,12) führt dies bereits als Sprichwort an.

amico amicus

dem Freund (wie) ein Freund (gesinnt)

Plautus, *Miles gloriosus* 660; vgl. Terenz, *Phormio* 562: »Solus est homo amico amicus.« (»Nur der Mensch ist Freund dem Freund.«)

Amicum esse unum animum in duobus corporibus.

Ein Freund sei eine Seele in zwei Körpern.

Vgl. Aristoteles, *Nikomachische Ethik* 9,4,1166a 31.

Amicus certus in re incerta cernitur.

Ein sicherer Freund läßt sich in unsicheren Umständen erkennen.

(Vgl.: Freunde in der Not gehen zehn auf ein Lot.)

Cicero (*De amicitia* 64) zitiert hier Ennius, *Hectoris lytra* Fragment 224 Magno.

Amicus esse mihi coepi.

Ich habe angefangen, mir selbst ein Freund zu sein.

Seneca (*Epistulae morales* 5,7) zitiert hier Hekaton mit der Erklärung, wer sich selbst ein Freund geworden sei, habe große Fortschritte gemacht: Er werde niemals allein und stets allen ein Freund sein.

Amicus est tamquam alter ego.

Ein Freund ist gleichsam ein zweites Ich.

Nach Ambrosius, *De spiritu sancto* 2,13,154. – Die Bezeichnung eines guten Freundes als zweites Ich geht laut Diogenes Laertius (*Zenon* 7,23) auf Zenon zurück. Bei Aristoteles (*Nikomachische Ethik* 9,4,1166a 31) findet sich »allos autos« (»ein zweiter eben solcher«). Ähnlich bei Cicero (*De amicitia* 80): »(verus amicus) est enim is, qui est tamquam alter idem.« (»[Ein wahrer Freund] ist nämlich der, der gleichsam ein zweiter solcher [wie man selbst] ist.«)

Amicus Plato, sed magis amica veritas.

Platon ist mir ein Freund, doch mehr Freund ist mir die Wahrheit.

Nach Aristoteles, *Nikomachische Ethik* 1,4,1096a 16.

Amittit merito, qui alienum adpetit.

(Eigenes) verliert zu Recht, wer Fremdes anstrebt.

Phaedrus, *Fabulae* 1,4,1.

amor ac deliciae generis humani
Liebe und Liebling (d. h.: Wonne) des Menschengeschlechts

Sueton (*Vita divi Titi* 1,1) bezeichnet so den Kaiser Titus.

Amor electi . . . siehe **A.E.I.O.U.**

Amore, more, ore, re / iunguntur amicitiae.
Durch Liebe, Sitte, Tat und Mund geschlossen wird der Freundschaftsbund.

HW: 999.

amor fati
Liebe zum Schicksal

Nietzsche, *Ecce homo*, Warum ich so klug bin, 10.

amor sceleratus habendi
verbrecherische Habsucht

Ovid, *Metamorphoses* 1,131.

Amor vincit omnia siehe **Omnia vincit Amor . . .**

Anathema sit!
Er soll verflucht sein!

Galaterbrief 1,8 f.; vgl. Römerbrief 9,3 und Korintherbriefe 1,12,3 und 1,16,22.

Anceps malum urget.
Ein doppeltes Übel droht.
(Vgl.: zwischen zwei Feuer geraten)

Nach Livius, *Ab urbe condita* 3,28,9.

An ego totiens de eadem re audiam?
Soll ich mir so oft (noch) dasselbe anhören?
(Vgl.: ewig das alte Lied, immer dieselbe Leier hören)

Terenz, *Adelphoe* 128.

Anguilla est, elabitur.
Er ist (wie) ein Aal; er entschlüpft.
Plautus, *Pseudolus* 747.

anima candida
eine lautere Seele
Nach Horaz, *Sermones* 1,5,41.

Anima est amica amanti.
Die Freundin ist des Liebenden Lebenskraft.
Plautus, *Bacchides* 193.

Animam debet.
Er schuldet seine Seele.
(Vgl.: mit Leib und Seele verschuldet sein)
Terenz, *Phormio* 661.

anima naturaliter Christiana
die von Natur aus christliche Seele (des Menschen)
Nach Tertullian, *Apologeticum* 17,6.

animi sub vulpe latentes
unter einem Fuchspelz versteckte Gesinnung
Horaz, *Ars poetica* 437.

animula vagula blandula
schweifendes, schmeichelndes Seelchen
Hadrian, Fragment 3,1 Baehrens.

Animum rege, qui nisi paret, / imperat siehe **Ira furor brevis est . . .**

Animus aequus est optimum aerumnae condimentum.
Bei Trübsal ist Gleichmut die beste Würze.
Plautus, *Rudens* 402.

Animus est in patinis siehe **Iam dudum animus . . .**

Animus meminisse horret.
Die Seele erschaudert bei der Erinnerung.

Vergil, *Aeneis* 2,12. – Aeneas erschaudert, als ihn Dido vom Untergang Trojas berichten läßt. Plinius d. J. (*Epistulae* 6,20,1) zitiert diese Stelle zu Beginn seines Briefes über den Vesuv-Ausbruch des Jahres 79 n. Chr.

An nescis longas regibus esse manus?
Weißt du etwa nicht, daß die Hände der Könige weit reichen? (Vgl.: Große Herren haben lange Hände.)

Ovid, *Heroides* 17,166. Vgl. auch Seneca, *Epistulae morales* 82,5.

An nescis, mi fili, quantilla prudentia mundus regatur?
Weißt du etwa nicht, mein Sohn, mit wie geringem Verstand die Welt regiert wird?

Diese Worte, oft auch als »Videbis, mi fili, quam parva sapientia regatur mundus?« zitiert, werden meist Axel Oxenstierna (1583–1654) zugeschrieben.

annus horribilis
ein schreckliches Jahr

Königin Elisabeth II. von England bezeichnete so rückblickend das Jahr 1992, das von zahlreichen Krisen innerhalb der königlichen Familie geprägt war. Im Gegensatz zu »Annus Mirabilis«, dem Titel eines Historiengedichtes von John Dryden.

ante antidotum quam venenum
das Gegenmittel vor dem Gift (geben)

Hieronymus (z. B. in *Adversus Rufinum* 2,34) verwendet dieses schon in der Antike bekannte Sprichwort hier ironisch: Er fragt Rufinus, warum er denn das Vorwort zu den Büchern, die er anklagt, nicht kenne. Rufinus erfülle wohl das Sprichwort, indem er sich schon gegen diese Bücher wappne, bevor er sie überhaupt läse.

Ante mortem nemo beatus siehe **Dicique beatus . . .**

aperta transire
an Offensichtlichem vorbeigehen
(vgl.: den Wald vor lauter Bäumen nicht sehen)

Nach Seneca, *Epistulae morales* 68,4.

Apes debemus imitari.
Wir müssen es den Bienen gleichtun.
(Vgl.: fleißige Bienen)

Seneca (*Epistulae morales* 84,3) bezeichnet diese Aufforderung bereits als Sprichwort. Vgl. Horaz, *Carmina* 4,2,27 ff.

apices iuris
juristische Spitzfindigkeiten

Digesta 17,1,29,4.

Apparet id etiam caeco.
Das sieht auch ein Blinder.

Nach Livius, *Ab urbe condita* 32,34,3.

Appello a papa male informato ad papam melius informandum.
Ich appelliere vom schlecht informierten Papst an den gründlicher zu informierenden Papst.

Martin Luther zugeschrieben.

Apta mihi vis est, vi tristia nubila pello.
Mir ziemt Gewalt, mit Gewalt vertreib ich das düstere Gewölk.

Ovid, *Metamorphoses* 6,690. – Der Windgott Boreas droht mit Gewalt, nachdem die Athener ablehnend auf seine Werbung um die geliebte Oreithya, Tochter des athenischen Königs Erechtheus, reagiert haben.

Apud paucos post rem manet gratia.
Bei wenigen bleibt nach (Erhalt) der Sache Dankbarkeit.

Seneca, *De beneficiis* 1,12,2.

Aqua et panis est vita canis.
Wasser und Brot, das ist ein Hundeleben.

HW: 1234a.

Aqua haeret.
Das Wasser stockt.

Cicero (*De officiis* 3,117) bezeichnet diese Worte als Sprichwort. – Gemeint ist vermutlich das Wasser in einer Wasseruhr: Wenn es stehen bleibt, kann man nicht mehr sehen, wieviel Uhr es ist, d. h. man weiß nicht mehr, woran man ist. Mitunter wird auch die Übersetzung »Da hapert es« geboten.

Aquam a pumice nunc postulas.
Du verlangst nun Wasser von einem Bimsstein (d. h.: Geld von einem Armen).

Plautus, *Persa* 41.

Aquila non captat muscas. Auch: **Aquila non aucupatur.**
Ein Adler fängt keine Fliegen.

Erasmus, *Adagia* 3,2,65. Vgl. **Leones non sunt papilionibus molesti.**

arare bove et asino
mit einem Ochsen und einem Esel pflügen
(d. h.: ungeschickt vorgehen)

Nach Hieronymus, *Epistulae* 123,5.

Arare ma(ve)lim quam sic amare!
Ich wollte lieber pflügen, als so lieben!

Plautus, *Mercator* 356.

arbiter elegantiae
Schiedsrichter über die Eleganz

Nach Tacitus (*Annales* 16,18) Beiname Petrons, der aus dessen Funktion am Hofe Neros resultierte.

Arbores serit agricola, quae alteri saeculo prosint siehe **Serit arbores . . .**

arcem facere e cloaca
aus einer Kloake eine Burg machen
(vgl.: aus einer Mücke einen Elefanten machen)

Cicero, *Pro Cn. Plancio* 95. Vgl. **E rivo flumina magna facis.**

Arcus nimium tensus rumpitur.
Ein allzu stark gespannter Bogen bricht entzwei.

Phaedrus (*Fabulae* 3,14,10) warnt: »Cito rumpes arcum, semper si tensum habueris.« (»Schnell wirst du den Bogen brechen, wenn du ihn immer gespannt hältst.«)

Arduum videtur res gestae scribere.
Es erscheint als schwierig, Geschichte niederzuschreiben.

Sallust, *Bellum Catilinarium* 3,2.

Arma amens capio, nec sat rationis in armis.
Von Sinnen ergreife ich die Waffen, doch auch in den Waffen ist nicht genügend Rat.

Vergil, *Aeneis* 2,314.

Arma in armatos sumere iura sinunt.
Das Recht läßt zu, Waffen gegen Bewaffnete zu ergreifen.

Ovid, *Ars amatoria* 3,492.

Arma nisi ut summoveas.
Waffen nur, um Waffen abzuwehren.

HWS: 899.

Arma virumque cano (Troiae qui primus ab oris . . .)
Ich singe von den Waffenkämpfen und dem Mann (der als erster von den Küsten Trojas . . .)

Vergil, *Aeneis* 1,1.

Arrectae sunt horrore comae.
Die Haare sind aufgerichtet vor Entsetzen (d. h.: sie stehen zu Berge).

Nach Vergil, *Aeneis* 4,280.

Arrige aures, Pamphile!
Spitze die Ohren, Pamphilus!

Terenz, *Andria* 933; vgl. Vergil, *Aeneis* 1,153.

Ars longa, vita brevis.
Die Kunst ist lang, das Leben kurz.

Seneca (*De brevitate vitae* 1,1) zitiert Hippokrates (*Aphorismen* 1,1).

Ars prima regni est posse invidiam pati.
Die wichtigste Kunst der Königsherrschaft: Neid ertragen zu können.

Seneca, *Hercules furens* 353.

Artem non odit, nisi qui non novit.
Die Kunst haßt nur, wer sie nicht kennt.

HW: 1476.

asinus ad lyram
(wie) ein Esel beim Lyraspiel
(d. h.: künstlerisch unbegabt)

Varro soll Gellius zufolge (*Noctes Atticae* 3,16,13) in griechischer Sprache in einer Satire beschlossen haben, künstlerisch unbegabte Söhne zu enterben. Vgl. Phaedrus, *Fabulae* Appendix Perottina 12, wo die Unfähigkeit eines Esels, die Lyra zu spielen, dargestellt wird.

Asinus asino et sus sui pulcher.
Ein Esel erscheint einem Esel schön und ein Schwein einem Schwein.
(Vgl.: Gleich und gleich gesellt sich gern.)

HW: 1541.

Asinus asinum fricat.
Ein Esel reibt sich (gern) an einem Esel.

Vgl. *Mutum muli scabunt* (»Maultiere reiben einander«), Titel einer Satire Varros; ebenso Ausonius, *Technopaegnion* 4.

asinus in tegulis
ein Esel auf dem Dach
(d. h.: eine unwahrscheinliche Begebenheit)

Petron, *Satyrica* 63.

Aspera perpessu fiunt iucunda relatu.
Was hart zu ertragen war, wird beim Erzählen angenehm.

Monosticha Catonis 32.

Asperitas odium saevaque bella movet.
Roheit führt zu Haß und grausamem Krieg.

Ovid, *Ars amatoria* 2,146.

Astutam vapido servas in pectore vulpem.
In deiner verdorbenen Brust bewahrst du einen schlauen Fuchs.

Persius, *Saturae* 5,117.

At pulchrum est digito monstrari et dicier: Hic est!
Doch es ist schön, wenn die Leute mit dem Finger auf einen zeigen und sagen: Das ist er!

Antwort eines Freundes, den Persius (*Saturae* 1,26 f.) fragt: »O mores, usque adeone / scire tuum nihil est, nisi te scire hoc sciat alter?« (»O Sitten! Bedeutet also dein Wissen nichts, wenn der andere nicht weiß, daß du weißt?«) – Es galt als Zeichen der Anerkennung, wenn andere mit dem Finger auf jemanden zeigten. Vgl. **Monstror digito praetereuntium.**

Atqui vivere, Lucili, militare est.
Leben freilich, Lucilius, bedeutet kämpfen.

Seneca, *Epistulae morales* 96,5.

Atrocitati mansuetudo est remedium.
Sanftmut ist ein Heilmittel gegen Wildheit.

Phaedrus, *Fabulae* Appendix Perrottina 12,15.

At suave est ex magno tollere acervo.
Aber es ist angenehm, von einem großen Haufen nehmen zu können.

Horaz (*Sermones* 1,1,51) lehnt für materiellen Reichtum plädierende Argumente wie das obige ab.

At vindicta bonum vita iucundius ipsa.
Aber Rache ist ein ergötzlicheres Gut als das Leben selbst.

Juvenal, *Saturae* 13,180.

a. u. c. siehe **ab urbe condita**

Audacter calumniare, semper aliquid haeret.
Verleumde frech! Irgend etwas bleibt immer hängen.

Francis Bacon, *De dignitate et augmentis scientiarum* 8,2, Parabola 34, nach Plutarch, *Quodmodo adulator ab amico internoscatur* 65e 24 ff. Dieser erklärt, daß, auch wenn man sich von Verleumdungen wieder erhole, doch immer eine Narbe bleibe.

Audax omnia perpeti / gens humana ruit per vetitum nefas.
Tollkühn alles zu ertragen, stürzt sich das Menschengeschlecht auf verbotene Taten.

Horaz, *Carmina* 1,3,25 f.

Audendo magnus tegitur timor.
Große Furcht wird durch Wagemut vertuscht.

Lukan, *De bello civili* 4,702.

Audentes fortuna iuvat.
Den Wagemutigen hilft das Glück.
(Vgl.: Frisch gewagt ist halb gewonnen.)

Vergil, *Aeneis* 10,284. – Seneca (*Epistulae morales* 94,28) z. B. erwähnt die Wendung als bekanntes Sprichwort. Vgl. Ovid, *Ars amatoria* 1,608: »Audentem Forsque Venusque iuvat.« (»Dem Mutigen helfen Glück und Venus.«) Ebenso Livius, *Ab urbe condita* 8,29,5. Daneben findet sich häufig: »Fortes Fortuna iuvat« (»Den Tapferen hilft das Glück«), so z. B. bei Terenz (*Phormio* 203); bei den Elegikern hingegen findet sich in Rückgriff auf Ovid meist: »Audentes Venus iuvat.« (»Den Wagemutigen hilft Venus.«)

Audiatur et altera pars!
Es möge auch die Gegenpartei angehört werden!

Diese Rechtsregel findet sich in ähnlicher Formulierung bereits bei Euripides (*Die Herakliden* 179 f.) und Demosthenes (*Rede gegen Timokratus* 149–151). Bei Seneca (*Medea* 199 f.) heißt es: »Qui statuit aliquid parte inaudita altera, / aequum licet statuerit, haud aequus fuit.« (»Wer etwas festlegt, ohne vorher die andere Partei gehört zu haben, handelt ungerecht, selbst wenn er eine gerechte Entscheidung gefällt hat.«) Vgl. Augustinus, *De duabus animabus* 14,22: »Audi alteram partem!« (»Höre die andere Partei an!«) Ähnlich *Digesta* 48,17,1.

Aufer te hinc!
Schaff dich weg von hier!

Terenz, *Phormio* 559.

Augiae cloacas purgare
die Augiasställe säubern

Nach Seneca (*Apocolocyntosis* 7,5), der hier auf eine der zwölf Taten des Hercules anspielt: die Säuberung der Ställe des Augias, dessen riesige Rinder- und Schafherden das Land in weiten Teilen so durch ihren Dung verschmutzt hatten, daß es nicht mehr bebaut werden konnte.

Augusto felicior, Traiano melior!
Glücklicher als Augustus, besser als Trajan!

Eutropius (*Breviarium ab urbe condita* 8,5) zufolge wurde mit diesem Ausruf des Kaisers Hadrian gedacht. Er wird hier mit Augustus und seinem Adoptiv-Vater Trajan verglichen.

aura popularis
der Hauch des Volkes
(d. h.: die stets wechselnde Gunst des Volkes)

(z. B.) Cicero, *De haruspicum responsis* 43, und Vergil, *Aeneis* 6,816; vgl. Horaz, *Carmina* 3,2,20; Livius, *Ab urbe condita* 3,33,7.

aurea mediocritas
der goldene Mittelweg

Nach Horaz, *Carmina* 2,10,5 f. – Was gemeint ist, erläutert z. B. Cicero genauer in seiner Beschreibung des Ideals der Peripatetiker (*De officiis* 1,89): »mediocritatem illam . . ., quae est inter nimium et parum« (»jene Mitte . . ., die zwischen dem Zuviel und dem Zuwenig liegt.«)

Aurea sunt vere nunc saecula: plurimus auro
Venit honos, auro conciliatur amor.

Golden sind wahrhaftig nun die Zeiten: Das höchste Amt wird für Gold verkauft, mit Gold verschafft man sich Liebe.

Ovid, *Ars amatoria* 2,277 f.

aurem sibi pervellere

sich selbst das Ohr langziehen

Nach Seneca, *De beneficiis* 4,36,1 und 5,7,6 sowie *De vita beata* 10,3. Mitunter findet sich die Erklärung, die Wendung bedeute ›seinem Gedächtnis auf die Sprünge helfen‹, denn nach Plinius d. Ä. (*Naturalis historia* 11,251) ist das Ohr der Sitz des Gedächtnisses. Man berühre es, um sich an etwas zu erinnern.

Auribus teneo lupum.

Ich halte einen Wolf bei den Ohren.

Terenz (*Phormio* 506) und Varro (*De lingua Latina* 7,31) bezeichnen dieses Bild als bekannte Redewendung. Vgl. Sueton, *Vita Tiberii* 25,1.

aurificis statera examinare

auf der Goldwaage prüfen
(vgl.: auf die Goldwaage legen)

Nach Cicero, *De oratore* 2,159.

auri sacra fames siehe **Quid non mortalia . . .**

Auro loquente omnis oratio inanis est.

Wenn das Gold spricht, ist jede Rede sinnlos.
(Vgl.: Redet Geld, so schweigt die Welt.)

HW: 1807b.

Aurora musis amica.

Die Morgenröte ist die Freundin der Musen.
(Vgl.: Morgenstund' hat Gold im Mund.)

HW: 1815a.

Austria(e) . . . siehe **A.E.I.O.U.**

Aut bibat aut abeat!
Er trinke oder verschwinde!
(Vgl.: Sauf oder lauf!)

Cicero (*Tusculanae disputationes* 5,118) bezeichnet diesen Spruch als ungeschriebenes Gesetz bei griechischen Gastmählern.

Aut Caesar aut nihil!
Entweder Caesar oder nichts!

Inschrift, die Cesare Borgia auf einer Büste von C. Iulius Caesar anbringen ließ. Die Wendung wurde sein eigener Wahlspruch. Sueton (*Caligula* 37,1) berichtet, bereits Caligula soll bei einem ausschweifenden Gelage geäußert haben: ». . . aut frugi hominem esse opportere . . . aut Caesarem« (». . . sparsam solle der Mensch sein . . . oder ein Caesar«).

Aut prodesse volunt aut delectare poetae.
Die Dichter wollen entweder nützen oder erfreuen.

Horaz (*Ars poetica* 333) erklärt, der beste Dichter sei der, der den Leser zugleich zu erfreuen und zu belehren vermöge: »Omne tulit punctum, qui miscuit utile dulci.« (»Jeden Punkt [d. h.: alle Stimmen] erhielt, wer das Nützliche mit dem Angenehmen mischte.«) Bei der Stimmenabgabe stach man mit einem Stab einen Punkt in ein Wachstäfelchen ein.

Aut regem aut fatuum nasci oportet.
Man muß entweder als König oder als Narr geboren werden.

Seneca (*Apocolocyntosis* 1,1) bezieht diese bereits in der Antike als Sprichwort bekannte Wendung auf den Kaiser Claudius. Auf ihn treffe sie in doppelter Hinsicht zu: Für seine Zeitgenossen sei er sowohl ein König als auch ein Dummkopf.

Avaritia omnia vitia habet.
Habsucht birgt alle Laster in sich.
(Vgl.: Geiz ist die Wurzel allen Übels.)

Gellius (*Noctes Atticae* 11,2,2) führt diese Worte als Ausspruch Catos an.

Avaritia prima scelerum mater.
Habsucht ist die Urmutter aller Verbrechen.

Nach Claudian, *De consulatu Stilichonis* 2,111; vgl. Paulus, Brief an Timotheus 6,10.

(H)ave, imperator, morituri te salutant!

Heil dir, Kaiser, die Todgeweihten grüßen dich!

Sueton (*Vita divi Claudii* 21,6) berichtet, daß die Gladiatoren, die auf dem Fuciner See eine Seeschlacht darstellen sollten, Claudius mit diesem Ausruf begrüßt hätten. Der Kaiser soll geantwortet haben: »Aut non.« (»Oder nicht.«) Darauf hätten die Gladiatoren den Kampf verweigert. Claudius' Äußerung hätten sie nämlich so verstanden, daß er ihnen vergebe und sie nicht kämpfen müßten. Erst nach einigen Bitten und Drohungen seitens Claudius soll dann die Schlacht stattgefunden haben.

B

Barba non facit philosophum.
Ein Bart macht (noch lange) keinen Philosophen.

Nach Gellius (*Noctes Atticae* 9,2,4 f.) kam der ehemalige Konsul Atticus einst zu Herodes und bat ihn um Geld für Brot. Auf die Frage, wer er denn überhaupt sei, antwortete Atticus ungehalten, es sei doch offensichtlich, daß er ein Philosoph sei. Darauf erwiderte Herodes: »Video barbam et pallium, philosophum nondum video.« (»Ich sehe einen Bart und einen griechischen Umhang, einen Philosophen sehe ich noch nicht.«) Vgl. **Cucullus non facit . . .** und **Una hirundo . . .**

Barbarus hic ego sum, qui non intellegor ulli.
Hier bin ich ein Barbar, der ich von niemandem verstanden werde.

Ovid, *Tristia* 5,10,37.

Beati possidentes! siehe **Non possidentem multa . . .**

Beatus ille, qui procul negotiis.
Glücklich ist, wer fern von Geschäften.

Horaz, *Epodi* 2,1. – Vgl. Joseph Freiherr von Eichendorffs »Wanderlied der Prager Studenten« (*Aus dem Leben eines Taugenichts*, Kap. 9): »Beatus ille homo, / qui sedet in sua domo / et sedet post fornacem / et habet bonam pacem.« (»Glücklich jener Mensch, der in seinem Hause sitzt und hinter dem Ofen sitzt und wohl seinen Frieden hat.«)

Bella gerant alii, Protesilaus amet!
Andere mögen Kriege führen, Protesilaus soll lieben!

Ovid, *Heroides* 13,84; vgl. *Heroides* 17,254.

Bella gerant alii, tu felix Austria nube!
Nam quae Mars aliis, dat tibi regna Venus.

Kriege mögen die anderen führen, du, glückliches Österreich, heirate!
Denn die Königreiche, die der Kriegsgott Mars anderen gibt, gibt dir die Liebesgöttin Venus!

Dieses Epigramm über die Heiratspolitik Kaiser Maximilians I. wurde lange Matthias I. Corvinus Huniyadi zugeschrieben, findet sich aber einigen Quellen zufolge bereits auf einem Siegel des Herzogs Rudolf IV. aus dem Jahre 1363.

bellaque matribus / detestata

(und) die von den Müttern verfluchten Kriege

Horaz, *Carmina* 1,1,24 f.

bellum omnium contra omnes

Krieg aller gegen alle

Thomas Hobbes (*Leviathan* 1,14 und *De cive* 1,12) beschreibt so den Zustand der Menschheit vor der Festlegung einer staatlichen Rechtsordnung. Vgl. bereits Platon, *Gesetze* 1,625e, 626a, und Lucilius, Fragment 1145–51 Warmington.

Bellum omnium pater.

Der Krieg ist der Vater aller Dinge.

Erasmus (*Adagia* 3,5,36) führt diese Wendung auf Lukian zurück. Die Formulierung findet sich freilich schon bei Heraklit (DK2 B53): »πολεμος παντων μεν πατηϱ – polemos panton men pater«.

Bellum se ipsum alet.

Der Krieg wird sich selbst nähren.

Laut Livius (*Ab urbe condita* 34,9,12) ein Ausspruch Catos.

Bene facta in luce se conlocari volunt.

Gute Taten wollen ins Licht gesetzt werden.

Cicero, *Tusculanae disputationes* 2,64.

Bene ferre magnam / disce fortunam!
Lerne, großes Glück gut zu ertragen!

Horaz, *Carmina* 3,27,74 f.

Bene qui latuit, bene vixit.
Gut hat gelebt, wer im Verborgenen gelebt.

Ovid, *Tristia* 3,4,25. – Die Sentenz geht auf Epikur zurück (Fragment 551 Usener: »Lebe im Verborgenen«).

bis ad eundem
zweimal an denselben (Stein stoßen)

Cicero (*Ad familiares* 10,12,2) weist auf die sprichwörtliche Verwendung dieser Ellipse hin.

Bis dat, qui cito dat siehe **Inopi beneficium bis dat . . .**

Bis vincit, qui se vincit in victoria.
Zweimal siegt, wer sich im Sieg besiegt.

Publilius Syrus, *Sententiae* B 21.

bolum e faucibus eripere
einen guten Fang aus dem Rachen reißen
(d. h.: jemandem die Beute wegschnappen)

Nach Terenz, *Heauton timorumenos* 673.

bona fide
mit gutem Glauben
(d. h.: auf Treu und Glauben)

(z. B.) *Digesta* 18,1,27.

Bona nemini hora est, quin alicui sit mala.
Für niemanden ist eine (bestimmte) Stunde gut, die nicht (gleichzeitig) für einen anderen schlecht ist.
(Vgl.: Des einen Freud ist des anderen Leid.)

Erasmus, *Adagia* 4,5,7.

Boni pastoris est tondere pecus, non deglubere.
Die Aufgabe eines guten Hirten besteht darin, das Vieh zu scheren und nicht zu schinden.

Nach Sueton, *Vita Tiberii* 32,2.

Bonis necesse est noceat, qui parcit malis.
Den Guten schadet zwangsläufig, wer die Schlechten schont.

Pseudo-Seneca, *De moribus* 114.

Bono nulla cuiusquam boni invidia est.
Der Gute hegt keine Mißgunst gegen irgend etwas Gutes.

Seneca, *Epistulae morales* 65,10.

Bonos corrumpunt mores congressus mali.
Schlechter Umgang verdirbt gute Sitten.

Tertullian, *Ad uxorem* 1,8, wohl nach Euripides Fragment 1024 Nauck. Vgl. Korintherbriefe 1,15,33.

Bonus animus in mala re dimidium est mali.
Gute Gesinnung in einer schlechten Sache ist halbes Übel.

Plautus, *Pseudolus* 452.

Bonus esse quam videri maluit siehe **Esse quam videri . . .**

Bonus vir semper tiro siehe **Semper homo bonus tiro est**

Bos lassus fortius figit pedem.
Ein erschöpfter Ochse setzt den Fuß fester auf.

Hieronymus (*Epistulae* 102,2) führt die Wendung als Sprichwort an.

bracatae et Transalpinae nationes
die hosentragenden Völker von jenseits der Alpen

Cicero (*Ad familiares* 9,21,2) bezeichnet so die Gallier. Sowohl in Griechenland als auch im Römischen Reich galten Hosen als barbarisch.

brevi manu
kurzerhand

Digesta 23,3,43,1.

Brevis a natura vita nobis data est.

Ein kurzes Leben ist uns von der Natur gegeben.

Cicero, *Orationes Philippicae* 14,32; vgl. auch *Tusculanae disputationes* 3,69, wo Theophrast bedauert, daß den Hirschen, die dies nicht zu schätzen wüßten, ein so langes Leben gegeben werde, den Menschen hingegen ein kurzes.

Brevis esse laboro, / obscurus fio.

Ich bemühe mich, kurz zu sein, (und) werde unverständlich.

Horaz, *Ars poetica* 25 f.

C

caelum ac terras miscere
Himmel und Erde vermischen
(d. h.: großen Lärm machen)

Nach Livius, *Ab urbe condita* 4,3,6.

Caelum, non animum mutant, qui trans mare currunt.
Das Klima, (doch) nicht die Gesinnung ändern die, die übers Meer fahren.
(Vgl.: Reisen wechseln das Gestirn, aber weder Kopf noch Hirn.)

Horaz, *Epistulae* 1,11,27; vgl. Seneca, *Epistulae morales* 28,1.

Caesar citra Rubiconem.
Caesar ist diesseits des Rubicon.
(D. h.: Er hat die Entscheidung getroffen, den Fluß Rubicon und somit auch das Gesetz zu übertreten.)

Nach Cicero, *Orationes Philippicae* 6,5. Vgl. **Alea iacta est**.

Caesar non supra grammaticos.
Der Kaiser (steht) nicht über den Grammatikern.

Kaiser Sigismund (1368–1437) soll, als er auf dem Konzil von Konstanz vom Erzbischof von Piacenza darauf aufmerksam gemacht wurde, das Wort ›schisma‹ sei nicht männlichen Geschlechts, erklärt haben: »Ego sum rex Romanus et supra grammaticam.« (»Ich bin römischer König und stehe über der Grammatik.«) Daraufhin sei er von jenem mit genanntem Ausspruch zurechtgewiesen worden. In der Antike wird von ähnlichen Anekdoten berichtet, so bei Sueton, *De grammaticis* 22, und Cassius Dio, *Römische Geschichte* 57,17.

calcem impingere
einen Fußtritt versetzen
(d. h.: an den Nagel hängen)

Nach Petron, *Satyrica* 46.

canis a non canendo
Der Hund (heißt *canis*), weil er nicht singt (lat. *non canit*).

Nach Varro (*De lingua Latina* 7,32), der ironische Beispiele für unzutreffende Volksetymologien angibt, die häufig Wörter gleichen Klanges miteinander in Verbindung bringen. Vgl. im Gegensatz dazu **lucus a non lucendo**.

Canis timidus vehementius latrat quam mordet siehe **Altissima flumina . . .**

Cantabit vacuus coram latrone viator.
Singen wird der mittellose Wanderer, wenn er vor einem Räuber steht.

Juvenal, *Saturae* 10,22.

Cantatores amant humores.
Sänger lieben Feuchtes.

HW: 2313.

Cantilenam eandem canis.
Du singst dasselbe Lied.
(D. h.: die alte Leier)

Terenz, *Phormio* 495.

Capita aut navia!
Köpfe oder Schiff! (römisches Spiel; vgl.: Kopf oder Zahl!)

Macrobius (*Saturnalia* 1,7,22) läßt Praetextatus berichten, Janus habe als erster Münzen geprägt. Saturn, den er hochschätzte, habe er verewigt, indem er auf die eine Seite einer jeden Münze dessen Antlitz, auf die andere das Schiff, auf dem Saturn zu ihm gekommen war, prägte.

captatio benevolentiae
das Haschen nach Wohlwollen

Diese Nominalfügung ist in der Antike nicht belegt. Vgl. Cicero, *De inventione* 1,51,21, und Boethius, *Commentaria in Topica Ciceronis* 1. – Gemeint ist die Taktik, zu Beginn einer Rede das Wohlwollen der Zuhörer zu gewinnen.

Caput eius agitur.
Es geht um seinen Kopf.

Nach Cicero, *De amicitia* 61.

caput (sinistra manu) perfricare
sich (mit der linken Hand) am Kopf kratzen
(d. h.: sich nachdenklich zeigen)

Nach Cicero, *In L. Calpurnium Pisonem* 61.

Caput prurit.
Der Kopf juckt (mir).

Plautus, *Bacchides* 1193.

Carpe diem! siehe **Dum loquimur . . .**

Casus magister alius et paene numerosior.
Ein weiterer Lehrmeister ist der Zufall und fast der häufigere.

Plinius d. Ä. (*Naturalis historia* 17,101) sieht zwei Lehrmeister des Menschengeschlechts: die Natur und in fast noch mehr Fällen den Zufall.

Cato esse quam videri bonus malebat siehe **Esse quam videri . . .**

Causa aliqua subest.
Dahinter steckt irgendein Grund.

Nach Cicero, *De finibus* 5,29.

Cave canem!
Hüte dich vor dem Hunde!

Petron, *Satyrica* 29, und Varro, *Eumenides* Fragment 143 Bücheler. Die Warnung findet sich in zahlreichen Fußbodenmosaiken vor antiken Haustüren.

Cedant arma togae, concedat laurea laudi!
Weichen mögen die Waffen der Toga, der Lorbeer der löblichen Tat!

Cicero zitiert sich in *De officiis* 1,77 selbst aus *De consulatu suo* Fragment 16 Taglia, ebenso in der Rede *In L. Calpurnium Pisonem* 29,72 ff.; vgl. auch *Orationes Philippicae* 2,20; *De officiis* 1,22 und *In L. Calpurnium Pisonem* 29,30. – Die Toga galt als Merkmal des Bürgers im Gegensatz zu den Waffen des Legionärs. Während Feldherrn lorbeertragend in Triumphzügen gefeiert wurden, hielt man auf Politiker Lobreden.

Cedo maiori.
Ich weiche dem Größeren (d. h.: dem Stärkeren).

Martial, *Epigrammata*, Spectaculorum liber 32: »Cedere maiori virtutis fama secunda est. / Illa gravis palma est, quam minor hostis habet.« (»Dem Stärkeren zu weichen läßt dem Tapferen einen zweiten Ruhm zuteil werden. Unangenehm ist nämlich der Sieg, den der [eigentlich] unterlegene Feind einstreicht.«)

Celerius quam asparagi cocuntur.
Das ist schneller als Spargel gekocht.

Sueton (*Vita divi Augusti* 87,1) berichtet, Augustus habe mit dieser Wendung besonders schnell erledigte Unterfangen beschrieben.

Centum sunt causae, cur ego semper amem.
Hundert Gründe gibt es, weshalb ich immer verliebt bin.

Ovid, *Amores* 2,4,10.

Certa mittimus, dum incerta petimus.
Sicheres lassen wir fahren, während wir Unsicheres anstreben.

Plautus, *Pseudolus* 685.

Cessante causa cessat effectus.
Wenn die Ursache wegfällt, entfällt auch die Wirkung.

Damasus, *Regulae canonicae* (Lyon 1566) 114, und Thomas von Aquin, *Summa theologiae* 1,96,3,3.

Cetera mitte loqui!
Laß es, vom übrigen zu sprechen!
(D. h.: Sprich nicht weiter!)

Horaz, *Epodi* 13,7.

Cetera res expediet.
Das Weitere wird sich ergeben.

Sallust, *Bellum Catilinarium* 20,10.

Ceterum censeo Carthaginem esse delendam.
Im übrigen beantrage ich, daß Karthago zerstört werden soll.

Cato d. Ä. zugeschriebener Ausspruch, der in ähnlicher Form z. B. von Plutarch, *Cato Maior* 27,1, und Florus, *Epitomae de Tito Livio* 2,15,4 f., belegt wird. Cato soll vor dem Dritten Punischen Krieg diese Forderung hartnäckig in jeder Senatssitzung gestellt haben.

Charta non erubescit siehe **Epistula non erubescit**

Christianos ad leones!
Die Christen vor die Löwen!

Tertullian (*Apologeticum* 40,2) berichtet, man habe die Christen als Ursache für jedwedes Unheil angesehen und stets gerufen: »Christianos ad leonem!« (»Die Christen vor den Löwen!«)

Cibi condimentum fames est.
Der Hunger ist die Würze der Speise.
(Vgl.: Hunger ist der beste Koch.)

Nach Cicero, der diesen Spruch in *De finibus* 2,90 als von Sokrates stammend anführt. Häufig auch zitiert als: »Fames optimum condimentum.« (»Hunger ist das beste Gewürz.«)

Cibus omnis in illo / causa cibi est.
Bei ihm ist jedes Essen Grund zu neuem Essen.

Ovid, *Metamorphoses* 8,841 f. Es geht um den Frevler Erysichthon.

circulus vitiosus
ein fehlerhafter Kreis

Die Wendung bezeichnet einen Trugschluß, bei dem ein noch zu führender Beweis selbst Prämisse ist. Eine solche unsinnige Argumentationsweise legt Aristoteles (*Analytica priora* 2,5,57b 18 ff.) ausführlich dar.

Cita mors ruit.
Schnell stürzt der Tod herein.

Nach Horaz, *Sermones* 1,1,8; vgl. **Horae momento cita mors venit . . .**

citius, altius, fortius

schneller, höher, weiter (eigtl.: stärker)

Das von Pierre de Coubertin (*Olympische Erinnerungen* 25) geprägte Motto der neuzeitlichen Olympischen Spiele nach einem Ausspruch des Père Henri Didon, Prior des Collège d'Arcueil.

Cito enim arescit lacrima, praesertim in alienis malis.

Schnell trocknet die Träne, zumal wenn sie sich auf fremdes Unglück bezieht.

Cicero (*Partitiones oratoriae* 57) rät dazu, in Gerichtsprozessen das harte Schicksal seines Mandanten darzustellen, doch nicht allzu ausführlich, da man nur begrenzt Mitleid für andere aufbringe. Gegen zu große Genauigkeit spreche noch ein weiterer Punkt: »Minuta est enim omnis diligentia.« (»Kleinlich ist jede [Form von] Genauigkeit.«)

Cito ignominia fit superbi gloria.

Der Ruhm eines Hochmütigen wird rasch zur Schande. (Vgl.: Hochmut kommt vor dem Fall.)

Publilius Syrus, *Sententiae* C 10.

Civis Romanus sum!

Ich bin (doch) ein römischer Bürger!

Cicero, *Actio secunda in C. Verrem* 5,147. – Der zu Unrecht eingekerkerte L. Suettius soll dies empört gerufen haben. Vgl. **Et facere et pati . . .**

classici auctores

die klassischen Autoren

Nach Gellius, *Noctes Atticae* 19,8,15. – Ursprünglich bezeichnet »classicus« Bürger, die zur obersten Steuerklasse gehören, bald aber allgemein ›Erstklassiges‹.

Claude os, aperi oculos!

Halte den Mund und mach die Augen auf!

HWS: 35536.

clavum clavo eicere

einen Nagel mit einem anderen heraustreiben (vgl.: den Teufel mit dem Belzebub austreiben)

Nach Cicero, *Tusculanae disputationes* 4,75.

Clericus clericum non decimat.

Ein Geistlicher nimmt von einem anderen Geistlichen keinen Zehnten.

(Vgl. auch pejorativ: Eine Krähe hackt der anderen kein Auge aus.)

Vgl. *Corpus iuris canonici*, De decimis 3,2; **Cornix cornici . . .**

C + M + B (Christus mansionem benedicat.)

Christus segne dieses Haus.

Die Abkürzung wird bisweilen auch als »Caspar, Melchior und Balthasar« aufgelöst.

Coactus volui.

Ich wollte, wenn auch unter Zwang.

Digesta 4,2,21,5.

Cogitatione finge!

Stell dir vor!

Nach Cicero, *Pro T. Annio Milone* 79.

Cogitationis poenam nemo patitur.

Niemand muß Strafe für seine Gedanken erleiden.

(Vgl.: Die Gedanken sind frei.)

Digesta 48,19,18.

Cogito, ergo sum

Ich denke, also bin ich.

René Descartes, *Principia philosophiae* 1,7 und 1,10; in französischer Sprache bereits in *Discours de la méthode* 4.

coincidentia oppositorum

Zusammenfall der Gegensätze

Nikolaus von Kues führt diese Wendung in *De coniecturis* (76,12 und öfter) als Gottesbeweis (bes. 82) an: Gott vereinige Widersprüchliches, so wie eine Kreislinie bei unendlich großem Radius zu ihrem Gegenteil, zu einer Geraden wird.

colludere cum altero
mit einem anderen zusammenspielen
(d. h.: unter einer Decke stecken)

Nach Cicero, *Actio secunda in Verrem* 2,58.

Comes facundus in via pro vehiculo est.
Auf einer Reise ersetzt ein beredter Begleiter den Reisewagen.
(Vgl.: Gefährte munter kürzt die Meilen.)

Publilius Syrus, *Sententiae* C 17.

Communia sunt amicorum inter se omnia.
Unter Freunden ist alles gemeinsam.

Terenz (*Adelphoe* 804) bezeichnet dies als bekannte Redewendung. Vgl. Cicero (*De officiis* 1,51), der sie als Sprichwort der Griechen anführt.

Compedes, quas ipse fecit, ipse gestabit faber.
Die Fesseln, die er selbst hergestellt, wird der Schmied selbst tragen.
(Vgl.: sich in der eigenen Schlinge fangen)

Nach Ausonius, *Bissula* 1,6.

Compelle intrare, ut impleatur domus mea.
Nötige sie hereinzukommen, auf daß mein Haus voll werde.

Lukas 14,23.

Compesce mentem!
Bändige deinen Zorn!

Horaz, *Carmina* 1,16,22.

Componitur orbis / regis ad exemplum.
Die Welt formt sich nach dem Beispiel des Herrschers.

Claudian, *De quarto consulatu Honorii Augusti* 299 f.

compressis manibus sedere
mit zusammengepreßten Händen dasitzen
(vgl.: die Hände in den Schoß legen)

Nach Livius (*Ab urbe condita* 7,13,7), der dies als bekannte Redewendung bezeichnet.

Conclamatum est.
Es ist laut beklagt worden.
(D. h.: Alles ist aus.)

Terenz, *Eunuchus* 348. – Bei Begräbnissen wurde der Tote laut beweint.

concordia discors siehe **rerum concordia discors**

Concordia domi, foris pax!
Eintracht zu Hause, draußen Friede!

Inschrift am Holstener Tor zu Lübeck.

Concordia parvae res crescunt, discordia maxumae dilabuntur.
Durch Eintracht wachsen (auch) kleine Staaten, durch Zwietracht zerfallen (sogar) die größten.

Laut Sallust (*Bellum Jugurthinum* 10,6) äußerte Micipsa, König von Numidien, diese Worte auf dem Sterbebett. Seneca (*Epistulae morales* 94,46) zitiert sie als von Marcus Agrippa stammend.

condicio sine qua non
eine Bedingung, ohne die nicht . . .
(d. h.: eine unerläßliche Bedingung)

Vgl. z. B. Cicero, *Topica* 61: »Hoc igitur sine quo non fit, ab eo in quo certe fit, diligenter est separandum.« (»Das also, ohne das sich das Ergebnis nicht einstellt, muß sorgfältig von dem getrennt werden, wodurch das Ergebnis sicher eintritt.«)

congregare cum leonibus vulpes
Füchse mit Löwen vereinigen

Martial (*Epigrammata* 10,100,3) wirft einem anderen Dichter Plagiatentum vor, doch sei dies leicht zu durchschauen: Ein Gedicht Martials in dem Buch dieses Dichters falle so aus der Reihe wie ein Fuchs unter Löwen.

Conscia mens recti famae mendacia ridet.
Eine Gesinnung, die sich des Rechten bewußt ist, lacht über die Lügen des Gerüchts.
(Vgl.: Ein gutes Gewissen ist ein sanftes Ruhekissen.)

Nach Ovid, *Fasti* 4,311.

Conscientia mille testes.
Ein gutes Gewissen (ist soviel Wert wie) tausend Zeugen.

Quintilian (*Institutio oratoria* 5,11,41) bezeichnet die Wendung als Sprichwort.

Consuetudo est quasi altera natura.
Die Gewohnheit ist gleichsam eine zweite Natur.

Nach Cicero, *De finibus* 5,74. – Später wird die Stelle häufig als »natura secunda« zitiert. Vgl. Ovid, *Ars amatoria* 2,345.

Consummatum est.
Es ist vollbracht.

Laut Johannes (19,30) die letzten Worte Christi.

Contenti estote.
Seid zufrieden.

Friedrich Schiller, *Wallenstein*; Wallensteins Lager, 8. Auftritt, V. 589.

Contenti simus hoc Catone!
Seien wir mit diesem Cato zufrieden!

Sueton (*Vita divi Augusti* 87,1) berichtet, Augustus habe mit dieser Wendung dazu aufgefordert, sich mit den jeweiligen Umständen abzufinden. – M. Porcius Cato Uticensis galt als besonders sittenstrenger Römer, der stets die gegenwärtigen Zustände beklagte.

Contra quis ferat arma deos?
Wer wollte die Waffen gegen die Götter richten?

Tibull, *Elegiae* 1,6,30.

Contraria contrariis curantur.
Gegensätzliches wird durch Gegensätzliches geheilt.
(Vgl.: den Teufel mit Weihwasser vertreiben)

Der Gedanke wird Hippokrates zugeschrieben.

Contra vim mortis non est medicamen in hortis.
Gegen die Macht des Todes wächst kein Heilmittel in den Gärten.
(Vgl.: Wider des Todes Kraft hilft kein Kräutersaft.)

Regimen sanitatis Salerni, De salvia 2.

Conturbasti mihi / rationes omnes.
Du hast mir die ganzen Rechnungen durcheinandergebracht. (Vgl.: einen Strich durch die Rechnung machen)

Nach Terenz, *Eunuchus* 868 f.

convenienter naturae vivere
im Einklang mit der Natur leben

(z. B.) Cicero (*De officiis* 3,13), der dies als das höchste Gut der Stoiker anführt. Vgl. **secundum naturam vivere**.

Conversa subito fortuna est.
Das Glück hat sich plötzlich gewendet.

Cornelius Nepos, *Vita Attici* 10,1.

corio suo ludere
um seine Haut spielen
(d. h.: seine Haut zu Markte tragen)

Nach Martial, *Epigrammata* 3,16,4.

Cornix cornici numquam oculos effodit.
Eine Krähe hackt einer anderen niemals die Augen aus.

Nach Macrobius, *Saturnalia* 7,5,2. Vgl. **Clericus clericum non decimat**.

Coronemus nos rosis antequam marcescant!
Lasset mit Rosen uns bekränzen, bevor sie verblühen!

Weisheit 2,8.

corpus delicti
Gegenstand (Werkzeug) eines Verbrechens

Prosper Farinacius, *Variae quaestiones* (z. B.) 1,1,1.

corvus albus
ein weißer Rabe
(vgl.: ein seltener Vogel)

Nach Juvenal, *Saturae* 7,202.

crabrones irritare
Hornissen aufreizen
(vgl.: in ein Wespennest stechen)

Nach Plautus, *Amphitruo* 707.

crambe repetita
mit aufgewärmtem Kohl
(d. h.: die alte Leier; kalter Kaffee)

Juvenal, *Saturae* 7,154.

Cras amet, qui numquam amavit; quique amavit, cras amet!
Es liebe morgen, wer noch nie geliebt hat; wer (bereits) geliebt hat, liebe morgen!

Refrain des *Pervigilium Veneris*.

Cras legam.
Morgen werd' ich's lesen.

Nach Sueton (*Vita divi Iulii* 81,4) soll Caesar so geantwortet haben, als man ihm am Tage seines Todes eine warnende Nachricht zustecken wollte.

crassa Minerva
mit fetter Minerva
(d. h.: unverbildeten Verstandes, mit gesundem Menschenverstand)

Nach Horaz, *Sermones* 2,2,3. – Die römische Göttin Minerva war die Patronin des Handwerks, der Künste, der Lehrer und Ärzte. Vgl. **invita Minerva** und **pingui Minerva**.

Cras vives? Hodie iam vivere, Postume, serum est.
Morgen wirst du leben? Heute zu leben, Postumus, ist bereits zu spät.

Martial, *Epigrammata* 5,58.

Credat Iudaeus Apella, / non ego.
Das soll der Jude Apella glauben, nicht ich.

Horaz (*Sermones* 1,5,100 f.) drückt seine Ungläubigkeit gegenüber einem Naturwunder aus. Apella war ein häufig bei Freigelassenen anzutreffender Name und bezeichnet hier vermutlich keine tatsächliche Person.

Crede experto!
Glaube dem, der Erfahrung hat!

Silius Italicus, *Punica* 7,395.

Crede mihi, sacra populi lingua est.
Glaube mir, die Rede des Volkes ist heilig.

Seneca Rhetor, *Controversiae* 1,1,10. – Vgl. Herodot, *Geschichte* 763 f.

Credo, quia absurdum.
Ich glaube es, weil es widersinnig ist.

Vgl. Tertullian (*De carne Christi* 5,4), der über den Tod Christi sagt: »Prorsus credibile est, quia ineptum est . . . Certum est, quia impossibile est.« (»Das muß man geradezu glauben, weil es unsinnig ist. . . . Es ist sicher, weil es unmöglich ist.«)

Credo, ut intellegam.
Ich glaube, um zu verstehen.

Anselm von Canterbury, *Proslogion* 1.

Credula res amor est.
Ein leichtgläubig Ding ist die Liebe.

Ovid, *Metamorphoses* 7,826.

Crescentem sequitur cura pecuniam.
Dem wachsenden Geld folgt die Sorge.

Nach Horaz, *Carmina* 3,16,17.

Crescit amor nummi, quantum ipsa pecunia crevit.
Die Liebe zum Geld wächst in gleichem Maße wie das Geld selbst.

Juvenal, *Saturae* 14,139.

Crescit animus, quotiens coepti magnitudinem attendit.
Mein Geist wächst, sooft er die Größe des Unterfangens beachtet.

Seneca, *Naturales quaestiones* 3, praefatio 4.

Crimine ab uno / disce omnis.

Aus dem Verbrechen des einen begreife alle.

Vergil, *Aeneis* 2,65 f.: »Accipe nunc Danaum insidias et crimine ab uno / disce omnes.« (»Vernimm nun die List der Danaer und aus den Verbrechen des einen begreife alle«, d. h.: das verbrecherische Wesen des gesamten Volkes.)

Cucullus non facit monachum.

Eine Kapuze macht keinen Mönch.

HWS: 35960. Vgl. **Barba non facit** . . . und **Una hirundo . . .**

Cui bono?

Wem nützt es?

(z. B.) Cicero, *Pro Sex. Roscio Amerino* 84 und 86; *Pro T. Annio Milone* 12; *Orationes Philippicae* 2,35. Cicero zufolge stammt das Wort von Lucius Cassius Longinus Ravilla.

Cui dolet, meminit.

Wer den Schmerz hat, hat auch die Erinnerung.

(Vgl.: Gebranntes Kind scheut das Feuer.)

Cicero, *Pro L. Murena* 42: »Cui placet, obliviscitur, cui dolet, meminit.« (»Wem es angenehm ist, der vergißt es, wer den Schmerz hat, dem bleibt die Erinnerung.«)

Cui nolis saepe irasci, irascaris semel.

Wem du nicht oft zürnen willst, dem zürne einmal.

Publilius Syrus, *Sententiae* C 28.

Cuius regio, eius religio.

Wessen Land, dessen Religion.

(Vgl.: Wes Brot ich eß', des Lied ich sing'.)

Diese Wendung soll sich bei Joachim Stephani, *Institutiones iuris canonici* 7,52 finden, nach einer ähnlichen Fügung im Augsburger Religionsfrieden von 1555.

Cuiusvis hominis est errare, nullius nisi insipientis perseverare in errore.

Jeder Mensch kann sich irren, doch nur ein Narr verharrt im Irrtum.
(Vgl.: Irren ist menschlich.)

Cicero (*Orationes Philippicae* 12,5) führt fort: »Posteriores enim cogitationes, ut aiunt, sapientiores solent esse.« (»Die späteren Überlegungen pflegen, wie man sagt, weiser zu sein.«) Vgl. **Errasse humanum est . . .**

Cuivis potest accidere, quod cuiquam potest.

Was irgendeinem passieren kann, kann jedem passieren.

Publilius Syrus, *Sententiae* C 34.

Cultus magnificus addit hominibus auctoritatem.

Großartiges Auftreten vergrößert das Ansehen der Leute.
(Vgl.: Kleider machen Leute.)

Nach Quintilian (*Institutio oratoria* 8, prooemium 20) ist die Wendung ein Ausspruch eines griechischen Dichters. Vgl. **Vestis virum reddit.**

cum basi sua metiri

mit dem Sockel zusammen messen
(d. h.: überschätzen)

Nach Seneca, *Epistulae morales* 76,31.

cum grano salis

mit einem Korn Salz
(d. h.: nicht ernst zu nehmen)

Nach Plinius d. Ä. (*Naturalis historia* 23,149) fand Pompeius im Notizbuch von Mithridates ein Rezept für ein Mittel, das einen ganzen Tag lang gegen jegliches Gift im voraus Sicherheit bieten sollte. Das Rezept endet mit den Worten »unter Beifügung eines Körnchen Salzes« (»addito salis grano«).

Cum insanientibus furere necesse est.

Mit den Verrückten muß man rasen.
(Vgl.: mit den Wölfen heulen)

Nach Petron, *Satyrica* 3.

Cum libentissime edis, tum auferatur cena!

Wenn du mit dem größten Vergnügen ißt, soll das Mahl abgetragen werden.

(D. h.: aufhören, wenn es am schönsten ist)

Bei Gellius (*Noctes Atticae* 15,8,2) spricht Favonius jedoch von einer dem entgegengesetzten Handlungsdevise: »Praefecti popinae atque luxuriae negant cenam lautam esse, nisi cum lubentissime edis, tum auferatur et alia esca melior atque amplior succenturietur.« (»Die, die sich auf Eßkunst und Ausschweifungen verstehen, bestreiten, daß ein Gastmahl elegant sei, wenn nicht dann abgetragen werde, wenn man mit dem größten Vergnügen ißt, und statt dessen eine bessere und reichhaltigere Speise aufgetragen werde.«)

cum mula pepererit

wenn eine Mauleselin geworfen hat

Sueton, *Vita Galbae* 4,2. – Solche unmöglichen Naturerscheinungen (Adynata) werden häufig zur Beschreibung unerfüllbarer Bedingungen herangezogen. Ähnlich im Deutschen: »Wenn die Flüsse aufwärts fließen . . .«, vgl. Properz, *Elegiae* 1,15,29.

cum ratione insanire

mit Vernunft unvernünftig sein

(vgl.: sehenden Auges blind)

Nach Terenz, *Eunuchus* 62.

Cum sale panis / latrantem stomachum bene leniet.

Brot mit Salz wird einen knurrenden Magen gut beruhigen.

Horaz, *Sermones* 2,2,17 f.

Cum tacent, clamant.

Indem sie schweigen, schreien sie.

(Vgl.: beredtes Schweigen)

Cicero, *In L. Catilinam* 1,21; vgl. auch *Pro P. Sestio* 40; Terenz, *Eunuchus* 476; Ovid, *Ars amatoria* 1,574.

Cuncta fluunt, omnisque vagans formatur imago;
Ipsa quoque assiduo labuntur tempora motu.

Alles fließt, jede Erscheinung bildet sich wechselnd neu. Selbst die Zeit gleitet in steter Bewegung dahin.

Ovid (*Metamorphoses* 15,178 f.) läßt Pythagoras diese Worte sprechen. Vgl. die nachträgliche Formulierung der Lehre Heraklits: »panta rhei.« (»Alles fließt.«)

Cunctando restituit rem siehe **Unus homo nobis . . .**

Cuneus cuneum trudit siehe **Malo arboris nodo . . .**

curriculum vitae
Lebenslauf, Lebensbahn

(z. B.) Cicero, *Academici libri posteriores* 1,44 und *Pro C. Rabirio* 10,30.

Currit ferox aetas.
Unaufhaltsam enteilt die Zeit.

Nach Horaz, *Carmina* 2,5,13 f.

curvo dinoscere rectum
Gerades von Krummem (d. h.: Böses von Gutem) unterscheiden

Horaz, *Epistulae* 2,2,44.

cutem curare
die Haut pflegen
(d. h.: es sich wohl ergehen lassen)

Horaz (*Epistulae* 1,4,15 f.) spielt in ironischer Selbstbezichtigung auf die unzutreffende Interpretation der Philosophie Epikurs als reines Luststreben an: »Me pinguem et nitidum bene curata cute vises / cum ridere voles Epicuri de grege porcum.« (»Du siehst mich fett und glänzend in wohlgepflegter Haut, wenn du mich als Ferkel aus der Herde des Epikur verlachen willst.«) Vgl. Horaz, *Epistulae* 1,2,29.

D

Da locum melioribus!
Mach Besseren Platz!

Terenz, *Phormio* 522.

Damna damnis continuantur.
Schaden reiht sich an Schaden.
(Vgl.: Ein Unglück kommt selten allein.)

Nach Tacitus, *Agricola* 41,3.

Damnant, quod non intellegunt.
(Die meisten) mißbilligen, was sie nicht verstehen.
(Vgl.: Was der Bauer nicht kennt, das frißt er nicht.)

Nach Quintilian, *Institutio oratoria* 10,1,26.

Danaum / fatale munus
das verhängnisvolle Geschenk der Danaer

Nach Seneca, *Agamemnon* 627 f. – Gemeint ist das hölzerne Pferd, das die Danaer (Griechen) nach ihrem scheinbaren Abzug von Troja zurückgelassen hatten. Trotz der Warnungen des Priesters Laokoon vor diesem »Danaergeschenk« schafften die Trojaner das Pferd in die Stadt, und aus seinem Bauch kam eine Schar griechischer Krieger hervor, die die Stadt zu Fall brachten. Vgl. **donum exitiale Minervae**, **Latet error . . .** und **Quidquid id est, timeo Danaos . . .**

dantur opes nullis nunc nisi divitibus siehe **Semper pauper eris . . .**

Da pignus!
Gib ein Pfand!
(D. h.: Wollen wir wetten!)

Plautus, *Epidicus* 699.

Da requiem, requietus ager bene credita reddit.

Gönne (ihr) Ruhe; ein ausgeruhter Acker gibt das Anvertraute reichlich zurück.

Ovid (*Ars amatoria* 2,351 f.) bedient sich mehrerer recht schlüpfriger Naturgleichnisse, wenn er dem Liebhaber rät, sich für eine Weile von der Geliebten zu trennen, nachdem sie sich bereits an ihn gewöhnt hat: »Terraque caelestes arida sorbet aquas.« (»Und ausgedörrte Erde saugt den Regen auf.«)

Da spatium vitae, multos da, Iuppiter, annos!

Gib (lange) Lebensdauer, gib, Jupiter, viele Jahre!

Juvenal, *Saturae* 10,188. Er führt dieses Begehren im folgenden (190 f.) als Beispiel für die unsinnigen Wünsche seiner Mitmenschen an: »Sed quam continuis et quantis longa senectus / plena malis!« (»Doch wie voll ist das lange Alter von andauernden und großen Übeln!«)

Dat census honores. / Census amicitias: pauper ubique iacet.

Vermögen bringt Ehren. Vermögen bringt Freundschaften: Der Arme (jedoch) liegt in allen Angelegenheiten darnieder (d. h.: er ist machtlos).

Ovid, *Fasti* 1,217 f. – Aus einer Rede des Gottes Janus über die Herrschaft des Geldes. Vgl. auch *Amores* 3,8,54 f.

Dat legem natura tibi, non accipit ipsa.

Die Natur gibt dir ein Gesetz, sie selbst nimmt keines (von dir) an.

Dicta Catonis, Appendix 7.

Dat, quodcumque libet . . . siehe **Nempe dat id . . .**

Dat veniam corvis, vexat censura columbas.

Mit Raben hat die Zensur Nachsicht, den Tauben setzt sie zu. (Vgl.: Die Großen läßt man laufen, die Kleinen müssen hängen.)

Juvenal (*Saturae* 2,63) läßt Laronia die Vorwürfe gegen das weibliche Geschlecht verteidigen, indem sie die Übeltaten der Männer aufzählt. Ihrer Meinung nach verzeihen Männer die Fehler ihrer Geschlechtsgenossen allzu leicht und blicken statt dessen eher auf die belanglosen Vergehen der Frauen.

Da vacuae menti, quo teneatur, opus!
Gib deinem leeren Geist eine Aufgabe, die ihn packe.

Ovid, *Remedia amoris* 150.

Davos sum, non Oedipus.
Davus bin ich, nicht Oedipus.

Terenz, *Andria* 194. – Oedipus hatte ein von der Sphinx gestelltes Rätsel gelöst. Mit dieser Anspielung erklärt der Sklave Davus zwar sein Unvermögen, eine bestimmte Frage zu beantworten, bekundet jedoch gleichzeitig seine literarische Bildung.

Debemur morti nos nostraque.
Uns selbst und unser Hab und Gut schulden wir dem Tode.

Horaz, *Ars poetica* 63.

decantata fabula
eine heruntergeleierte Geschichte
(vgl.: die alte Leier)

Nach Cicero, *Ad Atticum* 13,40; vgl. Seneca, *Epistulae morales* 24,6.

Decet imperatorem stantem mori.
Es ziemt sich für einen Kaiser, im Stehen zu sterben.

Nach Sueton (*Vita divi Vespasiani* 24) hat der todkranke Vespasian, diese Worte murmelnd, noch einmal versucht sich aufzurichten, starb jedoch in den Armen derer, die ihm zu Hilfe kamen.

Decet verecundum esse adulescentem.
Es ziemt sich für einen jungen Mann, bescheiden zu sein.

Plautus, *Asinaria* 833.

decies repetita placebit siehe **ut pictura poesis**

Decipimur specie recti.
Wir werden vom Schein des Rechten getäuscht.

Horaz, *Ars poetica* 25.

Dediscit animus sero, quod didicit diu.
Spät (erst) vergißt das Gedächtnis, was es über lange Zeit hinweg gelernt.

Seneca, *Troades* 633.

de facto
tatsächlich, auf Grundlage einer Tat

Digesta 8,5,2,3; vgl. **de iure**.

Deficiente PECU deficit omne NIA.
Mangelt es an BAR, so auch an jeglicher SCHAFT.

Rabelais, *Gargantua et Pantagruel* 3,41.

Deficit omne, quod nascitur.
Alles, was entsteht, erlischt (wieder).

Quintilian, *Institutio oratoria* 5,10,79.

Deforme etiam est de se ipsum praedicare, falsa praesertim.
Es ist ungebührlich, sich selbst zu rühmen, zumal wegen etwas, was gar nicht stimmt.
(Vgl.: Eigenlob stinkt.)

Nach Cicero, *De officiis* 1,137.

De homine enim dicitur, cui necesse est mori.
Vom Menschen nämlich ist die Rede, der zwangsläufig sterben muß.

Cicero (*De fato* 17) führt die Aussage »Scipio wird sterben« als seltenes Beispiel für eine Vorhersage an, die, obwohl sie sich auf die Zukunft bezieht, absolut sicher ist, da jeder Mensch einmal sterben muß. Die Wendung wird bisweilen auch verkürzt zitiert als: »Homini necesse est mori.«

de integro
von neuem

(z. B.) Cicero (*De divinatione* 1,131), der Pacuvius (*Chryses* Fragment 6 Argenio) zitiert.

de iure
von Rechts wegen

Digesta 8,5,2,3; vgl. **de facto**.

Deliciae populi, quae fuerant domini.
Des Volkes Freude ist, was des Herrn war.

Martial, *Epigrammata*, Spectaculorum liber 2,12.

Deligere oportet, quem velis diligere.
Du solltest dir so einen auswählen, den du gerne lieben würdest.

Der Auctor ad Herennium (4,29) führt diese Sentenz nicht aus inhaltlichen Gründen, sondern als Beispiel für ähnlich klingende, aber nicht verwandte Wörter (Paronomasie, lat. *ad-* oder *agnominatio*) an.

Delirant, isti Romani!
Die spinnen, die Römer!

Goscinny und Uderzo, *Asterix*.

De me ego facio coniecturam.
Ich ziehe von mir aus(gehend) einen Schluß.
(Vgl.: von sich auf andere schließen)

Terenz, *Heauton timorumenos* 547.

Deme supercilio nubem.
Nimm die Wolke von deiner Braue.
(D. h.: Zeige eine freundlichere Miene.)

Horaz, *Epistulae* 1,18,94.

De mortuis nil nisi bene!
Über Tote (soll) nur in guter Weise (gesprochen werden)!

Nach Demosthenes (*Rede gegen Leptines* 104) stammen diese Worte von Solon. Diogenes Laertius (*Chilon* 1,70) spricht die Anweisung Chilon zu.

De nihilo nihil siehe **Nihil ex nihilo exsistere . . .**

Denique non omnes eadem mirantur amantque.
Schließlich bewundern und lieben nicht alle das gleiche.

Horaz, *Epistulae* 2,2,58.

Denique nullum est iam dictum, quod non dictum sit prius.
Es gibt schließlich kein Wort mehr, das nicht früher schon gesagt worden wäre.

Terenz (*Eunuchus*, prologus 41) wendet sich gegen den Vorwurf, seine Stücke seien nur Plagiate griechischer Werke.

de omni re scibili et quibusdam aliis
über alles Wißbare und manches andere

Nach Giovanni Pico della Mirandola (*Conclusiones*, De mathematicis secundum opinionem propriam 11), der behauptete, vermittels Zahlen zur Entdeckung und zum Verständnis alles Wißbaren gelangen zu können. Oft auch zitiert als »de omnibus rebus et quibusdam aliis« (»über alle Dinge und manches andere«).

Deos absentis testis memoras.
Du führst abwesende Götter als Zeugen an.

Plautus, *Mercator* 627.

Deo volente, nobis viventibus.
Wenn Gott will und wir leben.

Die sogenannte Condicio Iacobea, der »Jakobeische Vorbehalt«, nach Jakobusbrief 4,15.

De profundis (clamavi ad te, Domine).
Aus der Tiefe (habe ich zu dir gerufen, Herr).

Psalm 129,1.

De scurra multo facilius dives quam pater familias fiere potest.
Aus einem Narr kann viel eher ein Reicher als ein (rechter) Familienvater werden.

Nach Cicero (*Pro P. Quinctio* 55), der die Wendung als Sprichwort bezeichnet.

Desinant / maledicere, malefacta ne noscant sua!
Sie sollten aufhören, Übles zu reden, damit man ihnen nicht ihre eigenen Übeltaten vorhält.

Terenz, *Andria* 22 f.

Desunt inopiae multa, avaritiae omnia siehe **Inopiae desunt multa . . .**

de te fabula narratur siehe **Mutato nomine de te . . .**

de tripode dictum
vom Dreifuß aus gesprochen
(d. h.: rätselhaft wie ein Orakel)

Im Tempel des Apollon-Heiligtums zu Delphi befand sich ein Erdspalt, aus dem betäubende Dämpfe hervorströmten. Die Seherin Pythia saß auf einem Dreifuß über diesem Spalt und gab, von den Dämpfen berauscht, Orakel. Vgl. **Eris mihi magnus Apollo**.

deus ex machina
der Gott aus der Maschine

Die lateinische Quelle der Wendung ist unbekannt. – Platon (*Kratylos* 425d) läßt Sokrates im Gespräch mit Hermogenes erklären, die Ursprünge der Wörter, besonders der Namen von Dingen, seien ungeklärt. Man könne natürlich sagen, sie seien von den Göttern gegeben. Dieser Rückgriff auf die Götter gleiche dem Vorgehen vieler Tragödiendichter, die in verfahrenen Situationen einen Gott auf der Bühne erscheinen lassen, indem sie einen Schauspieler mit Hilfe einer Maschine auf die Bühne herablassen. – Heute wird mit dieser Wendung oft ein ›unverhoffter Retter‹ bezeichnet.

Deus nobis haec otia fecit.
Ein Gott hat uns diese Muße beschert.

Vergil, *Bucolica* 1,6.

deus sive natura
Gott oder die Natur

Spinoza (*Ethica* 4, praefatio) spicht von »infinitum Ens, quod Deum, seu Naturam appellamus« (ein »unendlich Seiendes, das wir Gott oder Natur nennen«).

Deus sum, si hoc ita est.
Ich bin ein Gott, wenn das stimmt.

Terenz, *Hecyra* 843.

dextro tempore
zur rechten Zeit

Horaz, *Sermones* 2,1,18.

Di bene vortant!
Die Götter mögen es zum Guten wenden!
(D. h.: Gottes Segen!)

Nach Plautus, *Trinummus* 502.

Dicenda tacenda locutus.
Er hat über Dinge, die man sagen darf, und über solche, die man verschweigen sollte, gesprochen.

Horaz, *Epistulae* 1,7,72.

Diceres aliquid.
Du könntest etwas sagen.
(D. h.: In deinen Worten könnte eine wichtige Bedeutung liegen, wenn . . .)

Cicero, *Tusculanae disputationes* 3,35.

Dices hic porcos coctos ambulare.
Du wirst sagen, daß hier gebratene Ferkel herumlaufen.
(Vgl.: die gebratenen Tauben des Schlaraffenlandes)

Petron, *Satyrica* 45: »Tu si aliubi fueris, dices hic porcos coctos ambulare.« (»Wenn du [erst einmal] woanders gewesen bist, wirst du sagen, daß hier gebratene Ferkel herumlaufen.«)

Dic, hospes, Spartae nos te hic vidisse iacentis,
Dum sanctis patriae legibus obsequimur.
Wanderer, kommst du nach Sparta, verkündige dorten, du habest uns hier liegen gesehn, wie das Gesetz es befahl.

Cicero, *Tusculanae disputationes* 1,101 (übers. von Friedrich Schiller, »Der Spaziergang«, V. 97 f.), nach Simonides (Fragment 119 Edmonds), bzw. Herodot, *Geschichte* 7,228. – Grabepigramm für die 300 Spartaner, die im Jahre 480 v. Chr. ihr Leben gelassen hatten, als sie bei den Thermopylen versuchten, das Perserheer aufzuhalten.

Dicique beatus / ante obitum nemo supremaque funera debet.

Und keiner darf vor seinem Tod und seinem letzten Geleit glücklich genannt werden.
(Vgl.: Man soll den Tag nicht vor dem Abend loben.)

Ovid, *Metamorphoses* 3,136 f. Nach Herodot (*Geschichte* 1,32) soll dies Solon zu Krösus gesagt haben. Häufig auch zitiert als »Ante mortem nemo beatus«.

dicis causa

zum Schein, der Form wegen

(z. B.) Cicero, *Actio secunda in C. Verrem* 4,53.

Dico ego, tu dicis, sed denique dixit et ille,
Dictaque post toties non nisi dicta vides.

Ich sage es, du sagst es, aber schließlich sagt es auch jener, und nach so viel Gesagtem siehst du nur noch Gesagtes (erg.: und nicht mehr die Phänomene selbst).

Johann Wolfgang Goethe, *Farbenlehre*. Überschriftsvers zu seiner Enthüllung der Theorie Newtons.

Dictum, factum.

Wort (oder) Tat

Terenz, *Andria* 381 f.: »Dictum factum invenerit / aliquam causam, quam ob rem eiciat oppido.« (»Ob Wort oder Tat, er wird schon einen Grund finden, um sie aus der Stadt zu vertreiben.«) – Oft wird diese Wendung mit »Gesagt, getan« übersetzt.

Dictum sapienti sat est.

Für den Verständigen ist genug gesagt worden.

Plautus, *Persa* 615, und Terenz, *Phormio* 541.

diem perdidi siehe **Amici, diem perdidi**

dies ater

ein schwarzer Tag

Als »schwarz« wurden die Tage bezeichnet, die auf die Kalenden, Nonen und Iden (erster, fünfter bzw. siebter und dreizehnter bzw. fünfzehnter Tag des Monats) folgten. Laut Gellius (*Noctes Atticae* 5,17,1 f.) erklärte Verrius Flaccus in *De verborum significatu* den Ursprung dieser Bezeichnung folgendermaßen: Die Römer waren am 18. Juli 390 v. Chr. an der Allia vernichtend geschlagen worden, nachdem sie am Vortag, dem Tag nach den Iden, geopfert hatten. Daraufhin seien Opfergaben an den Kalenden, Nonen und Iden verboten worden. Vgl. Macrobius, *Saturnalia* 1,16,22 f.

Dies diem docet.

Ein Tag lehrt den anderen.

Vgl. Publilius Syrus, *Sententiae* D 1; **Discipulus est prioris . . .**

Dies irae, dies illa / solvet saeclum in favilla.

Der Tag des Zorns, jener (letzte) Tag, wird die Zeitlichkeit in Asche auflösen.

Anfangsverse eines Hymnus des katholischen Traueramtes. Vgl. *Sophonias* 1,15.

differre ac procrastinare

verschieben und vertagen
(vgl.: auf die lange Bank schieben)

Nach Cicero, *Pro Sex. Roscio Amerino* 26.

Difficile est saturam non scribere.

Es ist schwierig, keine Satire zu schreiben.

Juvenal, *Saturae* 1,30.

Difficilis, facilis, iucundus, acerbus es idem,
Nec tecum possum vivere nec sine te.

Unzugänglich und umgänglich, gefällig und abweisend bist du zugleich: Ich kann nicht mit dir leben noch ohne dich.

Martial, *Epigrammata* 12,46.

Difficilis optimi perfectio.
Schwierig ist die Vollendung des Besten.

Cicero, *Brutus* 137.

Dignum laude virum Musa vetat mori.
Einen Mann, der des Lobes würdig ist, läßt die Muse (der Dichtkunst) nicht sterben.

Horaz (*Carmina* 4,8,28) glaubt, daß Dichter durch ihre Verse verewigt würden.

Diligitur nemo, nisi cui Fortuna secunda est.
Geliebt wird nur, wem die Glücksgöttin Fortuna hold ist.

Ovid, *Epistulae ex Ponto* 2,3,23.

Di meliora!
(Mögen) die Götter (es) zum Besseren (wenden)!
(D. h.: Gott bewahre!)

Cicero (*De senectute* 47) berichtet, der alte Sophokles habe auf die Frage, ob er noch Geschlechtsverkehr mit Frauen habe, geantwortet: »Di meliora« (»Gott bewahre!«) – Vgl. Seneca, *Epistulae morales* 47,8.

Dimidium facti est coepisse.
Die Hälfte der Tat besteht darin, angefangen zu haben.
(Vgl.: Frisch begonnen ist halb gewonnen.)

Ausonius, *Epigrammata* 81,1; vgl. Seneca, *Epistulae morales* 34,3 und **Dimidium facti, qui coepit, habet**. – Der Gedanke geht bereits auf Platon (*Gesetze* 6,753e) zurück.

Dimidium facti, qui coepit, habet: Sapere aude, / incipe!
Die Hälfte der Tat hat, wer begonnen hat. Wage es (einmal), Vernunft zu üben, fang nur erst an!
(Vgl.: Frisch begonnen ist halb gewonnen.)

Horaz, *Epistulae* 1,2,40 f. Vgl. **Dimidium facti est coepisse.**

Dimidium plus toto.
Die Hälfte ist mehr als das Ganze.

Nach Hesiod (*Werke und Tage* 40 f.) hat man um so weniger Scherereien, je weniger Geld man besitzt.

Di nos quasi pilas homines habent.
Die Götter handhaben uns Menschen gleichsam wie Wurfgeschosse.
(D. h.: Wir sind Spielbälle der Götter.)
Plautus, *Captivi* 22.

dira necessitas
die furchtbare Notwendigkeit
Horaz, *Carmina* 3,24,6.

Diruit, aedificat, mutat quadrata rotundis siehe **Quod petiit, spernit, repetit . . .**

Dis aliter visum.
Die Götter haben es anders beschlossen.
Vergil, *Aeneis* 2,428.

Disce aliquid! nam cum subito fortuna recessit,
Ars remanet vitamque hominis non deserit umquam.
Erlerne etwas! Denn wenn plötzlich das Glück weicht, so bleibt doch die Kunst und läßt den Menschen nie im Stich.
Disticha Catonis 4,19.

Disce bonas artes, moneo, Romana iuventus!
Lerne, mahne ich, römische Jugend, die edlen Künste!
Ovid, *Ars amatoria* 1,459.

Discipulus est prioris posterior dies.
Schüler des Vortages ist der folgende Tag.
(Vgl.: Der heutige Tag ist des gestrigen Jünger.)
Publilius Syrus, *Sententiae* D 1. Vgl. **Dies diem docet**.

Discite iustitiam, moniti, et non temnere divos!
Seid gewarnt: Lernet Gerechtigkeit und verachtet nicht die Götter!
Vergil, *Aeneis* 6,620.

Discrepant facta cum dictis.
Taten und Worte stimmen nicht überein.

Nach Cicero, *De finibus* 2,96.

disiecti membra poetae
die Glieder des zerstückelten Dichters

Oft zitiert als »disiecta membra poetae« (»die zerstückelten Glieder des Dichters«). – Horaz (*Sermones* 1,4,62) grenzt sich hier von Ennius ab: Dessen Verse enthielten noch poetische Elemente (eben die »Glieder des zerstückelten Dichters« in Anspielung an den von den Mänaden zerrissenen sagenhaften Sänger Orpheus), selbst wenn man sie aus dem Versmaß löse. Horaz' eigene Satirenverse seien jedoch, vom Versmaß gelöst, nichts als reine Umgangssprache.

Dives aut iniquus aut iniqui heres.
Der Reiche ist entweder ein Schelm oder eines Schelmen Erbe.

Hieronymus, *Epistulae* 120,1.

Dives erit, magno quae dormit tertia lecto.
Reich sein wird die, die als Dritte im großen Bette schläft.

Juvenal, *Saturae* 2,60. – Gemeint ist eine Ehefrau, die gegen finanzielle Entschädigung die Homosexualität ihres Mannes deckt und somit »Dritte im Bett« ist. Vgl. Seneca Rhetor, *Controversiae* 2,1,35 f., und Apuleius, *Metamorphoses* 9,27 ff.

Dives est, cui tanta possessio est, ut nihil optet amplius.
Reich ist, wer solch großen Besitz hat, daß er nichts weiter wünscht.

Nach Cicero, *Paradoxa Stoicorum* 42.

Dives qui fieri volt, / et cito volt fieri.
Wer reich werden will, will es auch schnell werden.

Juvenal, *Saturae* 14,177 f.

Dives qui sapiens est.
Reich ist, wer weise ist.

Horaz, *Sermones* 1,3,124.

Divide et impera!

Teile und herrsche!

Diese in der Antike nicht belegten Worte illustrieren das außenpolitische Vorgehen der Römer: Die eroberten Stämme erhielten nach getrennten Verhandlungen unterschiedliche Vorrechte. Prosper Mérimée (*Chronique du règne de Charles IX.*, préface) schreibt diesen Ausspruch, allerdings in französischer Sprache (»diviser pour régner«), Louis XI. von Frankreich zu. Die lateinische Fassung wird bei Traiano Boccalini (*La bilancia politica*, Bd. 1, S. 136, und Bd. 2, S. 225) als geläufige Maxime angeführt.

Dividuum fac!

Laß die Hälfte (dir genügen)!

Terenz (*Adelphoe* 241) mahnt zur Bescheidenheit, denn wer mit der Hälfte nicht zufrieden sei, verliere womöglich das Ganze.

Divisum sic breve fiet opus.

Derart geteilt wird die Arbeit kürzer werden.

Martial, *Epigrammata* 4,82,8.

Divitiis potietur heres.

Deines Reichtums wird sich ein Erbe bemächtigen.

Horaz, *Carmina* 2,3,20.

Dixerat ille aliquid magnum.

Jener hatte etwas Großes (d. h.: Prahlerisches) gesagt.

Vergil, *Aeneis* 10,547.

Dixi et salvavi animam meam.

Ich habe gesprochen und meine Seele gerettet.

Nach Ezechiel (3,19) leistet der Prophet das Seine, indem er das Volk warnt. Wer nicht zuhöre, trage selber Schuld.

Docendo discimus siehe **Homines dum docent, discunt**

docta dicta

gelehrte Worte

Nach Lukrez, *De rerum natura* 2,987.

Doctrina est fructus dulcis radicis amarae.
Gelehrsamkeit ist die süße Frucht einer bitteren Wurzel.

Monosticha Catonis 40.

Doctum doces.
Du informierst einen bereits Informierten.

Plautus, *Poenulus* 880.

Dolo malo haec fiunt omnia.
All das geschieht mit Arglist.

Nach Terenz, *Eunuchus* 514 f.

Dolus an virtus, quis in hoste requirat?
List oder Tugend, wer wollte beim Feind danach fragen?

Vergil, *Aeneis* 2,390. – Coroebus ruft die Trojaner dazu auf, mit List gegen die Griechen vorzugehen, denn gegenüber einem Feind seien alle Mittel recht.

domi leones, foras vulpes
zu Hause Löwen, draußen Schlaufüchse
(Vgl.: Daheim ist *ein* Mann zwei.)

Petron, *Satyrica* 44; vgl. Horaz, *Sermones* 2,3,186 und **in pace leones . . .**

Domine, dirige nos!
Herr, lenke uns!

Wappeninschrift der City of London.

Dona praesentis cape laetus horae ac / linque severa!
Genieße froh die Gaben der gegenwärtigen Stunde und laß das Unangenehme beiseite!

Horaz, *Carmina* 3,8,27 f.

Donec eris sospes, multos numerabis amicos;
Tempora si fuerint nubila, solus eris.
Solange du glücklich bist, wirst du viele Freunde haben; in düsteren Zeiten wirst du allein sein.

Ovid, *Tristia* 1,9,5 f. Vgl. **Horrea formicae tendunt . . .**

donum exitiale Minervae
das unheilvolle Geschenk Minervas

Vergil (*Aeneis* 2,31) bezeichnet so das Trojanische Pferd. Vgl. **Danaum fatale munus**, **Latet error . . .** und **Quidquid id est, timeo Danaos**.

Dorsus totus prurit.
Der ganze Rücken juckt (mir).
(D. h.: Ich fürchte Schläge. Mir juckt das Fell.)

Plautus, *Miles gloriosus* 397.

Dos est magna parentium / virtus.
Eine große Mitgift ist die Tugend der Eltern.

Horaz, *Carmina* 3,24,21 f.

Dote imperium vendidi.
Für die Mitgift habe ich meine Eigenmächtigkeit verkauft.
(Vgl.: Wer nach Geld heiratet, verliert seine Freiheit.)

Plautus, *Asinaria* 87.

Do, ut des.
Ich gebe (dir), damit du (mir) gibst.

Altrömische Rechtsformel, die bei Vertragsabschlüssen oder Tauschgeschäften gebraucht wurde. – Vgl. *Digesta*, 19,5,5, prologus.

duabus sellis sedere
auf zwei Stühlen sitzen
(vgl.: auf zwei Hochzeiten gleichzeitig tanzen)

Nach Seneca Rhetor (*Controversiae* 7,3,9) hat Laberius seinem Freund Cicero mit diesen Worten scherzhaft vorgeworfen, daß er gleichzeitig Caesar und Pompeius schmeichle.

Ducunt volentem fata, nolentem trahunt.
Den Willigen führt das Schicksal, den Unwilligen reißt es mit.

Seneca (*Epistulae morales* 107,11) zitiert hier in lateinischer Sprache Cleanthes (Fragment 527 von Arnim).

Dulce est desipere in loco siehe **Misce stultitiam . . .**

Dulce et decorum est pro patria mori.
Süß und ehrenvoll ist's, für das Vaterland zu sterben.

Horaz (*Carmina* 3,2,14 f.) fährt fort: »Mors et fugacem persequitur virum.« (»Der Tod verfolgt auch einen fliehenden Mann«; d. h.: Man muß kein Held sein, um zu sterben.)

Dulce mihi furere est.
Es ist mir eine Wonne, ausgelassen zu jubeln.

Horaz, *Carmina* 2,7,28.

Dum excusare credit, accusat.
Während er zu entschuldigen glaubt, klagt er an.

Nach Hieronymus, *Epistulae* 4,3.

Dum fata sinunt, / vivite laeti!
Solange das Schicksal es erlaubt, lebt froh!

Seneca, *Hercules furens* 178 f.

Dum ferrum candet, cudere quemque decet.
Man muß das Eisen schlagen, solange es glüht.
(D. h.: das Eisen schmieden, solange es heiß ist)

HW: 6519.

Dum loquimur, fugerit invida / aetas. Carpe diem!
Während wir sprechen, flieht die mißgünstige Zeit. Genieße den Tag!

Horaz (*Carmina* 1,11,7 f.) mahnt dazu, in der Gegenwart zu leben und nicht auf die Zukunft zu bauen. So fährt er fort: ». . . quam minimum credula postero.« (»Vertraue dich möglichst wenig dem nächsten Tag an!«) – Vgl. Ovid, *Amores* 1,11,15. Vgl. **Tu ne quaesieris . . .**

Dummodo sit dives, barbarus ipse placet.
Wenn er nur reich ist, gefällt selbst ein Barbar.

Ovid, *Ars amatoria* 2,276.

Dum moliuntur, dum conantur, annus est siehe **Nosti mores mulierum . . .**

Dum res et aetas et sororum / fila trium patiuntur atra.
Solange die Verhältnisse und die Zeit und die schwarzen Fäden der drei Schwestern es erlauben.

Horaz, *Carmina* 2,3,15 f. – Die drei Schwestern sind die Parzen, die Schicksalsgöttinnen, die die Lebensfäden der Menschen spinnen, doch irgendwann abschneiden.

Dum Roma deliberat, Saguntum perit.
Während Rom (noch) überlegt, geht Sagunt (bereits) unter.

Nach Livius, *Ab urbe condita* 21,7,1. – Hannibal eroberte im Jahre 219 v. Chr. die mit Rom verbündete Stadt Sagunt, bevor die Römer überhaupt einen Entschluß zur Hilfeleistung gefaßt hatten.

Dum spiro, spero.
Solange ich (noch) atme, hoffe ich.

Vgl. Cicero, *Ad Atticum* 9,11; **Aegroto dum . . .** und Seneca, *Epistulae morales* 70,6. – Im Gegensatz zu Cicero distanziert sich Seneca von einer solchen Haltung.

Dum vitant stulti vitia, in contraria currunt.
Während Dumme Fehler zu vermeiden suchen, laufen sie ins Gegenteil (d. h.: sie erreichen das Gegenteil ihrer Bemühungen und begehen neue Fehler).

Horaz, *Sermones* 1,2,24.

Duo cum faciunt idem, non est idem.
Auch wenn zwei dasselbe tun, ist es nicht dasselbe.

Nach Terenz, *Adelphoe* 821 ff. Vgl. **Ille crucem sceleris pretium tulit . . .**

duo parietes de eadem fidelia dealbare
zwei Wände aus demselben Tünchgefäß weißen
(vgl.: zwei Fliegen mit einer Klappe schlagen)

Cicero, *Ad familiares* 7,29,2; vgl. **in saltu uno . . .**

Dura lex, sed lex.
Ein hartes Gesetz, aber ein Gesetz.

Vgl. *Digesta* 40,9,12.

Durate et vosmet rebus servate secundis!
Bleibt hart und erhaltet euch für günstige Zeiten!

Vergil, *Aeneis* 1,207.

Durius in terris nihil est, quod vivat, amante.
Nichts Beharrlicheres lebt auf der Welt als ein Liebender.

Properz, *Elegiae* 2,17,9.

Durum est contendere cum victore.
Es ist hart, mit einem Sieger zu kämpfen.

Nach Horaz, *Sermones* 1,9,42.

Durum! Sed levius fit patientia,
Quidquid corrigere est nefas.
Hart (mag das Schicksal sein)! Aber leichter wird durch Geduld, was zu ändern nicht erlaubt ist.

Horaz, *Carmina* 1,24,19 f.

Durum telum necessitas.
Eine harte Waffe ist Notwendigkeit.
(Vgl.: Muß ist eine harte Nuß.)

Vgl. Livius, *Ab urbe condita* 4,28,5.

E

Ea est natura hominum.
Das ist die Natur der Menschen.

Vgl. Cicero, *De finibus* 5,66.

eandem incudem diem noctemque tundere
Tag und Nacht auf denselben Amboß schlagen
(d. h.: fortwährend dasselbe tun)

Nach Cicero, *De oratore* 2,162.

Ecce homo!
Siehe: (Welch) ein Mensch!

Nach Johannes (19,5) rief Pontius Pilatus diese Worte aus, als er den dornengekrönten Jesus dem Volk zeigte; auch Titel eines Werkes von Nietzsche.

Ecquid is homo habet aceti in pectore?
Hat dieser Mensch denn etwa Essig in der Brust?
(D. h.: Grollt er?)

Plautus, *Pseudolus* 739.

Edepol, qui amat, si eget, misera adficitur, aere, aerumna.
Bei Gott! Wer liebt, ist mit üblem Kummer behaftet, wenn es ihm (gleichzeitig) an Geld mangelt.

Plautus, *Curculio* 142.

Edere oportet, ut vivas, non vivere, ut edas siehe **Non ut edam . . .**

Edite, bibite!

Eßt, trinkt!

Nach Strabo (*Geographie* 14,5,9) und Arrian (*Anabasis* 2,5,4) sollen diese Worte auf dem Grab des mythischen Assyrerkönigs Sardanapalus gestanden haben. Vgl. den Refrain eines Studentenliedes von Christian Wilhelm Kindleben (1748–1785): »Edite, bibite, collegiales!«. Häufig findet sich auch: »Ede, bibe, lude! Post mortem nulla voluptas!« (»Iß, trink, spiel! Nach dem Tod gibt es kein Vergnügen mehr.«)

E duobus malis minus eligendum est.

Von zwei Übeln ist das kleinere zu wählen.

Cicero (*De officiis* 3,3) bezeichnet dies als bekannte, von den Gelehrten überlieferte Regel. Er führt weiter aus, daß man, wenn es denn möglich sei, selbst aus dem Schlechten noch Gutes ziehen müsse. – Der Gedanke findet sich bereits bei Aristoteles (*Nikomachische Ethik* 5,2,1129b 8).

Effugit mortem, quisquis contempserit; timidissimum quemque consequitur.

Dem Tod entkommt, wer ihn verachtet; gerade die Ängstlichsten ereilt er.

Curtius Rufus, *Historia Alexandri Magni* 4,14,25.

e flamma petere cibum

sein Essen aus dem Feuer holen

Nach Terenz, *Eunuchus* 491; vgl. Catull, *Carmina* 59. – Bei Leichenfeiern wurden mit den Toten auch Speisen verbrannt. Diese aus dem Feuer zu stehlen, galt als besonders frevelhaft.

Ego in portu navigo.

Ich segele (bereits) im Hafen.

(D. h.: Ich habe meine Schäfchen ins trockene gebracht.)

Terenz, *Andria* 480.

Ego pretium ob stultitiam fero.

Ich erhalte den Lohn meiner Torheit.

Terenz, *Andria* 610.

Ego spem pretio non emo.

Ich kaufe Hoffnung nicht für Geld.

Terenz, *Adelphoe* 219.

Ego te intus et in cute novi.
Dich kenne ich innen und auf der Haut (d. h.: in- und auswendig).

Persius, *Saturae* 3,30.

Eheu fugaces, Postume, Postume, / labuntur anni!
Ach, Postumus, Postumus, schnell entgleiten die vergänglichen Jahre!

Horaz, *Carmina* 2,14,1 f.

Ei mihi, quod nullis amor est sanabilis herbis!
Weh mir, daß Liebe durch kein Kraut heilbar ist!

Ovid, *Metamorphoses* 1,523.

Eis nunc praemium est, qui recta prava faciunt.
Heutzutage gibt es Belohnungen für die, die Gutes schlecht machen.

Terenz, *Phormio* 771.

Eiusdem est farinae.
Er ist aus demselben Mehl (gebacken wie wir).
(Vgl.: aus demselben Holz geschnitzt sein)

Nach Persius, *Saturae* 5,115.

Elephanti corio circum tectus est.
Mit einer Elefantenhaut ist er ringsum bedeckt.
(Vgl.: Er hat ein dickes Fell.)

Plautus, *Miles gloriosus* 235.

Emas non quod opus est, sed quod necesse est.
Kaufe nicht, was du brauchst, sondern was nötig ist.

Seneca (*Epistulae morales* 94,27) fährt fort, indem er Cato (*De agricultura* Fragment 10 Jordan) zitiert: »Quod non opus est, asse carum est.« (»Was man nicht braucht, ist selbst für ein Ass zu teuer.«)

Emere melius est, cui imperes.
Du solltest dir besser jemanden kaufen, dem du Vorschriften machen kannst.

Plautus, *Trinummus* 1061.

Epicuri de grege porcus siehe **cutem curare**

Epistula non erubescit.
Ein Brief errötet nicht.

Cicero, *Ad familiares* 5,13,1. – In Anlehnung an die deutsche Wendung *Papier ist geduldig* oft auch zitiert als »Charta non erubescit«. Vgl. Ambrosius, *De virginibus* 1,1,1; **Fiscus non erubescit**.

equus Troianus
ein Trojanisches Pferd

Cicero (*Actio secunda in C. Verrem* 4,52) bezeichnet Verres, der die von ihm verwalteten Sikuler aufs übelste geschröpft hatte, als ebenso unheilvoll wie das Trojanische Pferd. Vgl. Cicero, *Pro L. Murena* 78, und **Danaum fatale munus**.

Ergo bibamus!
Laßt uns also trinken!

Carmina clericorum, Canticum potatorium 1 ff.: »Ergo bibamus / ne sitiamus / vas repleamus.« (»Laßt uns also trinken, damit wir nicht dürsten, laßt uns das Glas füllen.«) »Ergo bibamus« ist auch der Refrain eines Trinkliedes (»Hier sind wir versammelt zu löblichem Tun«) von Johann Wolfgang Goethe und war laut Francesco da Buti (*Commento sopra la divina comedia*, Anmerkung zu Purgatorio 24) der Lieblingsspruch von Papst Martin IV.

Ergo vivamus, dum licet esse bene.
Laßt uns also leben, solange uns erlaubt ist, wohl zu sein.

Petron, *Satyrica* 34.

Eripe te morae!
Entreiße dich dem Zaudern!
(D. h.: Handele endlich!)

Horaz, *Carmina* 3,29,5.

Eripitur persona, manet res.
Die Maske wird abgerissen, die Sache selbst bleibt (in ihrem Wesen).

Lukrez (*De rerum natura* 3,58) meint, das wahre Wesen der Menschen sei erst in widrigen Umständen zu erkennen: In bedenklichen Situationen gäben sie jegliche Vernunft auf und frönten irrationaler Gottesfurcht.

Eripuit coelo fulmen sceptrumque tyrannis.
Er entriß dem Himmel den Blitz, das Szepter den Tyrannen.

Anne Robert Turgot (1727–1781) in einem Epigramm auf einer Büste Benjamin Franklins.

Eripuitque Iovi fulmen viresque tonandi.
Und sie entriß Jupiter den Blitz und die Donnerkraft.

Manilius (*Astronomica* 1,104) preist so die Vernunft, die die Menschen von religiöser Furcht befreite.

Eris mihi magnus Apollo.
Du wirst mir ein großer Apoll sein.

Vergil, *Bucolica* 3,104. – Der Hirte Damoetas stellt seinem Freund Menalcas ein schwieriges Rätsel und verkündet, sein Freund werde für ihn wie Apoll sein, falls er die Aufgabe zu lösen vermöge. – Apoll war der Herr zahlreicher Orakel. Vgl. **de tripode dictum**.

Eritis sicut dii scientes bonum et malum.
Ihr werdet wie Götter um Gut und Böse wissen.

1. Mose 3,5. – Versprechen der Schlange an Eva.

E rivo flumina magna facis.
Aus einem Bächlein machst du riesige Ströme.
(Vgl.: aus einer Mücke einen Elefanten machen)

Ovid, *Epistulae ex Ponto* 2,5,22; vgl. **arcem facere e cloaca**.

Errare humanum est siehe **Errasse humanum est . . .**

Errare malo cum Platone quam cum istis vera sentire.
Ich möchte lieber mit Platon irren, als mit jenen die Wahrheit erkennen.

Cicero (*Tusculanae disputationes* 1,39) distanziert sich hier von den Pythagoräern.

Errasse humanum est et confiteri errorem prudentis.
Irren (eigtl.: geirrt zu haben) ist menschlich und einen Irrtum einzugestehen Kennzeichen eines Weisen.

Hieronymus, *Epistulae* 57,12. – Der Gedanke findet sich schon bei Theognis (*Elegien* 327 f.) und bei Sophokles (*Antigone* 1023 f.). Vgl. auch (z. B.) Terenz, *Adelphoe* 579; Seneca Rhetor, *Controversiae* 4,3, und **Cuiusvis hominis est errare . . .**

Errat et in nulla sede moratur amor.
Die Liebe schweift umher und verweilt an keinem Wohnsitz.

Ovid, *Ars amatoria* 3,436.

Esse quam videri bonus malebat.
Er wollte lieber gut sein als scheinen.

Laut Sallust (*Bellum Catilinarium* 54,6) war dies eine Maxime Catos.

Est deus in nobis, agitante calescimus illo.
Es wohnt ein Gott in uns; regt er sich, so erglühen wir.

Ovid, *Fasti* 6,5; vgl. *Ars amatoria* 3,549 und *Epistulae ex Ponto* 3,4,93 und 4,2,25 f.

Est enim proprium stultitiae aliorum vitia cernere, oblivisci suorum.
Es zeugt nämlich von Dummheit, die Fehler anderer wahrzunehmen, die eigenen (jedoch) zu vergessen.
(Vgl.: den Splitter im eigenen Auge nicht sehen)

Cicero, *Tusculanae disputationes* 3,73.

Est et fideli tuta silentio / merces.
Auch für treues Schweigen gibt es sicheren Lohn.
(Vgl.: Reden ist Silber, Schweigen ist Gold.)

Horaz, *Carmina* 3,2,25 f.

Est modus in rebus, sunt certi denique fines.
Es liegt ein Maß in den Dingen, kurz, es gibt bestimmte Grenzen.

Horaz, *Sermones* 1,1,106.

Est nobis voluisse satis.
Gewollt zu haben reicht uns (schon).
(Vgl.: Man muß den Willen für das Werk nehmen.)

Tibull, *Elegiae* 4,1,7.

Esto, quod esse videris!
Sei, was du zu sein scheinst!

Vermutlich abgeleitet von folgendem ironischen Rat Juvenals (*Saturae* 5,113): »Esto, ut nunc multi, dives tibi, pauper amicis.« (»Sei also, wie jetzt viele, reich für dich, arm für die Freunde.«)

Est quaedam flere voluptas.
Weinen ist eine gewisse Lust.

Ovid, *Tristia* 4,3,37.

Est rerum omnium magister usus.
Erfahrung ist in allen Dingen Lehrmeisterin.

Caesar, *De bello civili* 2,8.

E tenui casa saepe vir magnus exit.
Und aus einer ärmlichen Hütte kommt oft ein großer Mann.

Nach Seneca, *Epistulae morales* 66,3.

Et facere et pati fortia Romanum est.
Tapfer zu handeln wie auch tapfer zu leiden ist Kennzeichen eines Römers.

Livius, *Ab urbe condita* 2,12,9. – Der Sage nach hatte Mucius Cordus im Jahre 508 n. Chr. versucht, den Etruskerkönig Porsenna, der Rom belagerte, zu töten. Als die Etrusker ihn jedoch faßten, soll er seine römische Identität betont (»Romanus sum civis« – »Ich bin ein römischer Bürger«) und zum Beweis seines Mutes seine rechte Hand in ein Feuer gehalten haben. Möglicherweise erhielt er daher seinen Beinamen Scaevola (›Linkhand‹). Von solchem Heldenmut beeindruckt, soll Porsenna die Belagerung aufgehoben haben. – Eine ähnliche Tat berichtet Plutarch (*Agesilaus* 2) über Agesilaus. Vgl. **Civis Romanus sum.**

et genus et formam regina pecunia donat siehe **Scilicet uxorem cum dote . . .**

Et hoc, quod senectus vocatur, paucissimorum est circuitus annorum.
Auch das, was man das hohe Alter nennt, ist nur eine Spanne sehr weniger Jahre.

Seneca, *Ad Marciam de consolatione* 11,5.

Etiam capillus unus habet umbram suam.
Auch ein einziges Haar wirft seinen Schatten.

Publilius Syrus, *Sententiae* E 15.

Etiam innocentes cogit mentiri dolor.
Schmerz zwingt sogar Unschuldige zu lügen.

Publilius Syrus, *Sententiae* E 1.

Etiam periere ruinae.
Selbst die Ruinen gingen unter.

Lukan (*De bello civili* 9,968) über den Untergang Trojas.

Etiam qui faciunt, oderunt iniuriam.
Auch die, die Unrecht tun, hassen es.

Publilius Syrus, *Sententiae* E 10.

Et in Arcadia ego.
Auch in Arkadien bin ich (erg.: der Tod).

Spruch auf einem Gemälde von Giovanni Francesco Guercino. – Arkadien wird in der Neuzeit als Inbegriff einer idyllischen Landschaft verstanden. Im Gegensatz zur genannten grammatisch korrekten Übersetzung und zur vermutlichen Intention Guercinos wird mit dieser Wendung heute nicht mehr die Allmacht des Todes, der selbst in Arkadien anzutreffen ist, impliziert. Vielmehr wird das Zitat im Sinne einer Kontemplation über eine glückliche Vergangenheit interpretiert (»Auch ich war in Arkadien«). Maßgeblichen Einfluß auf diese Entwicklung hatten zwei Gemälde Poussins, die weniger vor dem Tode warnen, als daß sie Erinnerungen an eine Hirtenidylle wachrufen.

Et mihi forsan, quod tibi negarit, / porriget hora.
Und vielleicht wird mir die Stunde gewähren, was sie dir versagte.

Horaz, *Carmina* 2,16,31 f.

Et mihi si non vis parcere, parce meis!
Und wenn du mich nicht schonen willst, so schone die Meinen!

Ovid, *Heroides* 4,162.

Et nimium vixisse diu nocet.
Auch allzulang gelebt zu haben schadet.

Ovid, *Metamorphoses* 6,38.

Et non facere facere est.
Auch Nichtstun (d. h.: Unterlassen) ist Tun.

Vgl. *Digesta* 50,17,121.

Et oleum et operam perdidi.
Öl und Mühe habe ich verschwendet.
(D. h.: Vergeblich habe ich alle Hebel in Bewegung gesetzt.)

Bei Plautus (*Poenulus* 332) tut eine Sklavin mit diesen Worten kund, sie habe sich vergeblich mit kosmetischen Ölen herausgeputzt. Cicero (*Ad Atticum* 13,38,1) hingegen weist mit der Wendung »oleo et opera« (»mit Öl und Mühe«) darauf hin, daß er nachts gearbeitet und somit viel Lampenöl verbraucht habe. Vgl. **Oleum perdit et impensas**.

Et piscatorem piscis amare potest?
Und kann der Fisch einen Fischer lieben?

Martial (*Epigrammata* 6,63,6) warnt so Marianus, der einer Person nachstellt, die nur anstrebt, ihn zu beerben.

Et pius est patriae facta referre labor.
Es ist auch ein frommes Unterfangen, die Geschichte des Vaterlandes zu erzählen.

Ovid, *Tristia* 2,322.

Et quod temptabam scribere, versus erat.
Und was ich zu schreiben versuchte – es war ein Vers.

Ovid (*Tristia* 4,10,26) erklärt recht selbstbewußt, er könne gar nicht umhin, sich in Versen auszudrücken.

. . . et quorum pars magna fui.
. . . und worin ich eine große Rolle spielte.

Vergil, *Aeneis* 2,6. – Aeneas berichtet vom traurigen Schicksal Trojas. Er selbst habe dabei am eigenen Leibe viel Übles erfahren müssen.

Et res non semper, spes mihi semper adest.
Und (wenn) die (erhoffte) Sache nicht immer bei mir ist, so ist immer die Hoffnung (darauf) bei mir.

Ovid, *Heroides* 18,178.

Et semel emissum volat irrevocabile verbum.
Und einmal ausgesprochen, fliegt das Wort unwiderruflich davon.

Horaz, *Epistulae* 1,18,71.

Et senis amplexus culta puella fugit.
Und ein kultiviertes Mädchen meidet die Küsse eines Alten.

Tibull, *Elegiae* 1,9,74.

Et sit humus cineri non onerosa tuo!
Und möge die Erde deiner Asche keine Last sein!

Ovid (*Amores* 3,9,68) in seinem Klagelied über den Tod Tibulls.

Et sol crescentis decedens duplicat umbras.
Und die weichende Sonne verdoppelt die wachsenden Schatten.

Vergil, *Bucolica* 2,67.

Et tenuit nostras numerosus Horatius aures.
Und unser Ohr hielt der rhythmenreiche Horaz (in seinem Bann).

Ovid, *Tristia* 4,10,49.

Et tu, Brute?
Auch du, Brutus?

Laut Sueton (*Vita divi Iulii* 82,2) richtete Caesar bei seiner Ermordung diese Frage in griechischer Sprache an Brutus, der zusammen mit den anderen Mördern auf ihn einstach. Einem Gerücht nach war Brutus Caesars Sohn. – Vgl. Cassius Dio, *Römische Geschichte* 44,19,5.

Euge, poeta!
Bravo, Dichter!

Persius, *Saturae* 1,75.

Euhoe! Recenti mens trepidat metu.
Ach! Von frischer Furcht zittert (noch) das Herz.

Horaz, *Carmina* 2,19,5.

Eunt via sua fata.
Das Schicksal geht seinen Weg.

Seneca, *Ad Marciam de consolatione* 21,6.

Eventus docebit.
Der Ausgang (eines Unterfangens) wird es lehren.
(Vgl.: Erfahrung macht klug.)

Livius (*Ab urbe condita* 22,39,10): »Nec eventus modo hoc docet – stultorum iste magister est . . .« (»Dies lehrt nicht nur der Erfolg – er ist ein Lehrmeister der Toren . . .«); daher auch »eventus magister stultorum« (»das Ergebnis ist der Lehrmeister der Toren«).

eventus magister stultorum siehe **Eventus docebit**

ex alieno incommodo suam petere occasionem
im Unglück anderer die Gelegenheit (zum eigenen Vorteil) suchen

Nach Livius, *Ab urbe condita* 4,58,2.

exanclare omnes labores
alle Mühen bis zum Ende durchstehen

Nach Cicero, *Tusculanae disputationes* 1,118.

ex animi nostri sententia
aus unserer Herzensüberzeugung

Laut Quintilian (*Institutio oratoria* 8,5,1) eine typische Schwurformel.

Ex avaritia omnia scelera ac maleficia gignuntur.
Aus der Habsucht entspringen alle Verbrechen und Übeltaten.
(Vgl.: Habsucht ist die Wurzel allen Übels.)

Nach Cicero, *Pro Sex. Roscio Amerino* 75.

Excitat auditor studium.
Der Zuhörer regt den Eifer (des Vortragenden) an.

Ovid, *Epistulae ex Ponto* 4,2,35 f.: »Excitat auditor studium, laudataque virtus / crescit, et immensum gloria calcar habet.« (»Der Zuhörer regt den Eifer an, und die Tugend wächst, wenn sie gelobt wird, und [die Aussicht auf] Ruhm ist ein gewaltiger Ansporn.«)

Excludat iurgia finis!
Die Definition soll Streit ausschließen.
(D. h.: Sie soll so genau sein, daß sie keine strittigen Punkte mehr offenläßt.)

Horaz, *Epistulae* 2,1,38.

Exegi monumentum aere perennius.
Ich habe (mir) ein Denkmal geschaffen, dauerhafter als Erz.

Horaz, *Carmina* 3,30,1. – Fünf Verse weiter verkündet Horaz selbstbewußt, er habe durch seine Dichtung Unsterblichkeit erlangt: »Non omnis moriar.« (»Ich werde nicht gänzlich sterben.«)

exemplum facere
ein Exempel statuieren

Nach Terenz, *Eunuchus* 948.

Exercitatio artem parat.
Übung führt zur Kunst.
(Vgl.: Übung macht den Meister.)

Nach Tacitus, *Germania* 24,1.

ex eventu iudicium facere, non ex consilio
sich sein Urteil aufgrund des Ergebnisses, nicht der Absicht bilden

Nach Cicero, *Ad familiares* 1,8,5.

Ex factis, non ex dictis amici pensandi.
Nach Taten, nicht nach ihren Worten soll man Freunde wägen.

Nach Livius, *Ab urbe condita* 34,49,7.

Ex igne ut fumus, sic fama ex crimine surgit.
Wie aus dem Feuer Rauch, so entsteht aus der Anklage Leumund.

Monosticha Catonis 14.

Ex incomprehensibili parvitate harenae funis effici non potest.
Aus der unfaßbaren Kleinheit der Sandkörner kann kein Strick gedreht werden.

Columella (*De re rustica* 10, praefatio 4) bezeichnet diese Worte als bekanntes griechisches Sprichwort; vgl. Macarius Hieromonachus 3,97. Er erläutert mit dieser Wendung, daß er in seinem Buch über so viele Einzelheiten berichten werde, daß kein geschlossenes Ganzes entstehen könne.

Exitus acta probat.
Der Erfolg beurteilt die Tat.

Ovid, *Heroides* 2,85.

Exitus in dubio est.
Der Ausgang ist zweifelhaft.

Ovid, *Metamorphoses* 12,522.

Ex magna coena stomacho fit magna poena.
Ut sis nocte levis, sit tibi coena brevis.
Reichliches Essen zur Nacht beschert dem Bauch große Pein:
Damit du nachts leicht schläfst, sei deine Nachtmahlzeit klein!

Regimen sanitatis Salerni, De coena.

Ex malis multis malum, quod minimum est, id minime est malum.
Von vielen Übeln ist das, was am geringsten ist, am wenigsten ein Übel.

Plautus, *Stichus* 120.

Ex minimis seminibus nascuntur ingentia.
Aus winzigen Keimen entsteht Riesiges.

Nach Seneca, *De providentia* 1,2.

Ex nihilo nihil siehe **Nihil ex nihilo exsistere . . .**

Exoriare aliquis nostris ex ossibus ultor!
Möge sich aus unseren Gebeinen irgendein Rächer erheben!

Vergil, *Aeneis* 4,625. – Dido verflucht Aeneas, der sie verlassen hat, und ruft die Karthager mit den obigen Worten zur Rache auf. Die Römer sahen diese Rache später in Hannibal eingelöst.

Ex oriente lux.
Aus dem Osten (kommt) das Licht.

Vielleicht nach Matthäus 2,2. – Die Wendung bezog sich vermutlich zunächst nur auf die Sonne und wurde später auf Christentum und Kultur übertragen.

Experti scire debemus.
Das müssen wir aus Erfahrung wissen.
Cicero, *Pro T. Annio Milone* 69.

Experto credite!
Glaubet dem, der es aus Erfahrung weiß!
Vergil, *Aeneis* 11,283. – Der Argiver Diomedes, der selbst die Tapferkeit des Aeneas im Kampf erprobt hat, rät seinen Landsleuten zum Bündnis mit den Trojanern. – Vgl. Cicero, *Topica* 74; Ovid, *Ars amatoria* 3,511, und *Fasti* 5,674.

Expertus metuit.
Der Erfahrene ist furchtsam.
(Vgl.: Gebranntes Kind scheut das Feuer.)
Horaz, *Epistulae* 1,18,87.

Ex quovis ligno non fit Mercurius siehe **Non enim ex omni ligno . . .**

ex re fabellae
zum Thema passende Geschichten
Horaz, *Sermones* 2,6,78.

ex tempore
aus dem Stegreif
(z. B.) Ciero, *De divinatione* 1,72.

Extra ecclesiam nulla salus siehe **Salus extra ecclesiam . . .**

extrema omnia experiri
auch das Äußerste versuchen
Sallust, *Bellum Catilinarium* 26,5.

extremis digitis attingere
(nur) mit den Fingerspitzen anfassen
(d. h.: sich einer Sache nur kurz zuwenden)
Cicero (*Pro M. Caelio* 28) führt dies als gebräuchliche Redewendung an.

ex ungue leonem (pingere)

nach der Pranke den Löwen (malen)
(d. h.: aus einem Teil das Ganze ersehen)

Plutarch (*De defectu oraculorum* 410c) führt den Ausdruck auf den Dichter Alkaios zurück (Fragment 110 Kaibel), während Lukian (*Hermotimus* 54) diese Fähigkeit dem Bildhauer Phidias zuschreibt.

Ex uno puteo similior numquam potis
Aqua aquae sumi, quam haec est atque ista.

Aus einem Brunnen kann niemals Wasser geschöpft werden, das diesem Wasser ähnlicher wäre, als diese da jener ähnlich ist.
(Vgl.: Sie gleichen einander wie ein Ei dem anderen.)

Plautus, *Miles gloriosus* 551 f.

F

Faba ista in me cudetur.
Diese Bohne wird auf mir gestampft werden.
(D. h.: Diese Suppe werde ich auslöffeln müssen.)

Nach Terenz, *Eunuchus* 381.

Faber est suae quisque fortunae.
Jeder ist seines Glückes Schmied.

Sallust (*Ad Caesarem senem de re publica oratio* 1,2) führt diesen Ausspruch auf Appius zurück.

Fabulae!
Geschwätz!

Terenz, *Heauton timorumenos* 336.

Fabula quanta fui!
Zu welchem Gesprächsstoff bin ich geworden!

Horaz, *Epodi* 11,8.

Facere docet philosophia, non dicere.
Zu handeln lehrt die Philosophie, nicht zu reden.

Seneca, *Epistulae morales* 20,2.

Facetiae omnium sermonum condimenta.
Witzeleien sind die Würze aller Gespräche.

Vgl. Cicero, *De amicitia* 66.

facies Hippocratica
ein Hippokratisches Gesicht

Hippokrates (*Prognostikon* 2) beschreibt besonders treffend das vom bevorstehenden Tod gekennzeichnete Gesicht eines Sterbenden.

Facies non omnibus una / nec diversa tamen.
Kein Gesicht unter ihnen allen ist gleich und dennoch keines verschieden.

Ovid (*Metamorphoses* 2,13 f.) beschreibt so die Gesichter der Nereiden.

Facile omnes, cum valemus, recta consilia aegrotis damus.
Wir alle geben, solange wir gesund sind, Kranken leicht gute Ratschläge.

Terenz, *Andria* 309.

Facilis descensus Averno.
Leicht ist der Abstieg zur Unterwelt.

Vergil, *Aeneis* 6,126 ff.: »Facilis descensus Averno: / ... / sed revocare gradum superasque evadere ad auras, / hoc opus, hic labor est.« (»Leicht ist der Abstieg zur Unterwelt ..., aber den Schritt umzukehren und in die Oberwelt zu entkommen, das bedeutet Mühe und Not.«)

Facilitate nil homini melius neque clementia.
Nichts steht dem Menschen besser als Leutseligkeit und Milde.

Terenz, *Adelphoe* 861.

Facis de necessitate virtutem.
Du machst aus der Not eine Tugend.

Hieronymus, *Adversus Rufinum* 3,2; vgl. Quintilian, *Declamationes* 4,10.

Facis farinam.
Du machst (alles zu) Mehl.

Martial, *Epigrammata* 8,16,5.

Facit indignatio versum.
Die Entrüstung macht den Vers.

Juvenal, *Saturae* 1,79: »Si natura negat, facit indignatio versum.« (»Wenn [die Begabung] versagt, macht die Entrüstung den Vers.«)

Faciunt favos et vespae.
Auch Wespen bauen (Honig-)Waben.

Tertullian, *Adversus Marcionem* 4,5.

Facta infecta fieri nequeunt.
Geschehenes kann nicht ungeschehen gemacht werden.

Nach Terenz, *Phormio* 1034.

Fac tantum cupias, sponte disertus eris.
Handle so, wie du willst! Von selbst wirst du beredt sein.

Ovid, *Ars amatoria* 1,610.

Factum abiit, monumenta manent.
Die Tat ist vergangen, die Denkmäler bleiben.

Ovid, *Fasti* 4,709.

Factum est illud; fieri infectum non potest.
Jenes ist geschehen; man kann es nicht ungeschehen machen.

Plautus, *Aulularia* 741.

Faenum habet in cornu: longe fuge!
Er hat Stroh am Horn: Nichts wie weg!
(D. h.: Er ist wie ein wilder Stier.)

Horaz, *Sermones* 1,4,34. – Für diese Wendung werden zwei Interpretationen angeführt: zum einen, daß gefährliche Tiere durch Stroh an den Hörnern gekennzeichnet wurden, zum anderen (und wahrscheinlicher), daß es sich um einen stößigen Stier handelt, der gerade noch im Stroh herumwütete.

Fallaces enim sunt rerum species.
Denn trügerisch ist der Schein der Dinge.

Seneca, *De beneficiis* 4,34,1.

Fallacia / alia aliam trudit.
Ein Betrug treibt den nächsten hervor.

Terenz, *Andria* 778 f.

Fallit enim vitium specie virtutis.
Das Laster nämlich täuscht durch den Anschein der Tugend.
(Vgl.: Laster stehlen der Tugend die Kleidung.)

Juvenal, *Saturae* 14,109.

Fallitur augurio spes bona saepe suo.
Hoffnung auf Gutes betrügt sich oft selbst durch ihr Vorgefühl. (Vgl.: Hoffen und Harren macht manchen zum Narren.)

Ovid, *Heroides* 17,234.

Fama crescit eundo siehe **Mobilitate viget . . .**

famam extendere factis
seinen Ruhm durch Taten vergrößern

Nach Vergil, *Aeneis* 6,806.

Fama nihil est celerius.
Nichts ist schneller als das Gerücht.

Nach Livius, *Ab urbe condita* 24,21,5; vgl. Vergil, *Aeneis* 4,174 f.

Fama post cineres maior venit.
Wenn wir zu Asche geworden, wächst der Ruhm.

Ovid, *Epistulae ex Ponto* 4,16,3.

Fama volat.
Das Gerücht fliegt (eilends).

Vergil, *Aeneis* 7,392 und 8,554.

Fames optimum condimentum siehe **Cibi condimentum fames est**

Familiaritas librorum parit insaniam.
Der Umgang mit Büchern führt zum Wahnsinn.

Erasmus, *Colloquia familiaria.* Abbatis et Eruditae.

Fas est et ab hoste doceri.
Es ist auch erlaubt, sich vom Feinde belehren zu lassen.

Ovid, *Metamorphoses* 4,428.

Fata obstant.
Das Schicksal stellt sich dagegen.

Vergil, *Aeneis* 4,440.

Fata viam invenient.
Das Schicksal wird seinen Weg finden.

Vergil, *Aeneis* 3,395.

Fatetur facinus is, qui iudicium fugit.
Sein Verbrechen gesteht, wer das Gericht flieht.

Publilius Syrus, *Sententiae* F 9.

Faucibus teneor bzw. **premor.**
Man bedrängt mich bei der Kehle.

Nach Plautus, *Casina* 943 bzw. Cicero, *Pro A. Cluentio* 84.

Favete linguis!
Begünstigt (die Kulthandlungen) mit euren Zungen (erg.: indem ihr sie stillhaltet)!

Cicero, *De divinatione* 2,83, und Horaz, *Carmina* 3,1,2. – Bei offiziellen religiösen Anlässen gebot ein Herold mit diesem Ruf Schweigen, um eine Störung der Feier durch ein unbedachtes ominöses Wort auszuschließen. Seneca (*De vita beata* 26) erklärt, diese Wendung leite sich nicht von ›Gunst‹ (*favor*) her, sondern befehle Schweigen, damit die Opferhandlung nach den Kultbräuchen vollzogen werden könne, ohne daß ein ungutes Wort sie unterbreche. Vgl. Cicero, *De divinatione* 1,102; Ovid, *Fasti* 2,654; Plinius d. Ä., *Naturalis historia* 28,11.

fax et turbo sequentis saeculi
Brandfackel und Wirbelsturm des folgenden Jahrhunderts

Florus (*Epitomae de Tito Livio* 2,14) über Antonius.

Felix, heu, nimium felix!
Glückliche, ach, allzu Gückliche!

Vergil, *Aeneis* 4,657. – Dido klagt, sie wäre glücklich gewesen, hätte sie Aeneas niemals zu Gesicht bekommen.

Felix, qui potuit rerum cognoscere causas.
Glücklich, wer die Urgründe der Welt zu erkennen vermochte.

Vergil (*Georgica* 2,490 ff.) vergleicht sich mit dem epikureischen Wissenschaftler Lukrez, dessen Verdienst darin liege, daß er die Menschen durch seine Atomlehre von der Angst vor den Göttern und dem Tode befreit habe. Anschließend preist er jedoch auch die Kenntnis der Götter, die für das ländliche Leben von Belang sind: »Fortunatus et ille deos qui novit agrestis.« (»Glücklich ist auch jener, der die ländlichen Götter kennt.«)

Felix, qui quod amat, defendere fortiter audet.
Glücklich, wer, was er liebt, tapfer zu verteidigen wagt.
Ovid, *Amores* 2,5,9.

Feras, non culpes, quod mutari non potest.
Ertrage und mißbillige nicht, was nicht zu ändern ist.
Publilius Syrus, *Sententiae* F 11.

Fere fit malum malo aptissimum.
Böses paßt für gewöhnlich am besten zu Bösem.
Livius, *Ab urbe condita* 1,46,7.

Feriuntque summos / fulgura montis.
Und Blitze schlagen auf den Berggipfeln ein.
Horaz, *Carmina* 2,10,11 f.; vgl. Seneca, *Agamemnon* 96.

Ferreus adsiduo consumitur anulus usu.
Ein eiserner Ring wird durch ständigen Gebrauch abgenutzt.
Ovid, *Ars amatoria* 1,473. Vgl. **Gutta cavat lapidem . . .**, **Percussu crebro . . .** und **Stillicidii casus . . .**

Ferroque nocentius aurum.
Und Gold ist schädlicher als Eisen.
Ovid, *Metamorphoses* 1,141.

Ferrum tuum in igne est.
Dein Eisen ist im Feuer.
(D. h.: Dein Schicksal steht nun auf dem Spiel.)
Nach Seneca, *Apocolocyntosis* 9,6.

Fervet olla, vivit amicitia siehe **Sociorum olla malle fervet**

Fervet opus.
Die Arbeit glüht (d. h.: sie wird mit Feuereifer betrieben).
Vergil, *Aeneis* 1,436.

Festina lente!

Eile mit Weile!

Nach Sueton (*Vita divi Augusti* 25,4) hat Augustus diese Worte oft in griechischer Sprache geäußert; vgl. Euripides, *Die phönizischen Mädchen* 599. Gellius (*Noctes Atticae* 10,11,5) berichtet dies über Nigidius.

Fiat iustitia et pereat mundus!

Es geschehe Gerechtigkeit, und wenn die Welt dabei untergeht!

Marino Sanuto, *I diarii* 33. – Laut Johannes Manlius (*Loci communes*, decalogus 8) und Julius Wilhelm Zincgref (*Apophthegmata* 1,78) war dies die Devise Kaiser Ferdinands I. – Liebs zufolge ist »mundus« hier mit »die Großen dieser Welt« zu übersetzen. Der Ausspruch wäre dann entgegen dem heutigen Gebrauch kein Beispiel von Rechtsfanatismus, sondern drückte die standesunabhängige Gleichheit aller vor dem Gesetz aus.

Fiat lux!

Es werde Licht!

1. Mose 1,3.

Fidem non servanti fides servanda non est.

Dem gegenüber, der sein Wort nicht hält, braucht man sein eigenes Wort nicht zu halten.

Damasus, *Regulae canonicae* (Lyon 1566) 61.

fides spectata

erwiesene Treue

Nach Cicero, *Divinatio in Q. Caecilium* 11.

fidus Achates

der getreue Achates

Achates, ein Gefährte des Aeneas, dessen Treue bei Vergil mehrfach erwähnt wird (z. B. *Aeneis* 6,158), wurde zum sprichwörtlich ›treuen Begleiter‹.

finis Poloniae

das Ende Polens

Wohl legendärer Ausruf Tadeusz Kosciuszkos nach der Niederschlagung des von ihm initiierten Aufstandes 1794 nach der zweiten polnischen Teilung.

Firma valent per se.
Starkes gedeiht von selbst.

Ovid, *Epistulae ex Ponto* 3,4,7.

Fiscus non erubescit.
Der Fiskus errötet nicht.
(D. h.: Er nimmt auch Steuern aus anrüchigen Einnahmen an.)

In Anlehnung an Cicero, *Ad familiares* 5,13,1; vgl. **Epistula non erubescit**; **Lucri bonus est odor ex re quaelibet** und **Non olet**.

Fistula dulce canit, volucrem dum decipit auceps.
Die Flöte tönt süß, während der Vogelfänger den Vogel täuscht.

Warnung in den *Disticha Catonis* (1,27 B) vor allzu schmeichelhaften Menschen.

Fit via vi.
Mit Gewalt schafft man seinen Weg.

Vergil, *Aeneis* 2,494.

Flamma fumo est proxima.
Die Flamme ist dem Rauch am nächsten.
(D. h.: Wo Rauch ist, da ist auch Feuer.)

Plautus, *Curculio* 53.

Flectere si nequeo superos, Acheronta movebo.
Kann ich die Himmlischen nicht beugen, so werde ich Acheron (d. h.: die Unterwelt) in Bewegung setzen.
(Vgl.: alle Hebel in Bewegung setzen)

Vergil, *Aeneis* 7,312.

Floccum non interduim.
Ich gäbe keine Faser dafür.
(Vgl.: keinen Pfifferling darum geben)

Plautus, *Trinummus* 994.

Fluctuat nec mergitur.
Es schwankt, aber geht nicht unter.

Wappendevise der Stadt Paris. – Auf dem Wappen ist ein Schiff abgebildet, das die Stadt symbolisiert.

foedum inceptu, foedum exitu
häßlich am Anfang, häßlich am Ende

Livius (*Ab urbe condita* 1, praefatio 10) sieht den Vorteil von Geschichtsstudien darin, daß sie Beispiele für jegliche Form menschlicher Erfahrung darböten. Man könne für sich entscheiden, welche davon man nachahmen und welche man, da sie erwiesenermaßen sowohl in ihrem Beginnen als auch in ihrem Ausgang schlecht seien, vermeiden wolle.

Fontes ipsi sitiunt.
Die Quellen selbst dürsten.

Cicero (*Ad Quintum fratrem* 3,1,11) schreibt an seinen Bruder, zur Zeit sei gerade auch seine eigene schriftstellerische Ader vertrocknet.

foris sapere, sibi non posse auxiliarier
draußen weise sein, (aber) sich selbst nicht zu helfen wissen

Nach Terenz, *Heauton timorumenos* 924.

Forma bonum fragile est.
Schönheit ist ein zerbrechliches Gut.

Ovid, *Ars amatoria* 2,113.

Formosa facies muta commendatio est.
Gutes Aussehen ist eine stumme Empfehlung.

Publilius Syrus, *Sententiae* F 4.

Forsan et haec olim meminisse iuvabit.
Vielleicht wird es einst angenehm sein, sich daran zu erinnern.

Vergil, *Aeneis* 1,203.

Fortasse non poterit hoc sic abire.
Vielleicht wird sich dies nicht ohne weiteres erledigen lassen können.

Nach Cicero, *De finibus* 5,7.

Fortes fortuna adiuvat siehe **Audentes fortuna iuvat**

Fortior in fulva novus est luctator arena.
Stärker ist ein neuer Ringer in der mit gelbem Sand gefüllten Arena.

Ovid (*Tristia* 4,6,31) erläutert, daß man seine Gefühle stets auffrischen müsse, denn nur wer sich an seinen Zustand noch nicht gewöhnt habe, werde in der Lage sein, heftig gegen ihn anzukämpfen.

Fortiter in re, suaviter in modo!
Energisch in der Sache (selbst), sanft in der Vorgehensweise!

Nach Claudio Aquaviva, *Industriae ad curandos animae morbos* 2,4.

Fortuna caeca est siehe **Non enim solum . . .**

fortunae filius, in manu illius plumbum aurum fiebat
ein Glückskind, in dessen Hand Blei zu Gold wurde

Petron, *Satyrica* 43; vgl. Horaz, *Sermones* 2,6,49.

Fortuna fortes metuit, ignavos premit.
Das Schicksal fürchtet die Tapferen, die Feigen bedrängt es.

Seneca, *Medea* 159.

Fortunam sibi quisque parat.
Sein Glück schafft sich jeder selbst.
(Vgl.: Jeder ist seines Glückes Schmied.)

Nach Plautus, *Trinummus* 363, und Cornelius Nepos (*Atticus* 11,6), der die Wendung als bekanntes Sprichwort bezeichnet.

Fortuna multis dat nimium, satis nulli.
Das Glück gibt vielen zuviel, aber keinem genug.

Martial, *Epigrammata* 12,10,2.

Fortuna non mutat genus.
Das Glück ändert nicht die Art (des Menschen).

Horaz, *Epodi* 4,6.

Fortuna obesse nulli contenta est semel.
Das Schicksal gibt sich nicht damit zufrieden, jemandem (nur) einmal zu schaden.
(Vgl.: Ein Unglück kommt selten allein.)
Publilius Syrus, *Sententiae* F 18.

Fortuna opes auferre, non animum potest.
Das Schicksal kann Reichtümer, doch nicht den Geist rauben.
Seneca, *Medea* 176.

Fortunatus et ille, deos qui novit agrestes siehe **Felix, qui potuit . . .**

Fortuna, ut saepe alias, virtutem est secuta.
Das Glück folgte, wie auch sonst oft, der Tapferkeit.
Livius, *Ab urbe condita* 4,37,7.

Fortuna vitrea est: tum, cum splendet, frangitur.
Glück ist wie Glas: Wenn es glänzt, bricht es.
(Vgl.: Glück und Glas, wie leicht bricht das!)
Publilius Syrus, *Sententiae* F 24.

Fraus est accipere, quod non possis reddere.
Es ist Betrug anzunehmen, was du nicht wiedergeben kannst.
Publilius Syrus, *Sententiae* F 7.

Frenos imponit linguae conscientia.
Das Schuldbewußtsein legt der Zunge Zügel an.
Publilius Syrus, *Sententiae* F 31.

frondem in silvis non cernere
das Laub in den Wäldern nicht wahrnehmen
(vgl.: den Wald vor lauter Bäumen nicht sehen)
Ovid, *Tristia* 5,4,9 f.: »Nec frondem in silvis, nec aperto mollia prato / gramina, nec pleno flumine cernit aquam.« (»Er sieht nicht im Walde das Laub und nicht im offenen Gefilde die biegsamen Halme noch das Wasser im tiefen Fluß.«)

Fronte capillata, post est occasio calva.
Vorne hat die Gelegenheit einen Haarschopf, hinten ist sie kahl. (Vgl.: die Gelegenheit beim Schopfe packen)

Disticha Catonis 26 B; vgl. Phaedrus, *Fabulae* 5,8,3.

Fugiendo in media fata ruitur.
Durch Flucht gerät man (oft) mitten ins Verderben.

Livius, *Ab urbe condita* 8,24,4.

Fugit hora.
Die Stunde entflieht.

Persius, *Saturae* 5,153.

Fugit inreparabile tempus siehe **Sed fugit interea . . .**

Fuimus Troes, fuit Ilium et ingens / gloria Teucrorum.
Trojaner waren wir (einst), Ilion war (einst) und ebenso der gewaltige Ruhm der Teukrer.

Vergil, *Aeneis* 2,325 f. – Klage des Priesters Panthus beim Anblick des brennenden Troja. – Ilion ist eine weitere Bezeichnung für Troja; Teuker war der erste trojanische König.

Fumantem nasum vivi ursi ne temptaveris!
Wage dich nicht an die dampfende Nase eines lebenden Bären heran!

Nach Martial, *Epigrammata* 6,64,28.

fumos vanos vendere
leeren Rauch verkaufen

Nach Martial, *Epigrammata* 4,5,7. – Als »Rauch« bezeichnet Martial angebliche Informationen über den Kaiser, die einige Gestalten am Hofe verkauften.

Fumus ignem.
Der Rauch (zeigt) das Feuer (an).
(Vgl.: Wo Rauch ist, da ist auch Feuer.)

Nach Cicero, *Partitiones oratoriae* 34.

fundamenta tamquam in aqua ponere
die Fundamente gleichsam aufs Wasser setzen
(vgl.: auf Sand bauen)

Nach Cicero, *De finibus* 2,72.

Fundamentum autem est iustitiae fides.
Grundlage der Gerechtigkeit jedoch ist Pflichttreue.

Cicero, *De officiis* 1,23.

Fundum alienum arat, incultum familiarem deserit.
Er pflügt fremdes Land, das eigene läßt er unbebaut.

Plautus, *Asinaria* 874. – Die Wendung wird oft auf Ehebrecher übertragen.

Furor fit laesa saepius patientia.
Zur Wut wird allzu oft beleidigte Geduld.

Publilius Syrus, *Sententiae* F 13.

Furorne caecus vos rapit?
Reißt euch blinde Wut dahin?

Nach Horaz, *Epodi* 7,13.

furor Teutonicus
teutonisches Wüten

Lukan (*De bello civili* 1,255) beschreibt so die Germaneneinfälle des Jahres 113 v. Chr.

G

Gallia est omnis divisa in partes tres . . .
Das Gesamtgebiet Gallien ist in drei Teile gegliedert (von denen die Belgier einen bewohnen, einen anderen die Aquitaner, den dritten die Völker, die in ihrer eigenen Sprache Kelten, in der unsrigen Gallier genannt werden).

Caesar, *De bello Gallico* 1,1,1.

Gallina scripsit.
Ein Huhn hat das geschrieben.
(Vgl.: Krähenfüße)

Plautus, *Pseudolus* 29.

Gallus in sterquilino suo plurimum potest.
Auf seinem eigenen Misthaufen ist der Hahn der Mächtigste.
(Vgl.: Der Hahn ist König auf seinem Miste.)

Seneca (*Apocolocyntosis* 7,3) verspottet den Kaiser Claudius, der zwar in Rom Autorität gehabt habe, im Himmel jedoch machtlos sei.

Gaudeamus igitur, iuvenes dum sumus!
Freuen wir uns also, solange wir noch jung sind!

Vers aus dem Studentenlied »De brevitate vitae«, dessen Neufassung von Christian Wilhelm Kindleben stammt (der eigentliche Urheber ist unbekannt); *Gaudeamus* ist außerdem der Titel einer Sammlung von Studentenliedern von Josef Victor Scheffel.

Gaudii comes maeror.
Der Freude Begleiterin ist die Trauer.

HW: 10256a.

Geminat peccatum, quem delicti non pudet.
Die Schuld verdoppelt, wer sich seines Vergehens nicht schämt.

Publilius Syrus, *Sententiae* G 11. Vgl. **Quem paenitet pecasse . . .** und **Si paenitet, haud nocet error.**

genium mero curare
seinen Schutzgeist mit Wein umsorgen
(d. h.: sich gütlich tun am Weine)

Nach Horaz, *Carmina* 3,17,14 f. – Der *genius* ist der Schutzgeist des Mannes. Umsorgt man ihn mit Wein, tut man sich selbst etwas Gutes.

genius loci
der Schutzgeist des Ortes

(z. B.) Vergil, *Aeneis* 5,95.

gens humana ruit per vetitum nefas siehe **Audax omnia perpeti . . .**

genus irritabile vatum
das reizbare Geschlecht der Dichter

Horaz, *Epistulae* 2,2,102.

genus mutabile mulierum siehe **Heia age . . .**

Gladiator in arena capit consilium.
Der Gladiator faßt seinen Entschluß (erst) in der Arena.

Seneca (*Epistulae morales* 22,1) bezeichnet diese Wendung bereits als Sprichwort: Ein Gladiator habe zwar schon vor dem Kampf eine Strategie, der richtige Zeitpunkt für die einzelnen Schritte lasse sich aber erst im Kampf an der Gestik und Mimik seines Gegners erkennen.

gloriari alienis bonis siehe **alienis gloriari bonis**

Gloria virtutem tamquam umbra sequitur.
Der Ruhm folgt der Tugend gleichsam wie ein Schatten.

Nach Cicero, *Tusculanae disputationes* 1,45,109; vgl. Seneca, *Epistulae morales* 79,13.

Gradus ad Parnassum
Stufen zum Parnaß (Musenberg)

Titel einer Materialiensammlung von Paul Aler, in der Versatzstücke für das Dichten in lateinischer Sprache dargeboten werden, wie etwa typische Wortverbindungen, Synonyme etc. – Am Parnaß liegt das Apollon-Heiligtum von Delphi. Der Berg wurde als Lieblingssitz Apolls und der Musen angesehen.

Graeca non leguntur.
Griechisches wird nicht gelesen.

Im Mittelalter wurden griechische Passagen der Gesetzessammlung *Corpus iuris civilis*, für die keine Übersetzungen vorlagen, übergangen, da die damaligen Rechtskundigen des Griechischen nicht mehr mächtig waren. Vgl. im Gegensatz dazu Cicero, *Pro Archia poeta* 23.

Graecia capta ferum victorem cepit et artis / intulit agresti Latio.
Griechenland, das erobert worden war, hat selbst den rauhen Sieger erobert und im bäuerlichen Latium (Italien) die Künste eingeführt.

Horaz, *Epistulae* 2,1,156 f.

Gram. loquitur, Dia. vera docet, Rhe. verba colorat, Mu. canit, Ar. numerat, Geo. ponderat, As. docet/colit astra.
Die Grammatik redet (richtig), die Dialektik lehrt das Wahre, die Rhetorik schmückt die Worte, die Musik singt, die Arithmetik zählt, die Geometrie wägt ab, die Astronomie lehrt/pflegt (den Lauf der) Gestirne.

Merkspruch auf die Sieben Freien Künste (»artes liberales«), von denen die ersten drei das Trivium, die folgenden vier das Quadrivium bilden.

Grammatici certant, et adhuc sub iudice lis est.
Darüber streiten die Grammatiker, und noch ist der Streitfall vor dem Richter.
(Vgl.: Darüber streiten sich die Gelehrten.)

Horaz (*Ars poetica* 78) erklärt, daß zwar Homer als erster Epiker feststehe, doch wer die erste Elegie verfaßt habe, sei noch nicht erwiesen.

Grata superveniet, quae non sperabitur, hora siehe **Inter spem curamque . . .**

Gratia gratiam parit.
Freundlichkeit führt zu Freundlichkeit.
(Vgl.: Wie es in den Wald hineinschallt, so schallt es hinaus.)

Nach Sophokles, *Aias* 522.

Grave ipsius conscientiae pondus.
Schwer ist die Last des Gewissens selbst.

Cicero, *De natura deorum* 3,85.

Gravissimum est imperium consuetudinis.
Die schlimmste Herrschaft ist die der Gewohnheit.
(Vgl.: die Macht der Gewohnheit)

Publilius Syrus, *Sententiae* G 8.

Gutta cavat lapidem, consumitur anulus usu.
Der Tropfen höhlt den Stein; ein Ring wird durch den Gebrauch abgenutzt.

Ovid (*Epistulae ex Ponto* 4,10,5) spielt hier wohl auf Properz, *Elegiae* 2,25,16 an. Vgl. Lukrez, *De rerum natura* 4,1286, und Tibull 1,4,18; **Ferreus adsiduo consumitur . . .**, **Percussu crebro . . .** und **Stillicidii casus . . .**

H

Habeas corpus!

Du sollst deinen Körper haben!

Der Habeas-Corpus-Erlaß wird bereits im 14. Jahrhundert in England erwähnt. 1679 wurde er englisches Staatsgrundgesetz, später auch in die amerikanische Verfassung aufgenommen. Er verfügt, daß niemand ohne richterlichen Haftbefehl verhaftet oder ohne gerichtliche Untersuchung in Haft gehalten werden darf.

Habeas tibi!

Du sollst deinen Willen haben (erg.: auch wenn er zu nichts Gutem führt).

(z. B.) Plautus, *Stichus* 615; vgl. 1. Mose 38,23 und Sueton, *Vita divi Iulii* 1,1,3.

Habemus confitentem reum.

Wir haben einen geständigen Angeklagten.

Nach Cicero, *Pro. Q. Ligario* 2.

Habemus papam.

Wir haben einen Papst.

Patricius (*Ritus ecclesiastici SS. Romanae ecclesiae* 1,1,4) erläutert, daß mit folgendem Ruf die Neuwahl eines Papstes verkündet werde: »Annuncio vobis gaudium magnum: Papam habemus.« (»Ich verkünde euch eine große Freude: Wir haben einen Papst.«)

Habent insidias hominis blanditiae mali.

Schmeicheleien eines Bösen bergen Fallen.

(Vgl.: Einem Schmeichler und Wolf ist nicht zu trauen.)

Phaedrus, *Fabulae* 1,19,1.

Habent sua fata libelli.
Büchlein haben (auch) ihr Schicksal.

Terentianus Maurus, *De litteris* 1286: »Pro captu lectoris habent sua fata libelli.« (»Je nach der Aufnahme durch den Leser haben die Büchlein ihr Schicksal.«)

Habet profecto in ventre confidentiam.
Er hat wahrlich Selbstvertrauen im Bauch.

Nach Plautus, *Captivi* 812.

Habet salem.
Er hat Salz (d. h.: einen scharfen Verstand und Witz).

Terenz, *Eunuchus* 400.

Habet silices pectus eius.
Seine Brust birgt Kieselsteine.
(D. h.: Er hat ein Herz aus Stein.)

Nach Ovid, *Tristia* 3,11,4.

Habet suum venenum blanda oratio.
Schmeichelnde Rede hat ihr eigenes Gift.

Publilius Syrus, *Sententiae* H 12.

habuisse et nihil habere
gehabt zu haben und nichts zu haben

Plautus, *Rudens* 1321: »Miserum istuc verbum et pessimum est, habuisse, et nihil habere.« (»Das ist ein jämmerliches Wort und das allerschlimmste: ›gehabt zu haben‹ [im Lateinischen eben ein Wort: *habuisse*], wenn man nichts hat.«)

Hac urget lupus, hac canis.
Hier lauert der Wolf, dort der Hund.

Horaz (*Sermones* 2,2,64) führt die Wendung als Sprichwort an. Vgl. **Incidit in Scyllam . . .** und **inter canem et lupum**.

Haec a te non multum abludit imago.
Dieses Bild ist dir nicht allzu unähnlich.

Horaz, *Sermones* 2,3,320.

Haec ornamenta sunt mea.

Diese sind meine Zierde.

Laut Valerius Maximus (*Facta et dicta memorabilia* 4,4) zeigte einst eine reiche Freundin der Gracchenmutter Cornelia ihren Schmuck. Statt ihrerseits Geschmeide hervorzuholen, verwies Cornelia mit den obigen Worten auf ihre Kinder.

Haec res et iungit iunctos et servat amicos.

Dies verbindet und bewahrt verbundene Freunde.

Horaz (*Sermones* 1,3,54) beschreibt schmeichlerische Nachsicht unter Freunden: Ein schielender Freund etwa ›blinzele nur verliebt‹; ein allzu grober werde ›kraftvoll‹ genannt.

Haeres in medullis.

Du hängst (mir) im Mark.

(D. h.: Du bist in meinem Herzen.)

Cicero, *Ad familiares* 15,16,2.

Haeret lateri letalis harundo.

Es haftet der tödliche Pfeil in der Seite.

Vergil, *Aeneis* 4,73.

Ha, et sine me fati non meminisse mei!

Ach, laß mich nicht an mein Schicksal erinnern!

Ovid, *Tristia* 4,4,40.

Hanc veniam petimusque damusque vicissim.

Wir bitten um diese Nachsicht und gewähren sie unsererseits.

Horaz (*Ars poetica* 11) bittet um das Zugeständnis dichterischer Freiheit, die jedoch nicht so weit gehen dürfe, daß der Künstler Unvereinbares kombiniere. Er vergleicht den Dichter mit dem Maler, der auch nicht den Kopf einer schönen Frau auf den Körper eines häßlichen schwarzen Fisches setzen dürfe.

Hannibal ad portas!

Hannibal ist vor den Toren!

Oft fälschlich als »Hannibal ante portas« zitiert. – Cicero (*Orationes Philippicae* 1,11, und *De finibus* 4,22) erwähnt Hannibals Vorstoß bis an die Tore Roms im Jahre 211 stellvertretend für höchst gefährliche Situationen. Bei Livius (*Ab urbe condita* 23,16,2) wird die Wendung im eigentlichen historischen Sinne verwendet.

Has litteras gallina scripsit siehe **Gallina scripsit**

hastas abicere
die Lanzen wegwerfen
(vgl.: die Flinte ins Korn werfen)

Nach Cicero, *Pro L. Murena* 45.

hastas iacere, quas alius ministrat
Lanzen schleudern, die ein anderer herreicht
(vgl.: Büchsenspanner)

Vgl. Cicero, *Topica* 65.

Haud aequum facit, qui, quod didicit, id dediscit.
Nicht richtig handelt, wer, was er gelernt, wieder verlernt.

Plautus, *Amphitruo* 688.

Haud est nocens, quicumque non sponte est nocens.
Es sündigt nicht, wer nicht absichtlich sündigt.

Seneca, *Hercules Oetaeus* 890.

Haud est virile terga fortunae dare.
Es ist nicht männlich, dem Schicksal den Rücken zuzukehren.

Seneca, *Oedipus* 86.

Haud stulte sapis.
Du bist nicht dumm in deiner Weisheit.
(D. h.: Du bist nicht auf den Kopf gefallen.)

Terenz, *Heauton timorumenos* 323.

Haustus aquae mihi nectar erit.
Ein Schluck Wasser wird Nektar für mich sein.

Ovid, *Metamorphoses* 6,356.

Hectora quis nosset, felix si Troia fuisset?
Publica virtutis per mala facta via est.
Wer würde Hektor kennen, wenn Troja glücklich gewesen wäre? Der Weg seiner Tapferkeit wurde erst durch sein Unglück bekannt.

Ovid, *Tristia* 4,3,75 f.

Heia age, rumpe moras! Varium et mutabile semper / femina.

Wohlan, brich das Zaudern! Ein wankelmütiges und veränderliches Wesen ist stets die Frau!

Vergil, *Aeneis* 4,569 f. – Aeneas wird im Traum davor gewarnt, länger bei Dido zu verweilen.

Heredis fletus sub persona risus est.

Das Weinen des Erbens erweist sich unter der Maske als Lachen. (Vgl.: Des Erben Weinen ist heimlich Lachen.)

Publilius Syrus, *Sententiae* H 19.

Hereditatem inhiat quasi esuriens lupus.

Er giert nach dem Erbe wie ein verhungernder Wolf.

Plautus, *Stichus* 605.

Heu, melior quanto sors tua sorte mea!

Ach, um wieviel besser ist dein Los als meines!

Ovid, *Amores* 1,6,46.

Heu miseri, qui bella gerunt!

Ach, die Elenden, die Kriege führen!

Lukan, *De bello civili* 4,382.

Heu, nihil invitis fas quemquam fidere divis!

Ach, es ist niemandem erlaubt, auf die unwilligen Götter zu vertrauen!

Vergil, *Aeneis* 2,402.

Heu, patior telis vulnera facta meis!

Ach, ich leide an den Wunden meiner eigenen Geschosse!

Ovid, *Heroides* 2,48. – Phyllis grämt sich, ihrem Mann Demophon selbst das Boot für seine Abfahrt bereitgestellt zu haben, da sie jetzt seine Untreue fürchtet.

Heu pietas, heu prisca fides!

Ach Frömmigkeit, ach altehrwürdige Treue!

Vergil, *Aeneis* 6,878. – Anchises gedenkt mit diesen Worten des tugendhaften Marcellus.

Hic finis fandi.
Das war das Ende des Redens.
(D. h.: Das waren seine letzten Worte.)

Vergil, *Aeneis* 10,116.

Hic locus est, partis ubi se via findit in ambas.
Hier ist die Stelle, wo sich der Weg in zwei Richtungen trennt.

Vergil, *Aeneis* 6,540. – Am Scheideweg zwischen Elysium und Tartarus mahnt die Sibylle, die Aeneas durch die Unterwelt leitet, den Helden weiterzugehen.

Hic niger est, hunc tu, Romane, caveto!
Dieser ist schwarz (in der Seele), den, Römer, meide!

Horaz (*Sermones* 1,4,85) warnt so vor untreuen Freunden, Schwätzern und anderen üblen Gesellen.

Hic Rhodus, hic salta!
Hier ist Rhodus, hier springe!

Nach Aesop, *Fabulae* 51 Chambry: Ein Fünfkämpfer rühmt sich, zu Rhodos einen großen Sprung gemacht zu haben. Er wird mit diesen Worten aufgefordert, den Sprung zum Beweis an Ort und Stelle zu wiederholen.

Hic solet eventus facta nefanda sequi.
Ein solches Resultat pflegt ruchlosen Taten zu folgen.

Ovid, *Heroides* 14,16.

Hic ver adsiduum atque alienis mensibus aestas.
Hier ist ewig Frühling und auch in ungewöhnlichen Monaten (d. h.: im Winter) Sommer.

Vergil, *Georgica* 2,149.

Hinc illae lacrumae!
Daher diese Tränen!

Terenz, *Andria* 126. – Bei der Bestattungsfeier für die Nachbarin Chrysis begegnet der alte Simo deren äußerst ansehnlicher Schwester Glycerium; nun erkennt er, daß die Tränen seines Sohnes Pamphilus nicht aus dessen vermeintlicher Trauer um Chrysis herrühren, sondern vielmehr der Liebe zu ihrer schönen Schwester Glycerium entspringen. – Bei Cicero (*Pro Caelio* 25,61) und Horaz (*Epistulae* 1,19,41) wird die Wendung bereits im heutigen Sinne stellvertretend für Aha-Erlebnisse jeglicher Art verwendet. Juvenal (*Saturae* 1,168) erweitert die Wendung: »Inde irae et lacrimae« (»Daher der Zorn und die Tränen«).

Hinc omne principium, huc refer exitum!
Von hier nimm den Anfang, hierauf bezieh das Ende!

Horaz, *Carmina* 3,6,6.

hircum olere
nach Bocksgeruch stinken; stinken wie ein Bock

(z. B.) nach Horaz, *Sermones* 1,2,26 f.

Hirundines aestivo tempore praesto sunt, frigore pulsae recedunt. Ita falsi amici.
Bei Sommerwetter sind die Schwalben zugegen; von der Kälte vertrieben, ziehen sie sich zurück. So auch (handeln) falsche Freunde.

Der Auctor ad Herennium (4,61) führt diese Regel nicht ihres Inhalts wegen an, sondern als Beispiel für einen Vergleich, dessen einmal aufgenommene Metaphorik zum gesamten Sachverhalt paßt und bis zum Ende durchgehalten wird.

Hoc age!
Tu das!

Horaz, *Epistulae* 1,18,88.

Hoc decet, hoc leges duxque pudorque iubent.
So gehört es sich, so befehlen es die Gesetze, der Kaiser und das Schamgefühl.

Ovid, *Ars amatoria* 3,614.

Hoc erat in votis: modus agri non ita magnus.
Das war einer meiner Wünsche: ein Stück Land, nicht so groß.

Horaz (*Sermones* 2,6,1) dankt seinem Gönner Maecenas für das Landgut, das er von ihm erhielt. Vgl. **Immoritur studiis et amore senescit habendi**.

Hoc feci, dum licuit, intermisi, quoad non licuit.
Das tat ich, solange es erlaubt war, und unterließ es, solange es nicht erlaubt war.

Cicero, *Orationes Philippicae* 3,33.

Hoc habet!
Das hat's!
(D. h.: Das sitzt.)

Plautus, *Mostellaria* 715. – Mit diesem Ausspruch verkündeten die Gladiatoren, daß sie einen Gegner tödlich getroffen haben.

Hoc Herculi, Iovis satu edito potuit fortasse contingere, nobis non item.
Das könnte vielleicht einem Hercules, aus Jupiters Saat hervorgekommen, gelingen, uns ebenso nicht.

Cicero (*De officiis* 1,118) spielt hier auf Hercules am Scheidewege an.

Hoc nobis vitium maximum est, cum amamus, tum perimus.
Das ist unser größter Fehler: Wenn wir lieben, gehen wir daran zugrunde.

Plautus (*Truculentus* 190) beschreibt so die Eigenart von Liebenden, sämtliche Schmeicheleien begierig in sich aufzusaugen, ohne deren Wahrheitsgehalt zu hinterfragen.

Hoc opus, hoc studium parvi properemus et ampli.
Diesem Werk, dieser Beschäftigung wollen wir uns eilends zuwenden, wir Großen und Kleinen.

Horaz, *Epistulae* 1,3,28. – Gemeint ist die Philosophie.

Hoc plus verere, quod licet tantum tibi.
Fürchte du viel mehr, daß dir soviel erlaubt.

Seneca (*Octavia* 450) warnt hier Nero vor Übermut. Dieser hatte, nachdem er Claudius zum Gott geweiht hatte, behauptet, er müsse sich nicht um Götter kümmern: Er schaffe sie selbst.

Hoc sensus ostendit, animus credidit.
Der Sinn zeigte es an; der Geist glaubte es.

Seneca, *Epistulae morales* 117,13.

Hoc signo vinces.

Unter diesem Zeichen wirst du siegen.

Nach Eusebius (*Vita Constantini* 1,28), über die Kreuzeserscheinung vor der Schlacht an der Milvischen Brücke. Andere lateinische Übersetzungen des griechischen Originals sind »Hoc signo victor eris«, »In hoc signo vinces« und »Hac vince«.

Hoc volo, sic iubeo! Sit pro ratione voluntas!

Das will ich, so befehle ich! Statt einer Begründung gelte mein Wille!

Juvenal (*Saturae* 6,223) führt in seiner »Weibersatire« diesen Befehl als typisch für herrische Frauen an. Im obigen Fall fordert eine Ehefrau von ihrem Gatten die sofortige Hinrichtung eines Sklaven ohne weitere Untersuchung dessen Schuld.

Hominem experiri multa paupertas iubet.

Armut läßt den Menschen vieles versuchen.
(Vgl.: Not macht erfinderisch.)

Publilius Syrus, *Sententiae* H 8.

hominem involutum aestimare

einen eingewickelten Menschen einschätzen
(vgl.: die Katze im Sack kaufen)

Nach Seneca, *Epistulae morales* 80,9.

Hominem te esse memento!

Bedenke, daß du (nur) ein Mensch bist!

Tertullian, *Apologeticum* 33,4. Vgl. **Respice post te . . .**

Homines amplius oculis quam auribus credunt; longum iter est per praecepta, breve et efficax per exempla.

Die Menschen glauben eher ihren Augen als ihren Ohren. Über Vorschriften führt ein langer Weg, ein kurzer und wirkungsvoller über Beispiele.

Seneca, *Epistulae morales* 6,5.

Homines dum docent, discunt.
Während die Menschen lehren, lernen sie.

Seneca (*Epistulae morales* 7,8) rät dazu, sich sowohl mit Menschen zu umgeben, die einen zu bessern vermögen, als auch selbst zu versuchen, andere zu bessern. – Oft zitiert als: »Docendo discimus.« (»Indem wir lehren, lernen wir.«)

Homines quo plura habent, eo cupiunt ampliora.
Je mehr die Menschen haben, desto mehr wünschen sie.

Vgl. Iustinus (*Historiae Philippicae* 6,1,1), der diese Eigenschaft besonders den Spartanern zuschreibt.

Homines sumus, non dii siehe **Nemo nostrum . . .**

Homini necesse est mori siehe **De homine enim . . .**

Hominum causa omne ius constitutum est.
Alles Recht ist um der Menschen willen gesetzt.

Nach *Digesta* 1,5,2.

Homo bulla.
Der Mensch ist eine Luftblase (d. h.: er zerplatzt so leicht wie eine Seifenblase).

Varro (*De re rustica* 1,1,1) bezeichnet die Wendung als Sprichwort, das die Vergänglichkeit des Menschen verdeutliche; vgl. Petron, *Satyrica* 42, und Persius, *Saturae* 2,10.

Homo doctus in se semper divitias habet.
Der Gelehrte hat an sich selbst immer einen Schatz.

Phaedrus, *Fabulae* 4,23,1.

Homo homini lupus est.
Der Mensch ist dem Menschen ein Wolf.

Bei Plautus (*Asinaria* 495) begründet so ein Herr seine Weigerung, einem Sklaven Geld zu leihen: »Lupus est homo homini, non homo, quom qualis sit, non novit.« (»Der Mensch ist dem Menschen ein Wolf, kein Mensch, wenn er nicht weiß, welcher Art [sein Gegenüber] ist.«) – Maxime des Thomas Hobbes in seinem *Leviathan*.

Homo ludens
der spielende Mensch

Titel eines 1938 erschienenen Buches des niederländischen Kulturhistorikers Johan Huizinga, der das Spiel als Grundkategorie menschlichen Verhaltens und menschlicher Entwicklung und somit als kulturbildenden Faktor betrachtet.

homo mensura siehe **Omnium rerum homo mensura est**

homo novus
ein neuer Mann
(d. h.: ein Aufsteiger)

(z. B.) Cicero, *De re publica* 1,1, und *De officiis* 1,138. – Mit diesem Terminus wurden römische Bürger aus nichtadeligen Familien bezeichnet, denen dennoch der Aufstieg in kurulische Ämter und in die Nobilität gelungen war.

Homo proponit, sed deus disponit.
Der Mensch schlägt vor, aber Gott ordnet an.
(Vgl.: Der Mensch denkt und Gott lenkt.)

Thomas a Kempis, *Imitatio Christi* 1,19,9; vgl. Sprüche 16,9.

Homo semper aliud, fortuna aliud cogitat.
Der Mensch denkt immer anders als das Schicksal.

Publilius Syrus, *Sententiae* H 14.

Homo sum, humani nil a me alienum puto.
Ich bin ein Mensch, nichts Menschliches, glaube ich, ist mir fremd.

Terenz, *Heauton timorumenos* 77. – Dieser Ausdruck des Verständnisses für menschliche Schwächen wird bereits in der Antike zitiert, so z. B. bei Cicero (*De officiis* 1,9,30) und bei Seneca (*Epistulae morales* 95,53).

Homo totiens moritur, quotiens amittit suos.
Der Mensch stirbt, sooft er Nahestehende verliert.

Publilius Syrus, *Sententiae* H 13.

Homunculi quanti sunt, cum recogito!
Wie klein die Menschlein sind, wenn ich's recht bedenke!

Plautus, *Captivi* 51.

Honesta mors turpi vita potior.
Ein ehrlicher Tod ist besser als ein schändliches Leben.

Tacitus, *Agricola* 33,6.

Honeste parcas improbo, ut parcas probo.
Zu Recht darf man einen Schuft schonen, um (gleichzeitig auch) einen Anständigen zu schonen.

Publilius Syrus, *Sententiae* H 22.

Honos alit artes.
Ehre nährt die Künste.

Cicero, *Tusculanae disputationes* 1,4.

Honos est praemium virtutis.
Ehre ist der Lohn der Tugend.

Nach Cicero, *Brutus* 281.

Honos habet onus.
Ehre hat Bürde.
(Vgl.: Ehren beschweren; Würden sind Bürden.)

Vgl. Varro (*De lingua latina* 5,73), der *honos* (›Ehre‹) von *onus* (›Last‹) ableitet, denn alles Ehrenvolle sei immer auch eine große Last.

Horae / momento cita mors venit aut victoria laeta.
Im Verlauf einer Stunde kommt der rasche Tod oder der frohe Sieg. (D. h.: Alles ist offen.)

Horaz, *Sermones* 1,1,7 f.

Horrea formicae tendunt ad inania numquam.
In leere Speicher begeben sich Ameisen nie.

Ovid (*Tristia* 1,9,9) stellt in seiner Einsamkeit einen niederschmetternden Vergleich auf: So wenig wie sich Ameisen in leere Speicher begeben, so wenig zieht es einstmalige Freunde zu dem, der alles verloren hat. Vgl.: **Donec eris sospes . . .**

Horresco referens.
Ich schaudere beim Erzählen.

Vergil, *Aeneis* 2,204.

horribile dictu, horribile visu

schrecklich zu sagen, schrecklich anzusehen

Vgl. z. B. Vergil, *Aeneis* 3,621.

horror vacui

der Schrecken der Leere

Rabelais, *Gargantua et Pantagruel* 1,5: »Natura abhorret vacuum.« (»Die Natur schreckt vor der Leere zurück.«) – In der Antike diente die Vorstellung einer »Scheu« der Natur vor dem Leeren als Erklärungsansatz für Saugwirkungen.

Hos ego versiculos feci, tulit alter honores.

Ich habe diese Verslein gedichtet, ein anderer die Ehre davongetragen.

Vergil (Fragment 257 B Bücheler-Riese) vergleicht sich anschließend mit den Bienen, die auch arbeiteten, doch nicht für sich, sondern für den Imker: »Sic vos non vobis.« (»So [arbeitet auch] ihr, doch nicht für euch.«)

Hostis est uxor, invita quae viro datur.

Eine Gattin, die gegen ihren Willen dem Mann gegeben wird, ist (wie) ein Feind.

Plautus, *Stichus* 140.

Huic quantam fenestram ad nequitiem patefeceris!

Welch weites Fenster hast du ihm zu seiner Schlechtigkeit geöffnet!

(Vgl.: Tür und Tor öffnen)

Terenz, *Heauton timorumenos* 481.

Humanas actiones non ridere, non lugere neque detestari, sed intellegere curavi.

Ich habe mich bemüht, die Handlungen der Menschen nicht zu belächeln noch zu beweinen oder abzulehnen, sondern sie zu verstehen.

Nach Spinoza, *Tractatus politicus* 1,4.

Humanum amare est, humanum autem ignoscere est.
Es ist menschlich zu lieben, aber es ist auch menschlich zu verzeihen.

Plautus, *Mercator* 319.

Humiles laborant, ubi potentes dissident.
Der kleine Mann leidet, wo Mächtige sich streiten.

Phaedrus, *Fabulae* 1,30,1.

Hunc hominem decet auro expendi.
Diesen Menschen sollte man mit Gold aufwiegen.

Plautus, *Bacchides* 640.

I

Iacet omnis virtus, fama nisi late patet.
Alle Tugend liegt darnieder, wenn nicht der Ruf sie weithin bekannt macht.

Publilius Syrus, *Sententiae* I 36.

Iam dudum animus est in patinis.
Schon lange ist mein Geist in den Schüsseln.

Terenz, *Eunuchus* 816. – Antwort des Sklaven Sanga auf die Aufforderung, sich, wie es sich für einen Soldaten zur rechten Zeit zieme, wieder auf Heim und Herd einzustellen. Heute meist verwendet als: »Ich bin nicht bei der Sache.«

Iam finis erat.
Schon war das Ende (ihres Lebens) da.

Vergil, *Aeneis* 1,223.

Iam labor in fine est.
Schon ist die Mühe beendet.

Ovid, *Metamorphoses* 13,373.

Iam proximus ardet / Ucalegon!
Schon brennt der Nachbar Ukalegon!

Vergil, *Aeneis* 2,311 f. – Brandszenerie während der Eroberung Trojas: Aeneas schwebt in höchster Gefahr, da bereits das Haus seines Nachbarn brennt.

Iamque non pugna, sed caedes erat.
Schon war es kein Kampf mehr, sondern ein Blutbad.

Curtius Rufus, *Historia Alexandri Magni* 4,15,32.

Iamque quiescebant voces hominumque canumque.
Schon schwiegen die Stimmen der Menschen und der Hunde.

Ovid (*Tristia* 1,3,27) beschreibt so eindringlich die Stimmung in Rom während seiner letzten Nacht vor der Abreise in die Verbannung.

Iam scies patrem tuum mercedes perdidisse.
Du wirst schon merken, daß dein Vater das (Lehr)geld umsonst ausgegeben hat.

Petron (*Satyrica* 58) spricht von verschwendetem Lehrgeld, wenn jemand nicht das leistet, was man von ihm erwarten könnte.

Iam seges est, ubi Troia fuit.
Schon sind Felder, wo einst Troja war.

Ovid, *Heroides* 1,53.

Iam tempus illi fecit aerumnas leves.
Schon hat ihm die Zeit den Kummer erleichtert.
(Vgl.: Zeit heilt Wunden.)

Seneca, *Thyestes* 305.

Ibi fas, ubi proxima merces.
Dort (sehen sie) das sittlich Gute, wo sofortige Belohnung (lockt).

Lukan (*De bello civili* 10,408) tadelt die Käuflichkeit der Soldaten.

Id demum est homini turpe, quod meruit pati.
Gerade das ist für den Menschen eine Schmach, was zu erleiden er verdient hat.

Bei Phaedrus (*Fabulae* 3,11,7) wehrt sich so ein Eunuch gegen den Vorwurf, kein Geschlecht zu besitzen. Das liege schließlich nicht in seiner Verantwortung, sondern sei vom Schicksal bestimmt.

Idem velle atque idem nolle, ea demum firma amicitia est.
Dasselbe zu wollen und dasselbe nicht zu wollen, gerade darin liegt beständige Freundschaft.

Sallust, *Bellum Catilinarium* 20,4.

Id enim maxime quemque decet, quod est cuiusque maxime suum.

Das nämlich ziemt sich für jeden am meisten, was seinem Wesen am meisten entspricht.

Cicero, *De officiis* 1,113.

Id facere laus est, quod decet, non quod licet.

Es ist löblich zu tun, was sich ziehmt, und nicht, was erlaubt ist.

Seneca, *Octavia* 454.

Ieiunus raro stomachus vulgaria temnit.

Ein selten nüchterner Magen verachtet Gewöhnliches.

Horaz, *Sermones* 2,2,38.

Ignavis precibus fortuna repugnat.

Das Glück widersetzt sich feigen Gebeten.

Ovid, *Metamorphoses* 8,73.

Ignavis semper feriae sunt.

Faule haben ständig Ferien.

Nach Theokrit, *Idyll* 15,26.

Ignavum scelus est tantum fuga.

Ein feiges Verbrechen ist die bloße Flucht.

Lukan, *De bello civili* 9,283.

Ignavus servos rector facit esse protervos.

Ein fauler Aufseher macht freche Sklaven.
(Vgl.: Wie der Herr, so's G'scherr.)

HW: 11379.

ignem gladio scrutare

mit dem Schwerte in der Glut herumwühlen

Horaz, *Sermones* 2,3,275. – Bei Hieronymus (*Adversus Rufinum* 3,39) findet sich eine ähnliche Warnung: »Ignem gladio ne fodias!« (»Stochere nicht mit dem Schwert im Feuer herum!«) Beide Stellen gehen vermutlich auf eine pythagoräische Warnung zurück, unbeherrschte Menschen nicht zu Gewalttaten anzuregen.

ignem igne incitare

Feuer mit Feuer anfachen

Seneca (*De ira* 2,20,2) rät hier mit Plato davon ab, feurige Temperamente noch durch den Genuß von Wein anzustacheln.

Ignis aurum probat, miseria fortes viros.

Feuer prüft Gold, Not tapfere Männer.

Seneca, *De providentia* 5,10.

Ignis quo clarior fulsit, citius extinguitur.

Je heller das Feuer scheint, desto leichter ist es gelöscht.

Seneca, *Ad Marciam de consolatione* 23,4.

Ignoramus et ignorabimus.

Wir wissen es nicht und werden es nicht wissen.

Nach Emil Du Bois-Reymond (*Über die Grenzen des Naturerkennens*; Vortrag vom 14. August 1872): Der Naturforscher sei nicht nur gewohnt, »gegenüber den Räthseln der Körperwelt« zu verkünden: »Ignoramus.« (»Wir wissen es nicht.«) Vielmehr müsse er »gegenüber dem Räthsel aber, was Kraft und Materie seien . . . ein für allemal zu dem viel schwerer abzugebenden Wahrspruch sich entschließen: ›Ignorabimus.‹ (›Wir werden es nicht wissen.‹)«. *Ignoramus* war bereits Titel einer 1615 erschienenen Komödie von George Ruggle.

Ignorantia facti excusat, ignorantia iuris nocet.

Unkenntnis von Tatsachen ist eine (gültige) Entschuldigung, Unkenntnis des Rechts (aber) schadet.

Nach *Digesta* 22,6,9, praefatio.

Ignoratio futurorum malorum utilior est quam scientia.

Die Unkenntnis zukünftiger Übel ist nützlicher als das Wissen darum.

Cicero, *De divinatione* 2,23.

Ignoscas aliis multa, tibi nihil!

Anderen magst du viel verzeihen, dir nichts!

Ausonius, *Septem sapientium sententiae* 18.

Ignosce fatenti!
Verzeihe dem Geständigen!
(Vgl.: Wo Reue ist, da ist auch Gnade.)

Tibull, *Elegiae* 1,6,29.

Ignoti nulla cupido.
Nach Unbekanntem (hat man) kein Verlangen.
(Vgl.: Was ich nicht weiß, macht mich nicht heiß.)

Ovid, *Ars amatoria* 3,397.

Iliacos intra muros peccatur et extra.
Innerhalb und außerhalb der Mauern Ilions (Trojas) wird gesündigt.

Horaz, *Epistulae* 1,2,16. – Während der Belagerung Trojas kommt es bei beiden Parteien zum Streit, so auch zwischen Achilles und den Atriden Agamemnon und Menelaos, oder sogar zum Vertragsbruch, z. B. durch Pandaros.

Illa tamen nunc me composuisse piget.
Dennoch verdrießt es mich nun, es gedichtet zu haben.

Ovid, *Tristia* 5,1,8.

Illa tamquam cycnea fuit divini hominis vox et oratio.
Diese Rede war auch gleichsam der Schwanengesang eines erhabenen Mannes.

Cicero (*De oratore* 3,6) berichtet so von Crassus' letzter Rede.

Ille crucem sceleris pretium tulit, hic diadema.
Dieser erhielt als Lohn für sein Verbrechen das Kreuz, jener eine Krone.
(D. h.: Die Menschen werden nach unterschiedlichen Maßstäben gerichtet.)

Juvenal, *Saturae* 13,105. Vgl. **Duo cum faciunt idem, non est idem**.

Ille potest auctore suam defendere vocem.
Er kann, was er sagt, verteidigen durch die Autorität (dessen, der es ihm eingab).

Ovid, *Metamorphoses* 13,218.

Ille potest vacuo furari litore harenas,
Uxorem stulti siquis amare potest.
Jener kann Sand vom verlassenen Strand stehlen, der die Frau eines Dummen lieben kann.
(D. h.: So leicht ist es, einen Dummen zu betrügen.)

Ovid, *Amores*, 2,19,45 f.

Ille terrarum mihi praeter omnis / angulus ridet.
Jener Winkel lächelt mir vor allen (anderen) auf der Erde zu.

Horaz, *Carmina* 2,6,13 f.

Illicita amantur, excidit quidquid licet.
Wir lieben, was nicht erlaubt ist; was erlaubt ist, fällt aus (unserer Gunst).

Seneca, *Hercules Oetaeus* 357.

Illi robur et aes triplex / circa pectus erat.
Jener (der erste Seefahrer) hatte Eichenholz und dreifaches Erz um seine Brust.

Horaz (*Carmina* 1,3,9 f.) wünscht dem nach Griechenland aufbrechenden Vergil eine gute Reise und erinnert an die Tapferkeit der ersten Seefahrer.

Illo neminem reperire potest sui similiorem.
Er kann keinen finden, der ihm ähnlicher wäre als jener.
(Vgl.: Er gleicht ihm wie ein Ei dem anderen.)

Nach Cicero, *Orationes Philippicae* 3,31.

illotis manibus
mit ungewaschenen Händen

Plautus, *Poenulus* 316.

illuc, unde negant redire quemquem
dorthin, von wo, wie man sagt, niemand zurückkehrt

Catull, *Carmina* 3,12.

illud amicitiae quondam venerabile nomen
jenes vorzeiten verehrungswürdige Wort »Freundschaft«

Ovid, *Epistulae ex Ponto* 2,3,19.

illud iners quidem, iucundum tamen nil agere, nihil esse
dieses zwar träge, aber doch so angenehme Nichtstun, Nichtssein

Plinius d. Ä., *Epistulae* 8,9,1.

Illum, quo laesa est, horret adire locum.
(Mein Kahn) schaudert davor zurück, sich dem Orte zu nähern, an dem er (bereits) Schaden erlitt.

Ovid, *Tristia* 1,1,86.

Ima permutat levis hora summis.
Die unstete Zeit vertauscht Niedrigstes mit Höchstem.

Seneca, *Thyestes* 598.

Immedicabile curae / ense recidendum est, ne pars sincera trahatur.
Das Unheilbare muß sorgfältig mit dem Schwert zurückgeschnitten werden, damit nicht das Unversehrte angesteckt werde.

Ovid, *Metamorphoses* 1,190 f.

Immensum gloria calcar habet siehe **Excitat auditor . . .**

Immoritur studiis et amore senescit habendi.
Er vergeht vor Eifer und altert vor Besitzgier.

Horaz (*Epistulae* 1,7,85) betont hier seine innere Unabhängigkeit von seinem Gönner Maecenas: Wer reich beschenkt werde, vergehe für gewöhnlich irgendwann vor Eifer, noch reicher zu werden. Vgl.: **Hoc erat in votis . . .**

Impavidum ferient ruinae.
Einen Furchtlosen werden die Trümmer erschlagen.

Horaz (*Carmina* 3,3,8) glorifiziert so die Römer, die auch in äußerster Not noch ihren Mut bewahren.

Imperare sibi maximum imperium est.
Sich selbst zu beherrschen ist die größte Herrschaft.

Seneca, *Epistulae morales* 113,30.

Imperat aut servit collecta pecunia cuique.
Es gebietet oder dient das angesammelte Geld einem jeden.

Horaz, *Epistulae* 1,10,47.

Imperia sic excelsa fortunae obiacent.
So liegen hohe Reiche dem Schicksal ausgesetzt da.

Seneca, *Oedipus* 11.

Imperitia confidentiam, eruditio timorem creat.
Unerfahrenheit führt zu Selbstvertrauen, Bildung zu Scheu.

Hieronymus, *Epistulae* 73,10.

imperium et libertas et fortunae
Reich und Freiheit und Reichtümer

Für Cicero (*In L. Catilinam* 4,19) sind dies Grundwerte des römischen Staates.

Impius infando miles corrumpitur auro.
Durch ruchloses Gold wird der frevelhafte Soldat verdorben.

Martial, *Epigrammata* 5,69,5.

Imponit finem sapiens et rebus honestis.
Eine Beschränkung legt der Weise auch schicklichen Dingen auf. (Vgl.: Alles in Maßen!)

Juvenal, *Saturae* 6,444.

Impossibilium nulla obligatio est.
Es besteht keine Verpflichtung zu Unmöglichem.
(D. h.: Niemand wird gezwungen, etwas Unmögliches zu tun.)

Digesta 50,17,185. – Diese Rechtsregel wird auch in leicht veränderter Form zitiert: »Ad impossibilia nemo obligatur« (»Zu Unmöglichem wird niemand verpflichtet«); »Lex cogit neminem ad impossibilia« (»Das Gesetz zwingt niemanden zu Unmöglichem«) und »Ultra posse nemo obligatur« (»Niemand wird verpflichtet, mehr zu können«).

Improbe Amor, quid non mortalia pectora cogis.
Unersättliche Liebe, wozu treibst du nicht die sterblichen Herzen!

Vergil (*Aeneis* 4,412) bekundet so seine Teilnahme an Didos Schicksal, als sie sich vor dem scheidenden Aeneas demütigt. Vgl. **Quid non mortalia pectora . . .**

Impune quaelibet facere, id est regem esse.
Ungestraft zu tun, was beliebt, heißt König sein.

Sallust, *Bellum Iugurthinum* 31,26. – Das Wort ›König‹ hatte für die Römer eine äußerst negative Konnotation und grenzte an den Begriff des Tyrannen.

in aere aedificare
in der Luft bauen
(vgl.: Luftschlösser bauen)

Nach Augustinus, *Sermones* 2,6,7.

in aere piscari, in mari venari
in der Luft fischen, auf dem Wasser jagen
(d. h.: schier Unmögliches tun)

Nach Plautus, *Asinaria* 99 f.

In alio pediculum vides, in te ricinum non vides.
Beim andern siehst du eine winzige Laus, bei dir nicht den Holzbock.
(Vgl.: den Balken im eigenen Auge nicht sehen)

Petron, *Satyrica* 57.

In amore forma plus valet quam auctoritas.
In der Liebe gilt die Schönheit mehr als das Ansehen.

Publilius Syrus, *Sententiae* I 39.

In angustiis amici apparent.
In der Bedrängnis zeigen sich (wahre) Freunde.

Petron, *Satyrica* 61.

inanis quaedam profluentia loquendi
eine Art leerer Redefluß

Cicero, *Partitiones oratoriae* 81.

In aqua scribis.
Du schreibst auf Wasser.
(Vgl.: Du redest gegen eine Wand.)

Nach Catull (*Carmina* 70,3 f.), der dazu rät, den von einer Frau zu ihrem Geliebten gesprochenen Worten keine Aufmerksamkeit zu schenken: »Sed mulier cupido quod dicit amanti, / in vento et rapida scribere oportet aqua.« (»Doch was eine Frau dem begierigen Liebsten sagt, soll man in den Wind und ins reißende Wasser schreiben.«)

In arena aedificas.
Du baust auf Sand.

Vgl. Matthäus 7,26.

In audaces non est audacia tuta.
Gegen Kühne ist Kühnheit kein sicheres Hilfsmittel.

Ovid, *Metamorphoses* 10,544.

. . . in aurem utramvis otiose ut dormias
. . . damit du auf welchem Ohr du willst in Ruhe schlafen kannst

Terenz, *Heauton timorumenos* 342.

In causa facili cuivis licet esse diserto.
In einer einfachen Sache kann jeder beredt sein.

Ovid, *Tristia* 3,11,21.

Incende, quod adorasti siehe **Adora, quod incendisti!**

Inceptio est amentium, non amantium.
Das ist ein Unterfangen Wahnsinniger, nicht Liebender.

Terenz, *Andria* 218. Vgl. **amantes amentes**.

incerti fallax fiducia Martis
falsches Vertrauen auf unstetes Kriegsglück

Silius Italicus, *Punica* 6,333.

Incertus animus scire cum cupiat, timet.
Der unsichere Geist fürchtet, obwohl er zu wissen begehrt.

Seneca, *Oedipus* 209.

Incertus exitus et anceps fortuna belli.
Ungewiß sind Kriegsausgang und Kriegsglück.

Cicero, *Pro M. Marcello* 15.

Incertus pectora versat amor.
Unstet wendet Amor (dein) Herz hin und her.

Ovid, *Ars amatoria* 3,718.

Incidit in foveam, quam fecit.
Er fällt in die Grube, die er gegraben hat.
(Vgl.: Wer anderen eine Grube gräbt, fällt selbst hinein.)

Psalm 7,16.

Incidit in Scyllam, qui vult vitare Charybdin.
Es gerät in die (Fänge der) Skylla, wer Charybdis meiden will.

Walter von Châtillon (*Alexandreïs* 5,301) greift hier auf die antike Vorstellung zurück, auf dem östlichen Ufer der Meerenge von Messina sitze das Ungeheuer Skylla, während sich ihm gegenüber auf der anderen Seite der Strudel Charybdis befinde. Vgl. Homer, *Odyssee* 12,85 ff.; **Hac urget lupus . . .** und **inter canem et lupum**.

Incipe pollicitis addere facta tuis!
Beginne deinen Versprechungen Taten hinzuzufügen!
(Vgl.: Versprechen will ein Halten haben.)

Ovid, *Amores* 2,16,48.

incorrupta fides nudaque veritas
unbescholtene Treue und ungeschminkte Wahrheit

Horaz (*Carmina* 1,24,7) beweint den Tod des Quintilius, dem niemand je an Treue und Redlichkeit gleichkommen werde.

incredibile dictu
unglaublich zu sagen

(z. B.) Cicero, *Orationes Philippicae* 2,106.

Increscunt animi, virescit vulnere virtus.
Ihr Mut wächst; die Tugend wird gestärkt durch die Wunde.

Gellius (*Noctes Atticae* 18,11,4) zitiert hier Furius Fragment 3 Baehrens.

In culpa est animus, qui se non effugit unquam.
Schuldig macht sich eine Geisteshaltung, die sich selbst nie entflieht.

Horaz (*Epistulae* 1,14,13) warnt davor, immer andere zu beneiden und sein eigenes Schicksal zu hassen.

Incustoditum captat ovile lupus.
Der Wolf trachtet nach einem unbewachten Schafstall.

Ovid, *Tristia* 1,6,10.

in cute curanda plus aequo operata iuventus
die Jugend, die mehr als recht damit beschäftigt ist, die eigene Haut zu pflegen (d. h.: es sich wohl ergehen zu lassen)

Horaz, *Epistulae* 1,2,29.

Indecorant bene nata culpae.
Schuld verschandelt (auch) Wohlgeborene.

Horaz, *Carmina* 4,4,36.

Inde datae leges, ne firmior omnia posset.
Daher wurden Gesetze geschaffen, damit der Stärkere nicht alles vermöge.

Ovid, *Fasti* 3,279.

Indicium mores nobilitatis habent.
Gute Sitten sind Zeichen edler Gesinnung.

Ovid, *Epistulae ex Ponto* 3,2,104.

In digitis hodie percoquam, quod ceperit.
Ich werde heute zwischen den Fingern gar kochen, was er fängt. (D. h.: Er wird nichts fangen.)

Plautus, *Rudens* 902.

Indigna digna habenda sunt, erus quae facit.
Unehrenhafte Taten müssen für ehrenhaft gehalten werden, wenn ein Herr sie ausführt.

Plautus, *Captivi* 200.

Indignere licet: iuvat inconcessa voluptas.
Auch wenn es dich empört: Das unerlaubte Vergnügen macht Spaß.

Ovid, *Amores* 3,4,31.

Indocti discant et ament meminisse periti.
Laien mögen (hier) lernen und Kenner sich der Erinnerung freuen.

Bei Alexander Pope (*Essay on Criticism* 739 ff.) finden sich diese Worte in englischer Sprache. J. F. Hénault stellt sie seinem *Nouvel Abrégé chronologique de l'histoire de France* in lateinischer Übersetzung voran.

In dubiis tutum est inopem simulare tiranno.
In der Gefahr ist es für einen Tyrannen sicher, einen Armen zu spielen.

Lukan, *De bello civili* 8,241.

in dubio pro reo
im Zweifel für den Angeklagten

Wörtlich findet sich diese Wendung erstmals bei Aegidius Bossius, *Tractatus varii*, Titulus de Favoribus defensionis 2. Vgl. *Digesta* 42,1,38; 44,7,47; 48,19,5, praefatio, und 50,17,56.

In eadem es navi.
Du bist im selben Boot.
(Vgl.: Wir sitzen alle im selben Boot.)

Cicero, *Ad familiares* 2,5,1.

In eadem re utilitas et turpitudo esse non potest.
Es kann nicht in derselben Sache Nutzen und Schande zugleich liegen.

Cicero, *De officiis* 3,35.

in eandem copulam conicere
mit demselben Strick binden
(vgl.: in einen Topf werfen; unter einen Hut bringen)

Nach Seneca, *De vita beata* 7,1.

In eo Catonis materies atque indoles est.
In ihm ist der Stoff und die Veranlagung für einen (neuen) Cato.

Nach Cicero, *Actio secunda in C. Verrem* 3,169. – Cato, der sich gegen jeglichen griechischen Einfluß wehrte, galt als Römer par excellence.

In eodem luteo haesitas.
Du steckst (noch) im selben Dreck.

Terenz, *Phormio* 780.

ineptiis suis plaudere
seinen eigenen Albernheiten Beifall klatschen

Nach Tacitus, *Dialogus* 32,7.

Inesse quin etiam sanctum aliquid et providum putant.
Sie (die Germanen) glauben sogar, daß (den Frauen) etwas Heiliges und Voraussehendes innewohne.

Tacitus, *Germania* 8,2.

Infandum, regina, iubes renovare dolorem.
Unsagbaren Schmerz, Königin, heißt du erneuern.

Vergil, *Aeneis* 2,3. – Aeneas' Antwort auf Didos Bitte, vom Untergang Trojas und seinen Irrfahrten zu berichten.

Infantes perhibet et stultos dicere verum.
Man sagt, daß Kinder und Narren die Wahrheit sprechen.

Vgl. Cicero, *Topica* 75.

Infectum nemo reddet, / quod fugiens semel hora vexit.
Niemand wird ungeschehen machen, was die fliehende Stunde einmal fortgetragen hat.

Nach Horaz, *Carmina* 3,29,47 f.

Infirmi est animi exiguique voluptas / ultio.
Rache ist (nur) für einen schwächlichen und kleinen Geist ein Vergnügen.

Juvenal, *Saturae* 13,190 f.

in flagranti siehe **adhuc flagranti crimine**

In flammam flammas, in mare fundis aquas.
In die Flamme gießt du Flammen, ins Meer Wasser.

Ovid, *Amores* 3,2,34. Vgl. *Amores* 2,10,13 f.: »Quid folia arboribus, quid pleno sidera caelo, / in freta collectas alta quid addis aquas?« (»Was fügst du den Bäumen Blätter, dem vollen Himmel Sterne, dem Meer gesammeltes Wasser hinzu?«)

Ingenii dotes corporis adde bonis!
Füge geistige Gaben der Schönheit des Körpers hinzu!

Ovid, *Ars amatoria* 2,112.

Ingeniis stimulos subdere fama solet.
Den Geist pflegt Ruhm anzustacheln.

Ovid, *Tristia* 5,1,76.

Ingenium est omnium hominum
Ab labore proclive ad lubidinem.
Der Sinn aller Menschen (wendet sich) rasch von der Mühe zur Lust.

Terenz, *Andria* 77 f.

Ingenium mala saepe movent.
Oft weckt Not Talent.
(Vgl.: Not macht erfinderisch.)

Ovid, *Ars amatoria* 2,43. Vgl. **Paupertas artes omnes perdocet**.

Ingenium probitas artemque modestia vincit.
Ihre Redlichkeit und Rechtschaffenheit übertreffen ihr Talent und ihre Geschicklichkeit.

Statius, *Silvae* 3,5,67.

Ingenium res / adversae nudare solent, celare secundae.
Widrige Umstände pflegen Talent zu enthüllen, während Glück es verbirgt.

Horaz, *Sermones* 2,8,73 f.

Ingens telum necessitas.
Eine ungeheure Waffe ist die Notwendigkeit.

Nach Livius, *Ab urbe condita* 4,28,5.

Ingenuum nasci facile est.
Als freier Mann geboren zu werden ist leicht.

Petron, *Satyrica* 57.

Ingrata misero vita ducenda est in hoc.
Elender, dafür mußt du ein unangenehmes Leben führen.

Horaz, *Epodi* 17,63.

Ingrato homine nihil impensius est.
Nichts ist kostspieliger, als ein undankbarer Mensch (zu sein).

Plautus, *Bacchides* 394.

Ingratus unus omnibus miseris nocet.
Ein einziger Undankbarer schadet allen Armen.

Publilius Syrus, *Sententiae* I 14.

In hac re omni pede standum est.
In dieser Angelegenheit muß man auf dem ganzen Fuß stehen (d. h. man kann sie nicht aus dem Stegreif erledigen).

Quintilian (*Institutio oratoria* 12,9,18) bezeichnet diese Worte als Redewendung aus dem bäuerlichen Sprachgebrauch. Gemeint ist die Fähigkeit, stets für jede Art von Rede bereit zu sein.

in horam vivere
in die Stunde hinein (d. h.: in den Tag hinein, von der Hand in den Mund) leben

Nach Cicero, *Orationes Philippicae* 5,25.

Inicietque manum formae damnosa senectus,
Quae strepitus passu non faciente venit.
Und das Alter streckt aus die Hand, die Schönheit zerstört, und kommt herbei mit lautlosem Schritt.

Ovid, *Tristia* 3,7,35 f.

in integrum restituere
in seine Rechte einsetzen

Nach Cicero, *Pro A. Cluentio* 98.

In ipso adhuc lacte matris tenerum cor meum pie praebiberat.
Mit der Muttermilch selbst hatte mein zartes Herz ihn fromm schon getrunken.

Augustinus (*Confessiones* 3,4) berichtet, der Name des Heilands sei ihm schon von klein auf vertraut gewesen.

Iniqua numquam regna perpetuo manent.
Ungerechte Herrschaft ist niemals dauerhaft.
(Vgl.: Unrecht Gut gedeiht nicht.)

Seneca, *Medea* 196.

Iniquissimam pacem iustissimo bello anteferro.
Ich ziehe den ungerechtesten Frieden dem gerechtesten Krieg vor.

Nach Cicero, *Ad familiares* 6,6,5.

Iniquitati proxima est severitas.
Strenge ist der Ungerechtigkeit sehr nahe.

Pseudo-Seneca, *De moribus* 95.

Iniuriam aures facilius quam oculi ferunt.
Unrecht ertragen die Ohren leichter als die Augen.

Publilius Syrus, *Sententiae* I 35.

Iniuriam qui facturus est, iam facit.
Wer im Begriff ist, Unrecht zu tun, tut bereits Unrecht.

Seneca, *De ira* 1,3,1.

Iniuriarum remedium est oblivio.
Ein Heilmittel gegen Unrecht liegt im Vergessen.

Publilius Syrus, *Sententiae* I 21, und Seneca, *Epistulae morales* 94,28.

Iniusta ab iustis impetrari non decet.
Es ziemt sich nicht, Unrechtes von Gerechten zu erlangen.

Plautus, *Amphitruo*, prologus 35.

In laqueos auceps decideratque suos.
Der Vogelfänger war in sein eigenes Netz geraten.
(Vgl.: sich im eigenen Strick verfangen)

Ovid, *Remedia amoris* 502; vgl. auch *Ars amatoria* 1,646.

in limine
auf der Schwelle
(d. h.: schon zu Beginn)

(z. B.) Vergil, *Aeneis* 11,423.

In magnis et voluisse sat est siehe **Quod si deficiant . . .**

in malam crucem siehe **Abi in malam crucem!**

in manu illius plumbum aurum fit siehe **fortunae filius . . .**

in medias res siehe **ab ovo**

In medio luto est.
Er sitzt mitten im Dreck.
(Vgl.: in der Tinte sitzen)

Plautus, *Pseudolus* 984.

In melle sunt linguae sitae vostrae atque orationes,
Facta atque corda in felle sunt sita atque acerbo aceto.
Eure Zungen und Worte sind voll Honig, eure Taten und Herzen voller Galle und bitteren Essigs.

Plautus, *Truculentus* 178 f.

In me omnis spes mihi est.
Ich setze meine ganze Hoffnung auf mich selbst.

Terenz, *Phormio* 139.

In necessariis unitas, in dubiis libertas, in omnibus caritas.
In den notwendigen Dingen Einigkeit, in den umstrittenen Freiheit, in allem Liebe.

Nach Friedrich Lücke (*Über das Alter, den Verfasser, die ursprüngliche Form und den wahren Sinn des kirchlichen Friedensspruches . . .*) wird der Spruch meist fälschlich Augustinus zugesprochen. Er stamme in Wahrheit in etwas anderer Form von Rupertus Meldenius. Vgl. HW: 11894a.

in nuce

in der Nuß, im Kern

Bei Plinius d. Ä. (*Naturalis historia* 7,85) berichtet Cicero von einer Pergamenthandschrift der *Ilias* im Miniaturformat, die in einer Nußschale Platz gefunden habe. Später gewinnt die Wendung die Bedeutung ›in Kurzfassung‹.

in omnibus aliquid, in toto nihil

in allem etwas, im ganzen nichts

HW: 11911a.

In omni certamine, qui opulentior est, etiamsi accipit iniuriam, tamen, quia plus potest, facere videtur.

In jedem Wettstreit scheint der, der mächtiger ist, auch wenn er Unrecht hinnehmen muß, dennoch, weil er mehr Macht hat, Unrecht zu tun.

Sallust, *Bellum Iugurthinum* 10,7, und Quintilian, *Institutio oratoria* 8,5,4.

Inopiae desunt multa, avaritiae omnia.

Der Armut mangelt es an vielem, dem Geiz an allem.
(Vgl.: Dem Armen geht viel ab, dem Geizigen alles.)

Publilius Syrus, *Sententiae* I 7.

Inopi beneficium bis dat, qui dat celeriter.

Doppelt spendet dem Armen, wer schnell gibt.

Publilius Syrus, *Sententiae* I 6.

Inops, potentem dum vult imitari, perit.

Wenn der Arme es dem Reichen gleichtun will, so geht er zugrunde.

Phaedrus, *Fabulae* 1,26,1.

in os laudare

ins Gesicht loben

Terenz, *Adelphoe* 269.

in otio inconcusso iacere
in unerschütterter Muße daliegen
(vgl.: auf der faulen Haut liegen)

Seneca (*Epistulae morales* 67,14) warnt davor, in Muße dazuliegen, denn sie sei nur Windstille. Erst die nach den Prüfungen des Charakters eintretende Ruhe sei echte Ruhe.

in pace leones et in proelio cervi
im Frieden Löwen und im Kampf Hirsche

Nach Tertullian, *De corona militis* 1,5. – Oft findet sich die Gegenüberstellung von Löwen und Füchsen (z. B. Horaz, *Sermones* 2,3,186, und Petron, *Satyrica* 44) oder von Löwen und Hasen (z. B. Sidonius Apollinaris, *Epistulae* 5,7,5: »In praetoriis leones, in castris lepores« – »Im Hauptquartier [sind sie noch] Löwen, im Kriegsdienst Hasen«). Vgl. **domi leones, foras vulpes**.

in partibus infidelium
in den Gebieten der Ungläubigen

Ein Zusatz zum Titel von Bischöfen, deren Diozösen durch Sarazenen eingenommen wurden und die dennoch weiter im Amt blieben (heute Titularbischöfe).

In patria natus non est propheta vocatus.
Wer im Vaterland geboren ist, wird nicht »Prophet« genannt.
(Vgl.: Der Prophet gilt nichts im eigenen Land.)

HW: 11918.

in pertusum dolium dicta ingerere
Worte in ein löchriges Faß füllen
(d. h.: tauben Ohren predigen)

Nach Plautus, *Pseudolus* 369.

In plerisque rebus mediocritas optima est.
In den meisten Dingen ist der Mittelweg am besten.

Cicero, *De officiis* 1,130.

in portum navigare
in den Hafen einlaufen
(d. h.: in Sicherheit gelangen)

Nach Terenz, *Andria* 480.

In praeteritum subvenire ne di quidem possunt.
Bei Vergangenem können nicht einmal die Götter Hilfe leisten.
Plinius d. Ä., *Panegyricus* 40,3.

In praetoriis leones, in castris lepores siehe **in pace leones . . .**

In principio erat verbum.
Am Anfang war das Wort.
Johannes 1,1.

In prolem transcurrit gratia patrum.
Die Dankbarkeit gegenüber dem Vater geht auf die Kinder über.
Claudian, *De consulatu Stilichonis* 2,51.

Inquietum est cor nostrum, donec requiescat in te.
Unruhig ist unser Herz, bis es Ruhe findet in dir.
Augustinus, *Confessiones* 1,1,1.

In quod me conieci malum!
In welch üble Lage habe ich mich da gebracht!
Terenz, *Hecyra* 132.

In rebus dubiis plurimi est audacia.
In gefährlicher Lage vermag Kühnheit am meisten.
Publilius Syrus, *Sententiae* I 30.

In re mala, animo si bono utare, adiuvat.
In üblen Umständen hilft es, guten Mut zu bewahren.
Plautus, *Captivi* 202.

in saltu uno duos apros capere
in einem Waldtal zwei Eber fangen
(vgl.: zwei Fliegen mit einer Klappe schlagen)
Nach Plautus, *Casina* 476. Vgl. **duo parietes . . .**

Insanus medio flumine quaeris aquam.
Du verlangst in deiner Raserei mitten im Strom nach Wasser.
Properz, *Elegiae* 1,9,16, und Cicero, *Pro A. Cluentio* 84.

Insatiabilis est humanus animus.
Unersättlich ist der Menschengeist.

Nach Livius, *Ab urbe condita* 4,13,4.

In scirpo nodum quaeris.
Du suchst den Knoten in der Binse.
(D. h.: Du suchst Schwierigkeiten bzw. Fehler, wo keine sind.)

Plautus, *Menaechmi* 247.

In se magna ruunt: laetis hunc numina rebus / crescendi posuere modum.
Großes fällt in sich selbst zusammen: Diese Beschränkung des Wachstums hat der göttliche Wille dem Erfolg auferlegt.

Lukan, *De bello civili* 1,81 f.

In servitutem cadere de regno grave est.
Von der Königsherrschaft in die Sklaverei hinabzufallen ist hart.

Seneca, *Phoenissae* 598.

Insidias et campus habet.
Auch das Feld birgt Tücken.

Martial (*Epigrammata* 12,14,5) warnt vor scheinbar ungefährlichen Situationen.

In silvam ne ligna feras!
Trag nicht Holz in den Wald!
(Vgl.: Eulen nach Athen tragen)

Horaz, *Sermones* 1,10,34. Vgl. **noctuam Athenas deportare . . .** und **ululam Athenas portare**.

In silvis lépores, in verbis quaere lepóres!
In den Wäldern suche Hasen, in den Worten Anmut!

HW: 12053a.

in sinu atque in deliciis venenatam viperam habere
eine giftige Schlange wie einen Liebling am Busen halten
(vgl.: eine Schlange am Busen nähren)

Nach Cicero, *De haruspicum responsis* 50.

Insperata accidunt magis saepe quam quae speres.
Unerhofftes geschieht öfter als das, was man hofft.
(Vgl.: Unverhofft kommt oft.)

Plautus, *Mostellaria* 1,3,40.

inspicere tamquam in speculum in vitas omnium
gleichsam wie in einen Spiegel auf das Leben aller schauen

Terenz, *Adelphoe* 415.

in stomacho ridere
im Bauche lachen
(d. h.: in sich hineinlachen)

Nach Cicero, *Ad familiares* 2,16,7.

In tacito cohibe gaudia clausa sinu.
Halte in verschwiegener Brust die Freude verschlossen.

Properz (*Elegiae* 2,25,30) warnt vor vorzeitiger Liebesfreude.

integer vitae scelerisque purus
vom Leben (noch) nicht verdorben und rein von Schuld

Horaz (*Carmina* 1,22,1) lobt so die Dichter, die sich von Kriegen fernhalten.

In teneris consuescere multum est.
Wichtig ist die Gewöhnung im zarten Alter.

Vergil, *Georgica* 2,272.

Intentant omnia mortem.
Alles deutet drohend auf den Tod hin.

Vergil, *Aeneis* 1,91.

inter canem et lupum
zwischen Wolf und Hund

Nach Plautus, *Casina* 970, und Horaz, *Sermones* 2,2,64. Vgl. **Hac urget lupus . . .** und **Incidit in Scyllam . . .**

Interdum lacrimae pondera vocis habent.
Bisweilen haben Tränen das Gewicht von gesprochenen Worten.

Ovid, *Epistulae ex Ponto* 3,1,158.

Interdum vulgus rectum videt, est ubi peccat.
Bisweilen sieht die breite Masse das Richtige, bisweilen macht sie Fehler.

Horaz, *Epistulae* 2,1,63.

Interea fiet aliquid.
In der Zwischenzeit wird irgend etwas geschehen.

Terenz, *Andria* 314. – Charinus drückt so seine Hoffnung aus, die Hochzeit zwischen seiner Geliebten, Philumela, und Pamphilus noch verhindern zu können.

Interim velim a sole non obstes!
Steh mir zunächst nicht in der Sonne!

Valerius Maximus, *Facta et dicta memorabilia* 4,3, ext. 4. – Als Alexander der Große zu Diogenes aus Sinope kam und ihn fragte, ob er etwas für ihn tun könne, sagte dieser lediglich: »Mox . . . de ceteris, interim velim a sole mihi non obstes.« (»Dazu später, im Moment würde ich mir nur wünschen, daß du mir nicht in der Sonne stehst.«) Vgl. **Nunc quidem paululum a sole**.

inter iocos et seria
zwischen Scherz und Ernst

Vgl. Cicero, *De finibus* 2,85, und Sallust, *Bellum Iugurthinum* 96,2.

inter os atque offam
zwischen Mund und Bissen
(Vgl.: Man soll den Tag nicht vor dem Abend loben.)

Gellius (*Noctes Atticae* 13,18,1) zitiert Cato d. Ä. (*De aedilibus vitio creatis*), der vor vorschneller Freude warnt, denn selbst »zwischen Mund und Bissen« könne noch viel dazwischenkommen.

Inter sacrum saxumque sto nec, quid faciam, scio.
Zwischen Altar und Stein stehe ich und weiß nicht, was ich tun soll.

Plautus, *Captivi* 617.

Inter spem curamque, timores inter et iras,
Omnem crede diem tibi diluxisse supremum.
In Hoffnung und Sorgen, in Furcht und Zorn, glaube immer, daß dir der letzte Tag geschienen (d. h.: das letzte Stündlein geschlagen) habe.

Horaz (*Epistulae* 1,4,12 f.) fährt optimistisch fort: »Grata superveniet, quae non sperabitur hora.« (»Angenehm wird die Stunde überraschen, die man nicht erhoffte.«)

In tirannos!
Wider die Tyrannen!

Friedrich Schiller, *Die Räuber*, Motto der zweiten Auflage von 1782.

Intra / fortunam debet quisque manere suam.
Jeder sollte die Grenzen seiner Bestimmung einhalten.

Ovid, *Tristia* 3,4,26 f.

Introite, nam et heic dii sunt!
Tretet ein, denn auch hier sind Götter!

Gotthold Ephraim Lessing (Motto zu *Nathan der Weise*), der die Wendung fälschlicherweise Gellius zuschreibt. Eigtl. nach Aristoteles (*De partibus animalium* 1,5), der Heraklit zitiert.

In tumultu festinatio quoque tarda est.
In der Verwirrung ist sogar Eile langsam.

Curtius Rufus, *Historia Alexandri Magni* 9,9,12.

Intus et in cute te novi siehe **Ego te intus et in cute novi**

In unoquoque virorum bonorum ›(quis deus incertum est) habitat deus‹.
In jedem guten Menschen »wohnt ein Gott, (doch es ist unsicher, was für einer)«.

Seneca (*Epistulae morales* 41,2) zitiert hier einen Teilvers von Vergil (*Aeneis* 8,352).

in usum Delphini siehe **ad usum Delphini**

Invenit arma furor.
Das Wüten fand Waffen.

Lukan, *De bello civili* 3,671.

Invenit interdum caeca columba pisum.
Mitunter findet auch eine blinde Taube eine Erbse.
(Vgl.: Auch ein blindes Huhn findet einmal ein Korn.)

HW: 12732.

Invenitque protinus patella operculum.
Und es fand sogleich die Schüssel ihren Deckel.
(Vgl.: Jeder Topf hat seinen Deckel.)

Hieronymus, *Epistulae* 127,9.

Invia virtuti nulla est via.
Der Tugend ist kein Weg ungangbar.

Ovid, *Metamorphoses* 14,113.

Invictumque virum vincit dolor.
Und den unbesiegten Mann besiegt der Schmerz.

Ovid, *Metamorphoses* 13,386. – Aiax ist wutentbrannt, als er im Streit um die Waffen des Achilles Odysseus unterliegt. Durch seinen anschließenden Selbstmord beweist er, daß »niemand außer Aiax Aiax überwinden kann«.

Invidia gloriae comes.
Der Neid ist der Begleiter des Ruhms.

Cornelius Nepos, *Chabrias* 3,3.

Invidus alterius macrescit rebus opimis.
Der Neider magert ab, wenn sein Nächster im Fett sitzt.

Horaz, *Epistulae* 1,2,57.

Invidus, iracundus, iners, vinosus, amator
Nemo adeo ferus est, ut non mitescere possit.
Ob neidisch, hitzig, träge, trunksüchtig, lüstern – niemand ist so wild, daß er nicht friedlich werden könnte.

Horaz, *Epistulae* 1,1,38 f.

In vino veritas.
Im Wein (liegt) Wahrheit.

Nach Plinius d. Ä. (*Naturalis historia* 14,141), der die Wendung als Sprichwort bezeichnet. Die älteste nachweisbare Quelle ist wohl Alkaios Fragment 128 Lobel. – Tacitus (*Germania* 22) berichtet, die Germanen berieten sich stets beim Weine, da man sich betrunken nicht verstellen könne. Entscheidungen träfen sie jedoch erst am nächsten Tag in Nüchternheit. – Die Wendung wird oft scherzhaft abgeändert zu »In vino feritas« (»Im Wein liegt Leidenschaft«).

Invisurus aliquis facilius quam imitaturus.
Jemand wird es leichter tadeln als nachmachen.

Nach Plinius d. Ä. (*Naturalis historia* 35,63), der berichtet, der Maler Zeuxis sei mit seinem Bildnis eines Athleten so zufrieden gewesen, daß er darunter geschrieben habe, es sei leichter, ihn zu tadeln, als ihn nachzumachen.

invita Minerva
gegen den Willen Minervas

Cicero, *De officiis* 1,110. – Gemeint ist ›nicht in Schöpferlaune‹, da Minerva als Patronin der Handwerker, Künstler, Lehrer und Ärzte galt. In *Ad familiares* 12,25,1 verweist Cicero auf das Zusammentreffen seines Verhandlungserfolgs mit dem Senatsbeschluß, die Minerva-Statue wiederaufzurichten. Vgl. **crassa Minerva** und **pingui Minerva**.

Invitat culpam, qui peccatum praeterit.
Wer ein Vergehen übergeht, lädt zu (neuen) Fehltritten ein.

Publilius Syrus, *Sententiae* I 9.

In vitium ducit culpae fuga.
Zu (neuer) Verfehlung führt die Flucht vor dem Fehler.

Horaz, *Ars poetica* 31.

Iota unum aut unus apex non praeteribit a lege.
Es wird kein Jota und kein Akzent des Gesetzes übergangen werden.
(D. h.: Auch nicht das Geringste wird geändert werden.)

Matthäus 5,18.

Iovis omnia plena siehe **Ab Iove principium . . .**

Ipsa olera olla legit.
Der Topf sucht sich sein Gemüse selbst.

Catull (*Carmina* 94,2) legt dar, wie gewöhnlich Ehebruch sei: Schließlich suche einander, was zueinander gehöre.

Ipsa quidem virtus sibimet pulcherrima merces.
Die Tugend ist sich selbst der schönste Lohn.

Silius Italicus, *Punica* 13,663.

Ipse dixit.
Er selbst hat es gesagt.

Cicero (*De natura deorum* 1,10) berichtet, die Anhänger des Pythagoras hätten oftmals keine rationale Begründung für ihre Behauptungen geben können, sondern sich schlichtweg darauf berufen, daß ihre Worte von Pythagoras selbst stammten.

Ipse mihi asciam in crus impegi.
Ich habe mir selbst die Axt ins Schienbein geschlagen.
(Vgl.: sich ins eigene Fleisch schneiden)

Petron, *Satyrica* 74. Vgl. **sponte asceam cruribus suis illidere.**

Ipse se prodit.
Er verrät sich selbst.

Seneca (*Epistulae morales* 10,2) erklärt, für einen Toren sei sogar der einzige Vorteil der Einsamkeit, nämlich keinen Denunzianten fürchten zu müssen, verloren, denn der Dumme verrate sich selbst.

I! Quid stas, lapis!
Geh! Was stehst du herum, du Stein?

Terenz, *Heauton timorumenos* 831.

Ira concitum pectus doma!
Bezähme die haßerregte Brust!

Seneca, *Medea* 506.

Iracundia fortitudinis quasi cos est.
Zorn ist gleichsam der Tugend Wetzstein.

Nach Cicero (*Academici libri priores* 2,135), der diese Worte als eine Erkenntnis der Alten Akademie bezeichnet.

Iracundiam qui vincit, hostem superat maximum.
Wer den Jähzorn besiegt, überwindet den stärksten Feind.
(Vgl.: Wer den Zorn bezwingt, hat einen großen Feind besiegt.)

Publilius Syrus, *Sententiae* I 22.

Ira furor brevis est: animum rege, qui nisi paret, / imperat.
Zorn ist ein kurzer Wahnsinn. Beherrsche deine Leidenschaften, denn wenn sie (dir) nicht gehorchen, befehlen sie (dir).

Horaz, *Epistulae* 1,2,62 f.

Ira initium insaniae.
Der Zorn ist der Beginn des Wahnsinns.
(Vgl.: Der Zornige hat alle Sinne bei sich bis auf fünf.)

Cicero (*Tusculanae disputationes* 4,52) zitiert hier Ennius.

ire tendere de fumo ad flammam
aus dem Rauch in die Flamme (d. h.: zum Wesentlichen) streben

Ammianus Marcellinus (*Res gestae* 14,11,12) bezeichnet die Wendung bereits als bekanntes Sprichwort.

Irus et est subito, qui modo Croesus erat siehe **Nempe dat id . . .**

Is cadet ante senem, qui sapit ante diem.
Der wird vor dem Greis untergehen, der vor seiner Zeit weise wird.
(Vgl.: Kluge Kinder werden selten alt.)

HW: 12953.

Istuc est sapere: non quod ante pedes modo est / videre, sed etiam illa, quae futura sunt, / prospicere.
Das ist Klugheit: nicht nur zu sehen, was vor den Füßen liegt, sondern auch zu beachten, was kommen wird.

Terenz, *Adelphoe* 386 ff.

Ita conparatam esse hominum naturam omnium, / aliena ut melius videant et diiudicent / quam sua!
Daß das Wesen aller Menschen so geartet ist, daß sie Fremdes besser sehen und beurteilen als Eigenes!

Terenz, *Heauton timorumenos* 503 ff.

Ita fugias ne praeter casam!
Fliehe nicht so an der Hütte vorbei!

Terenz (*Phormio* 768) bezeichnet diese Wendung bereits als sprichwörtlich.

Ita vita est hominum, quasi quom ludas tesseris.
So ist das Leben der Menschen: als ob man mit Würfeln spielte.

Terenz, *Adelphoe* 739.

Iter ad superos gloria pandet.
Ruhm öffnet den Weg zu den Überirdischen.

Seneca, *Hercules Oetaeus* 1988.

Iubet igitur nos Pythius Apollo noscere nosmet ipsos.
Der pythische (d. h.: delphische) Apoll befiehlt uns also, uns selbst zu erkennen.

Cicero, *De finibus* 5,44. – Am Apollontempel von Delphi findet sich die einem der sieben Weisen zugeschriebene griechische Inschrift »gnothi seauton« (»Erkenne dich selbst«). Vgl. **Nosce te ipsum**.

Iucundi acti labores.
Angenehm sind (bereits) geleistete Anstrengungen.
(Vgl.: Nach getaner Arbeit ist gut ruh'n.)

Cicero (*De finibus* 2,105) bezeichnet diese Wendung bereits als Sprichwort und fügt einen passenden Vers aus dem verlorenen Stück *Andromeda* des Euripides hinzu (Fragment 131 Nauck): »Suavis laborum est praeteritorum memoria.« (»Süß ist die Erinnerung an vergangene Mühen.«) Vgl. Cicero, *Ad familiares* 5,12,4.

Iucundum et carum sterilis facit uxor amicum.
Angenehm und liebenswert macht den Freund eine unfruchtbare Gattin (erg.: weil man ihn zu beerben hofft).

Juvenal, *Saturae* 1,5,140.

Iudex damnatur, cum nocens absolvitur.
Der Richter wird verurteilt, wenn ein Schuldiger freigesprochen wird.

Publilius Syrus, *Sententiae* I 28.

Iudice Fortuna cadat alea.
Mit Fortuna als Richterin falle der Würfel.

Petron, *Satyrica* 122.

iungere vulpes et mulgere hircos
Füchse ins Joch spannen und Böcke melken

Vergil (*Bucolica* 3,91) greift auf eine sprichwörtliche Wendung zurück, um auszudrücken, daß jemand etwas gänzlich Unsinniges tut.

Iupiter pluvius
der regenreiche Jupiter

Johann Wolfgang Goethe, »Wandrers Sturmlied«, V. 75, nach Tibull, *Elegiae* 1,7,26.

Iuppiter est, quodcumque vides, quodcumque moveris.
Jupiter ist, was auch immer du siehst, durch was auch immer du bewegt wirst.

Lukan, *De bello civili* 9,580.

iurare in verba magistri
auf die Worte des Meisters schwören

Horaz (*Epistulae* 1,1,14 f.) lehnt Kritiklosigkeit gegenüber Leitfiguren ab und bekundet seine eigene philosophische Unabhängigkeit: »Quo me cumque rapit tempestas, deferor hospes.« (»Wohin auch immer mich der Sturm treibt, dorthin begebe ich mich als Gast.«)

Iuravi lingua, mentem iniuratam gero.
Ich habe mit der Zunge geschworen, mein Geist bleibt unvereidigt.

Cicero (*De officiis* 3,108) zitiert hier Euripides (*Hippolytos* 612).

Ius civile neque inflecti gratia neque perfringi potentia neque adulterari pecunia debet.
Das »Ius Civile« (»Bürgerrecht«) darf weder durch Gunsterweisung gebeugt noch durch Macht gebrochen noch durch Geldzuwendungen verfälscht werden.

Nach Cicero, *Pro A. Caecina* 73.

Ius est in armis, opprimit leges timor.
Das Recht liegt in den Waffen, Furcht unterdrückt die Gesetze.

Seneca, *Hercules furens* 257.

Ius summum saepe summa est malitia.
Das strengste Recht ist oft die größte Schikane.

Terenz, *Heauton timorumenos* 796.

Iustitia erga deum religio dicitur.
Rechtsempfinden gegenüber den Göttern nennt man Religion.

Nach Cicero, *Partitiones oratoriae* 78.

iustum et tenacem propositi virum
ein gerechter und, was seine Vorsätze betrifft, hartnäckiger Mann

Horaz, *Carmina* 3,3,1.

iuvat inconcessa voluptas siehe **Indignere licet ...**

Iuvat ipse labor.
Die Mühe an sich tut wohl.

Martial, *Epigrammata* 1,107,7 f.: »In steriles nolunt campos iuga ferre iuvenci: / Pingue solum lassat, sed iuvat ipse labor.« (»Dürre Felder pflügen junge Stiere ungern: Fetter Boden macht zwar müde, aber die Mühe an sich tut wohl.«)

Iuvat o meminisse beati / temporis.
Es ist erfreulich, sich einer glücklichen Zeit zu erinnern.

Ovid, *Metamorphoses* 7,797 f.

Iuvenile vitium est regere non posse impetum.
Es ist ein (typischer) Fehler der Jugend, sein Ungestüm nicht bändigen zu können.

Seneca, *Troades* 250. – Agamemnon warnt vor maßloser Ausnutzung von Macht, denn: »Moderata durant.« (»Gezügelte [Macht] ist von Dauer.«)

L

Labitur occulte fallitque volatilis aetas.

Die flüchtige Jugend gleitet heimlich dahin und täuscht uns.

Ovid, *Amores* 1,8,49.

Labor omnia vicit / improbus.

Übermäßige Arbeit hat alles überwunden.

Vergil (*Georgica* 1,145 f.) beschreibt den Wechsel vom Goldenen Zeitalter unter Saturn zu den folgenden Zeitaltern unter Jupiter: Von nun an mußten die Menschen zwar arbeiten, doch führte die Arbeit auch zur Entstehung der Handwerke und Künste.

Laetitia iuvenem, frons decet tristis senem.

Freude steht einem jungen Mann, ein trauriges Antlitz einem Alten.

Seneca, *Hippolytus* 453.

Laetitia vana evadit.

Die Freude entschwindet leer.

Livius, *Ab urbe condita* 23,12,12.

Laetus sorte tua vives sapienter.

Weise wirst du aus Freude über dein Los leben.

Horaz, *Epistulae* 1,10,44.

Lapidem, / non hominem putas.

Du hältst (mich) wohl für einen Stein, nicht für einen Menschen.

Terenz, *Hecyra* 214 f.

lapsus linguae

ein Ausrutscher der Zunge
(d. h.: ein Versprecher)

Nach Sirach 20,18.

Laterem lavem.
Ich dürfe wohl einen Ziegelstein waschen.
(D. h.: etwas vollkommen Sinnloses tun)

Terenz, *Phormio* 186.

latere tecto abscedere
mit gedeckter Flanke abziehen
(d. h.: mit heiler Haut davonkommen)

Terenz, *Heauton timorumenos* 672.

Latet anguis in herba.
Es lauert eine Schlange im Grase.

Vergil, *Bucolica* 3,93.

Latet error; equo ne credite, Teucri!
Es verbirgt sich (darin) ein Betrug; mißtraut dem Pferd, Teukrer!

Vergil, *Aeneis* 2,48. – Laokoon warnt die Trojaner vor dem hölzernen Pferd der Griechen. Vgl. **Danaum fatale munus, donum exitiale Minervae** und **Quidquid id est, timeo Danaos . . .**

Latet et lupus ore cruento / sub vellere molli.
Auch der Wolf verbirgt sich mit bluttriefendem Maul unter einem weichen (Schaf-)Fell.

Prudenz, *Psychomachia* 791 f.

Laudamus veteres, sed nostris utimur annis.
Wir loben die alten Zeiten, doch wir leben in den unsrigen.

Ovid, *Fasti* 1,225.

Laudant illa, sed ista legunt.
Jenes loben sie, aber dieses lesen sie.

Martial, *Epigrammata* 4,49,10.

Laudato ingentia rura, / exiguum colito!
Lobe die riesigen Felder, doch bestelle ein kleines!

Vergil, *Georgica* 2,412 f.

laudator temporis acti
ein Lobredner vergangener Zeiten

Horaz, *Ars poetica* 173. – Mit dieser Wendung verspottet man heute die »ewig Gestrigen«.

Laudatur ab his, culpatur ab illis.
Von diesen wird er gelobt, von jenen getadelt.

Horaz, *Sermones* 1,2,11.

laudat venalis, qui volt extrudere merces siehe **Multa fidem promissa levant**

Laus alit artes.
Lob nährt die Kunst.

Seneca, *Epistulae morales* 102,16, nach Fragment poet. Rom. inc. p. 137,1 Baehrens.

Legem enim brevem esse oportet, quo facilius ab imperitis teneatur.
Ein Gesetz muß nämlich kurz sein, damit es um so leichter von Unkundigen behalten werde.

Seneca (*Epistulae morales* 94,38) zitiert hier Posidonius, um sich anschließend von ihm zu distanzieren.

Leges bello siluere coactae.
Die Gesetze wurden durch den Krieg gezwungen zu schweigen.

Lukan, *De bello civili* 1,277.

Legi, intellexi, condemnavi.
Ich las, begriff, verdammte.

Sozomenus, *Historia ecclesiastica* 5,18. – Mit diesen Worten reagierte Julian Apostata (331–368) auf die Schrift »Über die Wahrheit« von Apollinaris von Laodicaea. Die Bischöfe antworteten ihrerseits: »Du hast es gelesen, aber nicht verstanden. Wenn du es verstanden hättest, hättest du es nicht verurteilt.«

Legis virtus haec est: imperare, vetare, permittere, punire.
Die Eigenschaft des Gesetzes ist zu befehlen, zu verbieten, zu erlauben und zu bestrafen.

Digesta 1,3,7.

Legum denique idcirco omnes servi sumus, ut liberi esse possimus.
Wir sind schließlich alle deswegen Diener der Gesetze, um frei sein zu können.

Cicero, *Pro A. Cluentio* 146.

Lenis alit flammas, grandior aura necat.
Ein leichter Wind nährt die Flammen, ein stärkerer löscht sie.

Ovid, *Remedia amoris* 808.

Lenit albescens animos capillus.
Mein ergrauendes Haar dämpft meine Leidenschaften.

Horaz, *Carmina* 3,14,25.

Lentescunt tempore curae.
Mit der Zeit lassen die Sorgen nach.

Ovid, *Ars amatoria* 2,357.

Leones / non sunt papilionibus molesti.
Löwen sind Schmetterlingen nicht lästig.

Martial, *Epigrammata* 12,61,5 f. Vgl. **Aquila non captat muscas**.

leonina societas siehe **Numquam est fidelis . . .**

Lepus tute es, pulpamentum quaeris?
Selbst ein Hase, suchst du nach Wildbret?

Terenz, *Eunuchus* 426.

Leti mille repente viae.
Plötzlich führen tausend Wege in den Tod.

Tibull, *Elegiae* 1,3,50.

Letum non omnia finit.
Der Tod beendet nicht alles (erg.: denn es gibt noch die Manen, die Geister der Verstorbenen).

Properz, *Elegiae* 4,7,1.

Leve est miserias ferre, perferre est grave.
Es ist leicht, Unglück zu ertragen, es zu überstehen ist schwer.
Seneca, *Thyestes* 307.

levi defungi poena
mit einer leichten Strafe davonkommen
Nach Livius, *Ab urbe condita* 29,21,6.

levis notae macula adspergi
mit dem Flecken einer leichten Rüge versehen werden
(d. h.: mit einer leichten Rüge davonkommen)
Nach *Codex Iustinianus* 3,28,27.

Levissimus quisque futuri improvidus spe vana tumens.
Gerade die Leichtsinnigen und die, die sich nicht um die Zukunft kümmern, schwellen an vor eitler Hoffnung.
Tacitus, *Historiae* 1,88.

leviter malo perstringi
leicht vom Unheil gestreift werden
(vgl.: mit einem blauen Auge davonkommen)
Nach Seneca, *Naturales quaestiones* 6,1,2.

Lex cogit neminem ad impossibilia siehe **Impossibilium nulla . . .**

Lex non promulgata non est rata.
Ein unveröffentlichtes Gesetz ist nicht rechtskräftig.
Vgl. *Digesta* 50,16,131,1.

Lex posterior derogat priori.
Ein späteres Gesetz hebt ein früheres auf.
Digesta 1,4,4.

Lex prospicit, non respicit.
Ein Gesetz blickt voraus, nicht zurück (d. h:. es gilt nicht rückwirkend).
HW: 13711.

Lex universa est, quae iubet nasci et mori.
Es gibt ein allgemeingültiges Gesetz, das Entstehen und Vergehen befiehlt.

Publilius Syrus, *Sententiae* L 5.

Libenter homines id, quod volunt, credunt.
Gern glauben die Menschen das, was sie wollen.

Caesar, *De bello Gallico* 3,18,6.

Liberae sunt enim nostrae cogitationes.
Unsere Gedanken sind nämlich frei.

Cicero, *Pro T. Annio Milone* 79.

Libera fortuna mors est; capit omnia tellus, / quae genuit.
Der Tod ist losgelöst vom Schicksal; die Erde nimmt alles (wieder) auf, was sie hervorgebracht hat.

Lukan, *De bello civili* 7,818 f.

Libertas: potestas vivendi, ut velis.
Freiheit: die Möglichkeit so zu leben, wie du willst.

Cicero, *Paradoxa Stoicorum* 34.

Libido effrenata effrenatam appetentiam efficit.
Ungezügelte Lust führt zu ungezügelter Begierde.

Nach Cicero, *Tusculanae disputationes* 4,15.

licentia poetica
dichterische Freiheit

Nach Seneca, *Naturales quaestiones* 2,44,1.

Lingua fuit damno.
Schädlich war die Zunge (d. h.: das Gerede).

Ovid, *Metamorphoses* 2,540.

Lingua haeret metu.
Die Zunge stockt (mir) vor Angst.

Terenz, *Eunuchus* 977.

Lingua mali pars pessima servi.
Die Zunge ist der schlimmste Teil eines schlechten Sklaven.
Juvenal, *Saturae* 9,121.

Lingua, sile! Non est ultra narrabile quicquam.
Schweig, Zunge! Es gibt da nichts weiter zu erzählen.
Ovid, *Epistulae ex Ponto* 2,2,59.

Linque severa!
Laß den Ernst beiseite!
Horaz, *Carmina* 3,8,28.

lippis notum et tonsoribus
den Triefäugigen und den Barbieren (d. h.: jedermann) bekannt
Horaz, *Sermones* 1,7,3.

Lis litem parit.
Streit bringt Streit hervor.
HW: 13871a.

Lis verbis minimis interdum maxima crescit.
Ein fruchtbarer Streit entsteht bisweilen aus den geringsten Worten.
Disticha Catonis 2,11,2.

lite pendente
bei schwebendem Verfahren
Codex Iustinianus 8,36(37),2.

litigare cum ventis
mit den Winden streiten
(d. h.: etwas Sinnloses tun)
Nach Petron, *Satyrica* 83.

Litore quot conchae, tot sunt in amore dolores.
Soviel Muscheln am Strand, soviel Schmerzen sind in der Liebe.
Ovid, *Ars amatoria* 2,519.

Litura tamen exstet!
Die Tilgung soll wenigstens (sichtbar) bleiben!

Sueton (*Vita divi Claudii* 16,1) berichtet, Claudius habe, immer wenn er einen Vermerk aus der Zensur streichen ließ, darauf geachtet, daß man wenigstens die Streichung erkenne.

Litus ama! . . . Altum alii teneant.
Liebe den Strand! Andere mögen auf das hohe Meer fahren.

Vergil, *Aeneis* 5,163 f.

litus arare
den Strand pflügen
(d. h.: sich vergeblich abmühen)

Nach Ovid, *Tristia* 5,4,48, und *Heroides* 5,116: »Non profecturis litora bubus aras.« (»Du pflügst den Strand mit Rindern, die nicht vorankommen.«)

Loca quae nimium grata fuere, cave!
Hüte dich vor Orten, die dir allzu lieb waren.

Ovid, *Remedia amoris* 738.

Longius aut propius mors sua quemque manet.
Früher oder später erwartet jeden der Tod.

Properz, *Elegiae* 2,28,58.

longo, sed proximus intervallo
in weitem Abstand, aber (doch) der nächste

Vergil, *Aeneis* 5,320.

longum iter est per praecepta siehe **Homines amplius . . .**

Lucet. Eamus, / quo ducit gula!
Es wird hell. Gehen wir, wohin uns die Kehle führt!

Horaz (*Epistulae* 1,6,56 f.) fordert ironisch dazu auf, sich der Prasserei hinzugeben, falls essen der Weg zum Glück sei. So fährt er fort: »Piscemur, venemur!« (»Laßt uns also fischen, jagen!«)

Lucri bonus est odor ex re / quaelibet.
Woher der Gewinn auch stammen mag, sein Geruch ist gut. (Vgl.: Geld stinkt nicht.)

Juvenal (*Saturae* 14,204 f.) spottet über den Stellenwert, den der Besitz bei den Menschen einnimmt: »Hoc discunt omnes ante alpha et beta puellae.« (»Dies lernen alle Mädchen noch vor dem Alphabet.«) Vgl. **Non olet**.

lucus a non lucendo
Einen Hain (nennt man) *lucus*, weil in ihm kein Licht leuchtet (lat. *non lucet*).

Quintilian (*Institutio oratoria* 1,6,34) hält zahlreiche Volksetymologien für richtig, die ein Wort aus dessen Gegenteil ableiten. Varro hingegen verspottet solche Rückschlüsse; vgl. **canis a non canendo**.

ludibrio habere
zum Gespött machen

Terenz, *Hecyra* 149.

Ludit in humanis divina potentia rebus.
In menschlichen Angelegenheiten spielt eine göttliche Macht mit.

Ovid, *Epistulae ex Ponto* 4,3,49.

Ludunt formosae, casta est, quam nemo rogavit.
Die Schönen verlustieren sich; züchtig ist die, die niemand (je) fragte.

Ovid, *Amores* 1,8,43.

lupo agnum eripere
dem Wolf ein Lamm entreißen
(d. h.: etwas nahezu Unmögliches tun)

Plautus, *Poenulus* 776.

Lupo ovem commisisti.
Du hast einem Wolf ein Schaf anvertraut.

Terenz, *Eunuchus* 832. Vgl. **O praeclarum custodem ovium lupum**.

lupum sub ovis pelle celare
den Wolf unter dem Schafspelz verbergen

Laktanz zugeschrieben; vgl. Matthäus 7,15.

Lupus in fabula.
(Da ist) der Wolf (wie) in der Fabel.
(Vgl.: Wenn man den Teufel nennt, kommt er gerennt.)

Terenz, *Adelphoe* 537, und Cicero, *Ad Atticum* 13,33. Vgl. Plautus, *Stichus* 577.

Lupus non curat numerum.
Der Wolf kümmert sich nicht um die Zahl.
(D. h.: Er frißt auch die mit einer Zahl gekennzeichneten Schafe.)

Vgl. Vergil, *Bucolica* 7,51 f.

Lux mundi.
das Licht der Welt

Matthäus 5,14.

Luxuriae quidquid dederis, perfluet.
Alles, was du den Ausschweifungen hingabst, wird dir verloren sein.

Phaedrus, *Fabulae* Appendix Perrottina 5,12.

Luxuriant animi rebus plerumque secundis.
In glücklichen Zeiten werden die Herzen meist übermütig.
(Vgl.: Wo Glück aufgeht, da geht Demut unter.)

Ovid, *Ars amatoria* 2,437.

M

Macte / virtute (esto)!
Sei deiner Tugend wegen gepriesen!

(z. B.) Horaz, *Sermones* 1,2,31 f.; vgl. Vergil, *Aeneis* 9,641 f. – Wörtlich: (Sei) verherrlicht wegen deiner Tugend!

Magis illa iuvant, quae pluris emuntur.
Mehr erfreut jenes, das man teurer ersteht.

Juvenal, *Saturae* 11,16.

Magistra vitae philosophia.
Die Philosophie ist die Lehrmeisterin des Lebens.

Cicero, *Tusculanae disputationes* 2,16.

Magistrum memet ipsum habeo.
Ich habe mich selbst zum Lehrer.

Hieronymus (*De viris illustribus*, praefatio) bezeichnet diese Worte als bekannte Wendung.

Magis unde cadas, / quam quo refert.
Wichtiger ist, von wo man fällt, als wohin.

Seneca, *Thyestes* 925 f.

Magnae periclo sunt opes obnoxiae.
Große Reichtümer sind Gefahren ausgesetzt.

Phaedrus, *Fabulae* 2,7,14.

Magna inter molles concordia.
Große Übereinstimmung herrscht unter den Wollüstigen.

Juvenal, *Saturae* 2,47.

magnas inter opes inops
inmitten großer Reichtümer arm

Horaz, *Carmina* 3,16,28.

Magna tamen spes est in bonitate dei.
Dennoch besteht große Hoffnung auf die Güte des Gottes.

Ovid, *Epistulae ex Ponto* 1,6,46.

Magna voce sonas manuque tota.
Du läßt es mit lauter Stimme und der ganzen Hand (d. h.: eifrig gestikulierend) erklingen.

Martial, *Epigrammata* 6,19,8.

Magni animi magnis honoribus fiunt.
Edle Gesinnung kommt von hohen Ämtern.

Nach Livius, *Ab urbe condita* 4,35,9.

Magni constant regum amicis bona consilia.
Gute Ratschläge kommen Freunden von Königen teuer zu stehen.

Nach Seneca, *De ira* 3,14,6. – Der König Cambyses war von seinem Freund Praexaspes dazu angehalten worden, weniger Wein zu trinken. Cambyses jedoch behauptete, auch nach vielen Bechern Wein noch eine ruhige Hand zu haben, und bewies dies, indem er in betrunkenem Zustand Praexaspes' Sohn mitten ins Herz schoß.

Magnifica verba mors prope admota excutit.
Der nah herangerückte Tod vertreibt prahlerische Worte.

Seneca, *Troades* 575.

Magnificum est laudari a laudato viro.
Es ist rühmlich, von einem gelobten Mann gelobt zu werden.

Cicero (*Tusculanae disputationes* 4,67) zitiert hier Naevius; vgl. Seneca, *Epistulae morales* 102,16.

Magni fures parvum ducunt.
Die großen Diebe führen den kleinen ab.

Diogenes Laertius (*Diogenes* 6,45) berichtet, der Philosoph Diogenes habe diese Bemerkung gemacht, als er sah, wie Priester einen Unterbeamten, der eine Schale aus einem Tempel entwendet hatte, abführten.

magni nominis umbra
ein Schatten seines großen Namens
(vgl.: nur ein Schatten seiner selbst sein)

Lukan (*De bello civili* 1,135) bezeichnet so Pompeius.

Magno se iudice quisque tuetur.
Jeder schützt sich durch (Berufung auf) eine hohe Autorität.

Lukan, *De bello civili* 1,127.

Magnum iter ascendo, sed dat mihi gloria vires.
Ich steige einen langen Weg hinauf, doch (die Hoffnung auf) Ruhm gibt mir Kraft.

Properz, *Elegiae* 4,10,3.

Magnum timoris remedium clementia est.
Ein wirksames Heilmittel gegen Angst ist Milde.

Seneca, *Octavia* 442.

Magnum vectigal est parsimonia siehe **Non intellegunt homines . . .**

Magnus sibi ipse non facit finem dolor.
Großer Schmerz setzt sich selbst keine Grenze.

Seneca, *Troades* 786.

Maiora cupimus, quo maiora venerunt.
Wir begehren um so mehr, je mehr uns zugefallen ist.

Seneca, *De beneficiis* 2,27,3.

Maior e longinquo reverentia.
Größer ist die Verehrung aus der Ferne.

Tacitus, *Annales* 1,47.

Maiores maiora sonant.
Größeres tönen Größere.

Martial, *Epigrammata* 9, prologus 7.

Maioresque cadunt altis de montibus umbrae.
Und längere Schatten fallen von den hohen Bergen.

Vergil, *Bucolica* 1,84.

Maior famae sitis est quam / virtutis.
Größer ist der Hunger nach Ruhm als der nach Tugend.

Juvenal, *Saturae* 10,140 f.

Maiori concede, minorem ne contempseris!
Weiche dem Größeren, verachte nicht den Kleineren!

Disticha Catonis, prologus 10 und 47. Diese beiden getrennt überlieferten Mahnungen werden häufig zusammen zitiert.

Maior post otia virtus.
Größer ist die (Bereitschaft zur) Tugendhaftigkeit nach der Muße.
(Vgl.: Rast soll vor der Tat gehen.)

Statius, *Silvae* 4,4,34.

Maiorque videtur / et melior vicina seges.
Größer und besser erscheint des Nachbarn Saat.
(Vgl.: Des Nachbarn Braten ist stets feister.)

Juvenal, *Saturae* 14,142 f.

Maior sum, quam cui possit fortuna nocere.
Ich bin zu groß, als daß mir das Schicksal schaden könnte.

Ovid, *Metamorphoses* 6,195. – Worte der Niobe kurz vor ihrem Untergang.

Maius erat nostris viribus istud onus.
Diese Last war zu groß für unsere Kräfte.

Ovid, *Tristia* 4,10,36.

Maius opus mores composuisse suos.
Eine recht große Aufgabe ist es, sein Temperament zu bändigen.

Ovid, *Ars amatoria* 3,370.

Mala causa silenda est.
Ein übler Beweggrund muß verschwiegen werden.
Ovid, *Epistulae ex Ponto*, 3,1,147.

Malae naturae numquam doctore indigent.
Böse Gesinnung bedarf niemals eines Lehrers.
Publilius Syrus, *Sententiae* M 20.

Mala est inopia, ex copia quae nascitur.
Schändlich ist die Armut, die aus Reichtum hervorgeht.
Publilius Syrus, *Sententiae* M 69.

Mala mens, malus animus.
Übler Geist, übler Sinn.
Terenz, *Andria* 164.

Malam rem, cum velis honestare, improbes.
Wenn du etwas Übles ehren willst, verdamme es.
Publilius Syrus, *Sententiae* M 53.

Male creditis hosti!
Zu eurem Verderben glaubt ihr dem Feind!
Ovid, *Fasti* 2,225.

Male facere qui vult, numquam non causam invenit.
Wer Übles tun will, findet immer einen Grund dafür.
Publilius Syrus, *Sententiae* M 28.

Male parta male dilabuntur.
Auf schlimme Weise Erworbenes zerrinnt auf schlimme Weise. (Vgl.: Übel gewonnen, übel zerronnen.)
Cicero, *Orationes Philippicae* 2,65, nach Naevius Fragment 7,1 Marmorale. Vgl. Plautus, *Poenulus* 844.

Male secum agit aeger, medicum qui heredem facit.
Schlecht geht der Kranke mit sich selbst um, der den Arzt als Erben einsetzt.
Publilius Syrus, *Sententiae* M 24.

Malignus comes quamvis candido et simplici rubiginem suam adfricuit.
Ein bösartiger Begleiter steckt auch einen noch so makellosen und ehrlichen Menschen mit seiner Verkommenheit an.
(Vgl.: Schlechte Gesellschaft verdirbt gute Sitten.)

Seneca, *Epistulae morales* 7,7.

Malis consiliis pares adepti eventus.
Durch schlechte Pläne haben sie ein ebensolches (d. h.: ein schlechtes) Ergebnis erlangt.

Livius, *Ab urbe condita* 6,8,8; vgl. auch 6,10,8.

Mali sunt homines, qui bonis dicunt male.
Schlecht sind die Menschen, die schlecht von Guten sprechen.

Plautus, *Bacchides* 118.

Mallem nescisse futura.
Ich wollte, ich wüßte nicht um die Zukunft.

Ovid, *Metamorphoses* 2,660. – Ocyroë versagt die Stimme, als sie weiter von der Zukunft des Aesculap-Kindes sowie der ihres Vaters Chiron künden will. Daraufhin verwandelt sie sich in eine Stute.

Malleus manubrio sapientior.
Der Hammer ist gescheiter als der Stiel.
(Vgl.: Das Ei will klüger sein als die Henne.)

Vgl. Plautus, *Epidicus* 524.

Malo arboris nodo malus cuneus requirendus est.
Für einen argen Knoten im Baum muß man einen argen Keil suchen.

Hieronymus (*Epistulae* 69,5) beschreibt die Wendung als bekanntes Sprichwort. Es wird oft zitiert als »Cuneus cuneum trudit.« (»Ein Keil treibt den anderen.«)

Malo benefacere tantundem est periclum, / quantum bono malefacere.
Einem Schlechten Gutes zu tun ist ebenso gefährlich wie einem Guten Schlechtes zu tun.

Plautus, *Poenulus* 633 f.

Malo quam bene olere, nil olere.
Ich will lieber nach nichts riechen, als lieblich zu riechen.

Martial (*Epigrammata* 6,55,5) ist ein allzu lieblicher Geruch stets verdächtig.

Malum alienum cave gaudium facias tuum!
Hüte dich, anderer Übel zu deiner Freude zu machen!

Caecilius Balbus, *Sententiae* 110.

Malum consilium consultori est pessimum.
Ein schlechter Ratschlag ist für den am schlechtesten, der ihn erteilt (erg.: denn er wird dafür bestraft werden).

Bei Varro (*De re rustica* 3,2,1) wird die Wendung bereits als Sprichwort bezeichnet. Vgl. Gellius (*Noctes Atticae* 4,5, nach Hesiod, *Werke und Tage* 266), der folgende Anekdote zu berichten weiß: Etrurische Seher, die von den Römern um eine Weisung gebeten worden waren, hätten absichtlich einen falschen Rat erteilt. Als dies aufgedeckt wurde, seien sie getötet worden, und das Volk hätte obige Worte in den Straßen gesungen.

malum discordiae
der Apfel der Zwietracht

Iustinus, *Historiae Philippicae* 12,15,11. – Gemeint ist der Zankapfel der Eris mit der Aufschrift »Der Schönsten«, den sie auf der Hochzeit von Peleus und Thetis unter die Gäste warf (*Hygin*, Fabeln 92). So löste sie einen Streit unter den Göttinnen Hera, Aphrodite und Athene aus, die Paris als Schiedsrichter wählten. Aphrodite, die Paris Helena als Belohnung versprochen hatte und dadurch letztlich den Trojanischen Krieg auslöste, ging als Siegerin aus diesem Streit hervor.

malum necessarium
ein notwendiges Übel

Historia Augusta, »Vita Alexandri Severi« 46,5.

Malum nullum est sine aliquo bono.
Kein Übel ist gänzlich ohne Gutes.
(Vgl.: Kein Übel ist so groß, es hat ein Glück im Schoß.)

Nach Plinius d. Ä., *Naturalis historia* 27,9.

Malum panem tibi tenerum et siligineum fames reddet.
Schlechtes Brot wird dir der Hunger wie zartes Weizenbrot erscheinen lassen.

Nach Seneca, *Epistulae morales* 123,2.

Manat rumor sine capite.
Es zirkuliert ein Gerücht ohne Kopf (d. h.: dessen Urheber man nicht ausfindig machen kann).

Cicero, *Pro Cn. Plancio* 23.

Maneat nostros ea cura nepotes.
Diese Sorge erwarte unsere Enkel.

Vergil, *Aeneis* 3,505. – Gemeint ist die Einigung von Griechenland und Italien, der alten und der neuen Heimat des Aeneas.

Manet alta mente repostum.
Es bleibt in tiefster Seele verborgen.

Vergil, *Aeneis* 1,26. – Junos Groll ob des Paris-Urteils ist tief in ihrer Seele verankert.

manibus pedibusque obnixe omnia facere
sich mit Händen und Füßen allem widersetzen

Nach Terenz, *Andria* 161.

Manum de tabula!
Die Hand vom Bild!

Cicero, *Ad familiares* 7,25,1; vgl. Petron, *Satyrica* 76, und Plinius d. Ä., *Naturalis historia* 35,80. – Plinius zufolge behauptete der Maler Apelles, er sei in allem genauso gut wie der ebenso berühmte Maler Protogenes oder jener sei sogar besser; aber eines habe er, Apelles, Protegenes voraus: Er wisse zur rechten Zeit die Hand von der Maltafel zu nehmen (»quod manum de tabula sciret tollere«). Cicero und Petron benutzen die Wendung in der Bedeutung ›zur rechten Zeit aufhören‹.

Manus manum lavat.
Eine Hand wäscht die andere.

Seneca, *Apocolocyntosis* 9,6, und Petron, *Satyrica* 45.

Marcet sine adversario virtus.
Die Tatkraft erlahmt ohne Hindernisse (d. h.: wenn sie nicht herausgefordert wird).
Seneca, *De providentia* 2,4.

Mare quidem commune certo est omnibus.
Das Meer jedoch gehört sicher allen gemeinsam.
Plautus, *Rudens* 975.

maria montisque polliceri
Meere und Berge versprechen
(d. h.: das Blaue vom Himmel versprechen)
Sallust, *Bellum Catilinarium* 23,3.

Mars dubius, nec certa Venus siehe **Militat omnis amans**

Marte nostro
mit unserem eigenen Kriegsgott
(d. h.: auf eigene Faust)
Cicero (*De officiis* 3,34) bezeichnet diese Fügung als sprichwörtlich.

massa perditionis, unde electi sumus
die Masse der Verdammnis, aus der wir auserwählt sind
Augustinus (*Sermones* 26,12,13) nimmt hier Bezug auf Römerbrief 9,21.

Materiam superabat opus.
Das Werk übertraf das Material.
(D. h.: Noch bewundernswerter als das Material war die Ausführung des Werks.)
Ovid, *Metamorphoses* 2,5 – Beschreibung der *regia Solis*, des Sonnenpalastes.

Mater timidi flere non solet.
Die Mutter eines Ängstlichen pflegt nicht zu weinen.
Nach Cornelius Nepos, *Thrasybullus* 2,3. Er bezeichnet die Wendung als altes Sprichwort, das besage, daß man sich um einen Vorsichtigen und Ängstlichen weniger sorgen müsse als um einen Übermütigen.

Matres omnes filiis / in peccato adiutrices.
Alle Mütter sind ihren Söhnen Helferinnen bei Verfehlungen.

Terenz, *Heauton timorumenos* 991 f.

Matura, dum libido manet!
Beeil dich, solange die Lust anhält!
(Vgl.: das Eisen schmieden, solange es noch heiß ist)

Nach Terenz, *Phormio* 716.

Mature fias senex, si diu velis esse senex!
Werde früh alt, wenn du lange alt sein willst!

Cicero (*De senectute* 32) distanziert sich von dieser Aufforderung, die er als altbekanntes Sprichwort bezeichnet.

Maxima debetur puero reverentia.
Höchste Ehrfurcht schuldet man dem Knaben.

Juvenal (*Saturae* 14,47) mahnt Eltern, sich vor den Augen ihrer Kinder zu beherrschen, da sie schlechte Beispiele schnell nachahmten.

Maxima de nihilo nascitur historia.
Aus dem Nichts entsteht eine sehr große Legende.

Properz, *Elegiae* 2,1,16.

Maxima quaeque domus servis est plena superbis.
Gerade die größten Häuser sind voll mit hochmütigen Sklaven.

Juvenal, *Saturae* 5,66.

Maximum indicium est malae mentis fluctatio.
Das sicherste Anzeichen für eine schlechte Geistesverfassung ist Unstetigkeit.

Seneca, *Epistulae morales* 120,20.

Maximum remedium irae dilatio est.
Das beste Mittel gegen Zorn ist der Aufschub (erg.: des Zornausbruchs).
(Vgl.: Harren ist des Zornes Arznei.)

Seneca, *De ira* 3,12,4.

Mea culpa, mea culpa, mea maxima culpa.
Durch meine Schuld, durch meine Schuld, durch meine übergroße Schuld.

Aus dem »Confiteor« der katholischen Messe.

mea parvitas bzw. **mea tenuitas**
meine Wenigkeit

Valerius Maximus, *Dicta et facta memorabilia*, prologus, bzw. Gellius, *Noctes Atticae* 12,1,24.

Mea / virtute me involvo.
Ich hülle mich in meine eigene Tugend.

Horaz, *Carmina* 3,29,54 f.

Media in vita in morte sumus.
Mitten im Leben sind wir im Tod.

Anfangsvers einer einzeln überlieferten Strophe eines mittelalterlichen Kirchenliedes, das einigen Quellen zufolge vom St. Gallener Mönch Notker Balbulus stammt und seit dem 11. Jahrhundert belegt ist.

medias in res siehe **ab ovo**

Medicamen calamitatis est aequanimitas.
Im Unglück ist Gleichmut die (rechte) Medizin.

Publilius Syrus, *Sententiae* M 34.

Medice, cura te ipsum!
Arzt, heile dich selbst!

Lukas 4,23; vgl. Sirach 18,20.

Medicina vinci fata non possunt.
Das Schicksal kann nicht durch Medizin besiegt werden.

Nach Quintilian, *Declamationes* 268,10.

Medicus curat, natura sanat.
Der Arzt kuriert, die Natur heilt.

HW: 14564e.

Medicus enim nihil aliud est quam animi consolatio.
Ein Arzt ist nichts anderes als Seelentröstung.

Petron, *Satyrica* 42.

Mediocritas est inter nimium et parum siehe **aurea mediocritas**

Medio de fonte leporum / surgit amari aliquid.
Mitten aus dem Quell der Annehmlichkeiten steigt etwas Bitteres empor.

Lukrez (*De rerum natura* 4,1133 f.) über die Nichtigkeit materieller Reichtümer, deren Genuß oft etwa durch Gewissensbisse getrübt werde.

Medio tutissimus ibis.
In der Mitte wirst du am sichersten gehen.

Ovid, *Metamorphoses* 2,137. – Der Sonnengott warnt so seinen Sohn Phaeton, die Mitte – hier im konkreten Sinne gemeint – der Bahn einzuhalten. Das Zitat wird heute meist übertragen gebraucht. Vgl. **Parce, puer, stimulis . . .**

Me duce carpe viam!
Unter meiner Führung nimm den Weg!

Ovid, *Metamorphoses* 8,208. – Daedalus mahnt Icarus, ihm genau zu folgen.

Melior est condicio possidentis.
Besser ist die Lage dessen, der Besitz hat.
(Vgl.: Der Habich ist besser als der Hättich.)

Nach *Digesta* 20,1,10. – Laut Liebs besagt diese Rechtsregel, daß eine Sache, um die sich zwei streiten, im Zweifelsfalle eher dem zugesprochen wird, der sie bereits in Besitz hatte, als dem, der sie für sich reklamiert. Meist wird die Wendung jedoch in einem allgemeineren Sinne verstanden: Konkreter Besitz ist besser als potentieller Besitz.

Melior mihi dextera lingua est.
Mir dient meine Rechte besser als die Zunge.

Ovid, *Metamorphoses* 9,29. – Hercules und der Flußgott Achelous warben beide um Deianira. Nachdem Achelous seinen Gegner mit Worten geschmäht hatte, setzte dieser sich mit Taten zu Wehr.

Melior tutiorque est certa pax quam sperata victoria.
Besser und sicherer ist gesicherter Frieden als erhoffter Sieg.

Livius, *Ab urbe condita* 30,30,19.

Melius est unum malum pati quam multa.
Es ist besser, ein Übel zu erleiden als viele.

Historia Augusta, »Vita Alexandri Severi« 65,5. – Gemeint ist hier: Ein schlechter Herrscher, der sich mit guten Menschen umgibt, ist ein geringeres Übel als ein guter Herrscher, der sich mit schlechten Menschen umgibt.

Melius homines exemplis docentur.
Die Menschen werden am besten durch Beispiele belehrt.

Plinius d. J. (*Panegyricus* 45,6) fährt fort: »Quae in primis hoc in se boni habent, quod adprobant, quae praecipiunt fieri posse.« (»Diese haben vor allem den Vorzug, daß sie den Beweis liefern, daß das, was sie uns vorschreiben, auch ausgeführt werden kann.«)

Me, me, adsum, qui feci!
Ich, ich bin es, der es getan hat!

Vergil, *Aeneis* 9,427. – Nisus will Euryalus zu Hilfe eilen, indem er die Aufmerksamkeit der Gegner auf sich lenkt.

Memento mori! siehe **Respice post te . . .**

Memento omnia mihi et in omnes licere!
Bedenke, daß mir alles sogar gegenüber allen erlaubt ist.

Nach Sueton (*Vita Caligulae* 29,1) antwortete so Caligula auf eine Ermahnung seiner Großmutter Antonia.

Memento semper finis, et quia perditum non redit tempus.
Denke immer an das Ende, zumal auch da die verlorene Zeit nicht zurückkehrt.

Thomas a Kempis, *Imitatio Christi* 1,25,43.

Me miseram, quod amor non est medicabilis herbis!
Ich Elende! Daß die Liebe nicht durch Kräuter heilbar ist!

Ovid, *Heroides* 5,149.

Memoria minuitur, nisi eam exerceas.
Das Gedächtnis läßt nach, wenn man es nicht übt.

Nach Cicero, *De senectute* 21.

Mendacem memorem esse oportet.
Ein Lügner muß ein gutes Gedächtnis haben.

Nach Quintilian (*Institutio oratoria* 4,2,91) ein altes Sprichwort.

Mendaci homini ne verum quidem dicenti credere solemus.
Einem Lügner pflegen wir nicht einmal dann zu glauben, wenn er die Wahrheit spricht.
(Vgl.: Wer einmal lügt, dem glaubt man nicht, und wenn er auch die Wahrheit spricht.)

Nach Cicero, *De divinatione* 2,146; vgl. Phaedrus, *Fabulae* 1,10,1.

Mens agitat molem.
Der Geist bewegt die Materie.

Vergil, *Aeneis* 6,727. – Der tote Anchises, der von seinem Sohn Aeneas in der Unterwelt besucht wird, steht ihm Rede und Antwort auf die Frage nach dem Ursprung und dem Schicksal der Seelen.

Mens est, quae diros sentiat ictus.
Der Geist ist es, der die grausamen Stiche spürt.

Ovid, *Metamorphoses* 4,499.

Mensque magis gracili corpore nostra valet.
Und mein Geist ist stärker als mein zarter Körper.

Ovid, *Epistulae ex Ponto* 1,5,52.

Mensque pati durum sustinet aegra nihil.
Und mein kranker Geist ist nicht in der Lage, etwas Hartes zu ertragen.

Ovid, *Epistulae ex Ponto* 1,5,18.

mens sana in corpore sano
ein gesunder Geist in einem gesunden Körper

Juvenal (*Saturae* 10,356) verspottet in seiner zehnten Satire die sinnlosen Wünsche, die die Menschen stets den Göttern antrügen. Wenn man um irgend etwas bitten solle, dann darum, daß sich in einem gesunden Körper ein gesunder Geist befinde (»Orandum est, ut sit mens sana in corpore sano«). Meist jedoch wird die Wendung als Aufforderung zu einer gesunden Lebensweise aufgefaßt: In einem gesunden Körper wohne nämlich auch ein gesunder Geist.

Mens semper, quod timet, esse putat.
Der Verstand glaubt stets, daß wahr sei, was er fürchtet.

Ovid, *Ars amatoria* 3,720.

mens sibi conscia recti
ein sich des Rechten bewußter Sinn
(d. h.: Rechtsempfinden)

Vergil, *Aeneis* 1,604.

mente atque sensu absentissimus
in Geist und Sinn völlig abwesend

Augustinus, *Confessiones* 4,4.

Mentem praecipitat animus.
Das Herz stürzt den Verstand um.

Nach Quintilian (*Institutio oratoria* 6,2,6), der aufzeigt, daß ein objektives Urteil nicht mehr möglich sei, sobald Gefühle im Spiel seien. Das Herz schreibe den Augen vor, was sie sehen sollten.

Meo sum pauper in aere.
In meinem eigenen Geld bin ich arm.
(D. h.: Ich habe zwar keine Reichtümer, aber auch keine Schulden.)

Horaz, *Epistulae* 2,2,12.

Me quoque pectoris / temptavit in dulci iuventa / fervor.
Auch mich hat in der süßen Jugend die Herzensglut ergriffen.
Horaz, *Carmina* 1,16,22 ff.

Meretrix tantisper blanditur, dum illud, quod rapiat, videt.
Eine Dirne schmeichelt nur, solange sie vor Augen hat, was sie an sich reißen könnte.
Plautus, *Menaechmi* 193.

Metasque dati pervenit ad aevi.
Und er gelangte an das Ende der ihm beschiedenen Lebenszeit.
Vergil, *Aeneis* 10,472, zitiert bei Seneca, *Ad Marciam de consolatione* 21,5.

Metiri se quemque suo modulo ac pede verum est.
Es ist wahr, daß sich jeder nach seinem eigenen Maßstab mißt.
Horaz, *Epistulae* 1,7,98.

Metus hos, regni spes excitat illos.
Die einen bewegt die Furcht vor der Tyrannei, die anderen die Hoffnung auf sie.
Lukan, *De bello civili* 7,386.

Metus improbos compescit, non clementia.
Furcht, nicht Güte bändigt Frevler.
Publilius Syrus, *Sententiae* 49.

Meum est propositum in taberna mori.
Mein Vorsatz ist es, in einer Kneipe zu sterben.
Archipoeta, 10,12,1.

Meus mihi, suus cuique est carum.
Meiner (hier: mein Sohn) ist mir teuer, (wie) jedem der seine.
Plautus, *Captivi* 400.

Mihi crede, verum gaudium res severa est siehe **Verum gaudium . . .**

Mihi cura futuri.
Ich sorge mich um die Zukunft.

Ovid, *Metamorphoses* 13,363.

Mihi enim liber esse non videtur, qui non aliquando nihil agit.
Mir scheint nämlich nicht frei zu sein, wer nicht auch bisweilen nichts tut.

Cicero (*De oratore* 2,24) läßt Crassus erklären, er habe Scaevola gegenüber einmal die obigen Worte geäußert, und fügt hinzu: »Hoc ipsum nihil agere et plane cessare delectat.« (»Eben dieses Nichtstun und gänzliche Rasten ist angenehm.«)

Mihi heri et tibi hodie!
Gestern mir und heute dir!

Sirach 38,23: »Memor esto iudicii mei; sic enim erit et tuum: mihi heri et tibi hodie.« (»Gedenke des Richterspruchs über mich, denn so wird auch der deine sein: Mich traf er gestern und dich trifft er heute.«)

Mihi istic nec seritur nec metitur.
Für mich wird dort weder gesät noch geerntet.
(D. h.: Es hat für mich keinerlei Belang.)

Plautus, *Epidicus* 265.

Mihi res, non me rebus submittere conor.
Ich versuche, mir die Dinge und nicht mich den Dingen zu unterwerfen.

Horaz, *Epistulae* 1,1,19.

Militat omnis amans.
Jeder Liebende leistet Kriegsdienst.

Ovid, *Amores* 1,9,1. – Den Vergleich von Liebe und Kriegswesen führt der Dichter in Vers 29 weiter: »Mars dubius, nec certa Venus.« (»Das Kriegsglück schwankt, noch ist das Liebesglück sicher.«) Vgl. **Militiae species amor est**.

Militiae species amor est.
Die Liebe ist eine Art Kriegsdienst.

Ovid, *Ars amatoria* 2,233; vgl. **Militat omnis amans**.

Militia est vita hominis super terram.
Ein Kriegsdienst ist das Leben der Menschen auf der Erde.

Hiob 7,1.

Mille animos excipe mille modis!
Erhasche tausend Herzen auf tausend Weisen.

Ovid, *Ars amatoria* 1,756.

Mille hominum species et rerum discolor usus.
Es gibt tausend Arten von Menschen, und unterschiedlich ist ihre Lebensführung.

Persius, *Saturae* 5,52.

Mille ioci Veneris.
Tausendfältig sind die Spiele der Venus.

Ovid, *Ars amatoria* 3,787.

Mille modis leti miseros mors una fatigat.
Ein einziger Tod quält die Elenden mit zahlreichen Todesformen.

Statius, *Thebais* 9,280.

Mille modos inter leti mors una timori est, / qua coepere mori.
Unter den tausend Formen des Todes fürchten die Menschen die eine, durch die sie (erst) anfangen zu sterben (d. h.: den langsamen Tod).

Lukan, *De bello civili* 3,689 f.

minima de malis
die geringsten unter den Übeln (erg.: soll man sich aussuchen)

Cicero (*De officiis* 3,105) bezeichnet die Wendung als altes Sprichwort.

minima maxima
das Geringste (wie) das Größte

Cicero, *Ad Quintum fratrem* 3,1,10.

Minima non curat praetor.
Um gänzlich nichtige Belange kümmert sich der Richter nicht.

Nach *Digesta* 4,1,4; vgl. Cicero (*De natura deorum* 2,167; 3,86; 3,90 und 3,93), der mehrfach erklärt, daß sich die Götter nicht um Geringfügigkeiten kümmerten.

Minimum decet libere, cui multum licet.
Wem viel erlaubt ist, dem ziemt es, sich wenig zu erlauben.

Seneca, *Troades* 336.

Minimum eripit fortuna, cui minimum dedit.
Am wenigsten entreißt das Glück, wem es am wenigsten gegeben hat.

Publilius Syrus, *Sententiae* M 44.

Minimum est, quod amantibus obstat.
Es ist (nur) etwas ganz Geringes, was die Liebenden hindert.

Ovid, *Metamorphoses* 3,453. – Narziß, der in sein eigenes Spiegelbild verliebt ist, klagt darüber, das Objekt seiner Begierde im Wasser wahrzunehmen, ohne es berühren zu können. Dabei stehe nur die dünne Wasseroberfläche zwischen ihm und dem Angebeteten.

Minuentur atrae / carmine curae.
Die düsteren Sorgen werden durch ein Lied verringert werden.

Horaz, *Carmina* 4,11,35 f.

Minuet vindicta dolorem.
Deine Rache wird den Schmerz verringern.

Ovid, *Amores* 1,7,63.

Minus saepe pecces, si scias, quod nescias.
Weniger häufig wirst du sündigen, wenn du weißt, was du nicht weißt.

Publilius Syrus, *Sententiae* M 67.

Minuta enim est omnis diligentia siehe **Cito enim . . .**

Minuti / semper et infirmi est animi exiguique voluptas / ultio.
Es ist stets Zeichen eines kleinlichen und schwächlichen und beschränkten Geistes, an Rache Vergnügen zu finden.

Juvenal, *Saturae* 13,189 ff.

Miror, quod non ridet haruspex, haruspicem cum videt.
Ich wundere mich, daß ein Opferschauer nicht lacht, wenn er einen Opferschauer sieht.

Nach Cicero (*De divinatione* 2,51), der diesen Ausspruch Cato zuschreibt und ihm zustimmt.

Misce stultitiam consiliis brevem!
Dulce est desipere in loco.
Mische auch ein wenig Torheit unter deine Besonnenheit. Süß ist's, zur rechten Zeit zu tollen.

Horaz, *Carmina* 4,12,27 f.; vgl. Seneca (*De tranquilitate animi* 17,10), der Menanders *Polumenoi* (»Die zum Kauf Angebotenen«) zitiert (Fragment 421 Kock): »Aliquando et insanire iucundum est.« (»Bisweilen ist es auch angenehm zu tollen.«) Zusätzlich behauptet Seneca mit Aristoteles: »**Nullum magnum ingenium sine mixtura dementiae fuit.**« Vgl. auch **Saepe enim audivi . . .**

miscuit utile dulci siehe **Aut prodesse volunt . . .**

Misera est magni custodia census!
Ein Elend ist die Bewachung eines großen Vermögens!

Juvenal, *Saturae* 14,304.

Misera mens incredula est.
Der leidende Geist ist ungläubig.
(Vgl.: Gebranntes Kind scheut das Feuer.)

Seneca, *Hercules Oetaeus* 1979.

Misera mors sapienti non potest accidere.
Ein elender Tod kann einem Weisen nicht widerfahren.

Nach Cicero, *In L. Catilinam* 4,3.

misera plebs
das armselige Volk

Nach Horaz, *Sermones* 1,8,10.

Miser est homo, qui amat.
Elend ist der Mensch, der liebt.

Plautus, *Asinaria* 616; vgl. Plautus, *Persa* 179.

Miseret te aliorum, tui nec miseret nec pudet.
Du erbarmst dich anderer, nicht aber deiner selbst und schäms dich nicht.

Plautus, *Trinummus* 431.

Miser ex potente fiat, ex misero potens.
Aus einem Mächtigen werde ein Elender, aus einem Elenden ei Mächtiger.

Seneca, *Thyestes* 35.

Miserias lenit quies.
Ruhe lindert Leiden.

Seneca, *Medea* 558.

Miserum est aliorum incumbere famae.
Es ist erbärmlich, sich auf den Ruhm anderer zu stützen.
(Vgl.: sich mit fremden Federn schmücken)

Juvenal, *Saturae* 8,76.

Miserum te iudico, quod numquam fuisti miser.
Ich halte dich für elend, da du niemals elend warst.

Seneca, *De providentia* 4,3.

Mitius inveni quam te genus omne ferarum.
Jede Art wilder Tiere habe ich sanfter gefunden als dich.

Ovid, *Heroides* 10,1.

Mitte leves spes et certamina divitiarum.
Laß die eitlen Hoffnungen und die Kämpfe um Reichtümer.

Horaz, *Epistulae* 1,5,8.

Mobilis et varia est ferme natura malorum.
Unstet und veränderlich ist in der Regel das Wesen der Bösen.

Juvenal, *Saturae* 13,236.

Mobilitate viget viresque acquirit eundo.
(Das Gerücht) ist von großer Beweglichkeit und gewinnt im Lauf an Kräften.

Vergil, *Aeneis* 4,174. Auch zitiert als: »Fama crescit eundo.« (»Das Gerücht wächst im Lauf.«)

mobilium turba Quiritium
die Masse der wankelmütigen Quiriten

Horaz, *Carmina* 1,1,7. – *Quirites* bezeichnet das römische Volk. Das Wort hängt eventuell mit dem Quirinus, einer Ortsgottheit des Quirinals (eines der sieben Hügel Roms) zusammen.

Moderata durant siehe **Iuvenile vitium est regere . . .**

Modica voluptas laxat animos et temperat.
Maßvolles Vergnügen schwächt die Leidenschaften und mäßigt sie.

Seneca, *De ira* 2,20,3.

Modice et modeste melius est vitam vivere.
Es ist besser, maßvoll und bescheiden zu leben.

Plautus, *Persa* 346.

Modo sic, modo sic, inquit rusticus, varium porcum perdiderat.
»Mal so, mal so (geht das Leben)«, sprach der Bauer; er hatte ein geflecktes Schwein verloren.

Petron, *Satyrica* 45.

Modus omnibus in rebus, soror, optimum est habitu.
In allen Situationen, Schwester, ist es am besten, Maß zu halten.

Nach Plautus, *Poenulus* 238.

Mollia sunt parvis prata terenda rotis.
Kleine Räder müssen auf weichem Gras rollen.

Properz (*Elegiae* 3,3,18) spielt in den vorausgehenden Versen mit dem Gedanken, sich dem Epos zuzuwenden. Phoebus verweist ihn jedoch sofort auf sein bisheriges Metier, die Liebesdichtung (oft als »versus mollis« bezeichnet), zurück.

molli bracchio
mit zartem Arm
(vgl.: jemanden wie ein rohes Ei behandeln)

Cicero, *Ad Atticum* 2,1.

Moniti meliora sequamur.
(Da wir) gewarnt (sind), wollen wir besseren (Ratschlägen) folgen.

Vergil, *Aeneis* 3,188.

monitoribus asper
Mahnern unzugänglich

Horaz, *Ars poetica* 163.

Monstror digito praetereuntium.
Die Vorbeigehenden zeigen mit dem Finger auf mich.

Horaz, *Carmina* 4,3,22. – Im antiken Rom war es durchaus salonfähig, mit dem Finger auf eine bekannte Person zu zeigen. Eine solche Aufmerksamkeit galt als Kompliment. Vgl. **At pulchrum est digito . . .**

monstrum horrendum, informe, ingens, cui lumen ademptum
ein schreckliches, ungestaltes, riesiges Ungeheuer, des Augenlichts beraubt

Vergil, *Aeneis* 3,658. – Beschreibung des Kyklopen Polyphem, den Odysseus geblendet hatte.

montes auri pollicens
Berge von Gold versprechend

Terenz, *Phormio* 68; vgl. Plautus, *Stichus* 25 und *Miles gloriosus* 1965: »argenti montes« (»Berge von Silber«).

monumentum aere perennius siehe **Exegi monumentum . . .**

Mora mera est monerier.
Es ist reine Zeitverschwendung, daran erinnert zu werden.

Plautus (*Captivi* 396) fügt der Alliteration noch ein Element hinzu: »Quae memini, mora mera est monerier.« (»Es ist reine Zeitverschwendung, an etwas erinnert zu werden, an das ich mich erinnere.«)

Mora semper amantes / incitat, exiguum si modo tempus habet.
Ein Verzug stachelt Liebende immer an, sofern er nur von kurzer Dauer ist.

Ovid, *Ars amatoria* 3,473 f.

Moribus et forma conciliandus amor est.
Liebe muß durch guten Charakter und durch Schönheit gewonnen werden.

Ovid, *Heroides* 6,94.

Mori est felicis, antequam mortem invoces.
Glücklich ist, wer stirbt, bevor er den Tod herbeiruft.

Publilius Syrus, *Sententiae* M 5.

Morior: Desinam mori posse.
Ich sterbe: Ich werde (also damit) aufhören, sterben zu können. (Vgl.: Tod ist des Todes Ausgang.)

Nach Seneca (*Epistulae morales* 24,17), der versucht, mit diesem Argument seinem Adressaten Lucilius die Angst vor dem Tode zu nehmen.

Mori volenti desse mors numquam potest.
Den, der zu sterben wünscht, läßt der Tod niemals im Stich.

Seneca, *Hippolytus* 878.

Mors certa, hora incerta.
Der Tod ist gewiß, die Stunde ungewiß.

Vgl. Plautus, *Captivi* 732; Cicero, *De senectute* 74; Matthäus 25,13, und Seneca, *Epistulae morales* 99,9.

Mors etiam saxis nominibusque venit.
Der Tod ereilt sogar Steine und Namen.

Ausonius (*Epitaphia* 32,10) erklärt, daß auch Ruhm nicht unsterblich sei, denn selbst Monumente zerfielen.

Mors innocentem sola fortunae eripit.
Nur der Tod entreißt den Unschuldigen dem Schicksal. (D. h.: Nur der Tod schützt davor, vom Schicksal ereilt zu werden.)

Seneca, *Oedipus* 934.

Mors ipsa refugit / saepe virum.
Selbst der Tod floh oft vor dem Mann.

Lukan, *De bello civili* 2,75 f. – Gemeint ist Marius: Einst sei ein Feind, der ihn erschlagen wollte, plötzlich erstarrt und habe das Schwert fallengelassen.

Mors laborum ac miseriarum quies est.
Der Tod ist Ruhe von Mühen und Elend.
(Vgl.: Der Tod ist das Ende aller Not.)

Nach Cicero, *In L. Catilinam* 4,7.

Mors mihi munus erit.
Der Tod wird ein Geschenk für mich sein.

Ovid, *Metamorphoses* 9,181. – Hercules wird von Schmerzen zerrissen, da er sich das mit dem Blut des Nessus getränkte Hemd angezogen hat. Daraufhin setzt er seinem Leben ein Ende, indem er sich selbst auf dem Berg Oeta verbrennt.

Mors misera non est, aditus ad mortem est miser.
Der Tod ist kein Elend: Der Weg zum Tod ist elend.

Fragment Ex inc. fabulis 109/203 Ribbeck, aus dem Quintilian (*Institutio oratoria* 8,5,6) den ersten Halbvers zitiert.

Mors nobis tempus habetur iners.
Untätig verbrachte Zeit ist für mich (wie) der Tod.

Ovid, *Epistulae ex Ponto* 1,5,44.

Mors omni aetati est communis.
Jedem Alter ist der Tod gemein.
Nach Cicero, *De senectute* 68.

Morsque minus poenae quam mora mortis habet.
Und der Tod ist (mir) eine geringere Strafe als die Verzögerung des Todes.
Ovid, *Heroides* 10,82.

Mors sola fatetur, / quantula sint hominum corpuscula.
Der Tod allein zeigt, wie nichtig die Körperchen der Menschen sind.
Juvenal, *Saturae* 10,172 f.

Mors ultima linea rerum.
Der Tod ist die äußerste Grenze alles Irdischen.
Horaz, *Epistulae* 1,16,79.

Mortalia facta peribunt.
Die Taten der Sterblichen werden vergehen.
Horaz, *Ars poetica* 68.

Mortalis nemo est, quem non attingat dolor morbusque.
Es gibt keinen Sterblichen, der nicht von Schmerz und Krankheit berührt würde.
Cicero (*Tusculanae disputationes* 3,25,59) zitiert hier aus *Hypsipyla*, einem heute verlorenen Stück von Euripides.

Morte carent animae.
Die Seelen sind frei vom Tod (d. h.: unsterblich).
Ovid, *Metamorphoses* 15,158.

Mortem effugere nemo potest.
Dem Tod entrinnen kann niemand.
Nach Cicero, *Orationes Philippicae* 8,29.

Mortem misericors saepe pro vita dabit.
Der Barmherzige wird oft den Tod statt des Lebens geben. (D. h.: Bisweilen ist es barmherziger, jemanden zu töten, als ihn leben zu lassen.)

Seneca, *Troades* 338.

mulgere hircum siehe **iungere vulpes . . .**

Muliebrium vitiorum fundamentum avaritia est.
Aller weiblichen Laster Grund ist die Habsucht.

Seneca Rhetor, *Controversiae* Exc. 2,7.

Mulieres in ecclesiis taceant.
Die Frauen sollen in den Gemeinden schweigen.

Korintherbriefe 1,14,34. – Meist zitiert als »Mulier taceat in ecclesia«. (»Die Frau schweige in der Gemeinde.«)

Mulieres sunt ferme ut pueri levi sententia.
Frauen sind, fast wie kleine Kinder, von leichtfertigem Urteil.

Terenz, *Hecyra* 312.

Mulier recte olet, ubi nihil olet.
Eine Frau riecht gut, wenn sie nicht riecht.

Plautus, *Mostellaria* 273.

Multa ante temptes, quam virum invenias bonum.
Vieles wirst du versuchen (müssen), bis du einen Guten findest.

Publilius Syrus, *Sententiae* M 63.

Multa docet fames.
Vieles lehrt der Hunger.

Nach Seneca, *Epistulae morales* 15,7.

Multa eveniunt homini, quae vult, quae non vult.
Viel passiert einem Menschen, ob er es will oder nicht.

Plautus, *Trinummus* 361.

Multa ferunt anni venientes commoda secum,
Multa recedentes adimunt.

Viele Annehmlichkeiten bringen die voranschreitenden Jahre mit sich, viele nehmen sie wieder weg, wenn sie weichen.

Horaz, *Ars poetica* 175 f.

Multa fidem promissa levant.

Viele Versprechungen schmälern das Vertrauen.

Horaz (*Epistulae* 2,2,10 f.) fährt fort: ». . . ubi plenius aequo / laudat venalis, qui vult extrudere merces.« (». . . wenn man die Waren, die man veräußern will, über Gebühr lobt.«)

Multa ignoscendo vir potens potentior.

Vieles zu verzeihen macht einen starken Mann stärker.

Publilius Syrus, *Sententiae* M 42.

Multa loquens et cuncta silens non ambo placemus.

(Ich) der ich viel sprach, und (du), der du alles verschwiegst, wir mißfielen beide.

Ausonius, *Epistulae* 29,47.

Multa mulierum sunt vitia.

Zahlreich sind die Laster der Frauen.

Plautus, *Poenulus* 1203.

Multa petentibus / desunt multa.

Denen, die vieles verlangen, mangelt es an vielem.

Horaz, *Carmina* 3,16,42 f.

Multaque, dum fiunt turpia, facta placent.

Und vieles, was häßlich ist, während es geschieht, gefällt uns, wenn es geschehen ist.

Ovid, *Ars amatoria* 3,218.

Multa senem circumveniunt incommoda.

Viele Unannehmlichkeiten umgeben einen alten Mann.

Horaz, *Ars poetica* 169.

Multa tulit fecitque puer, sudavit et alsit siehe **Qui studet optatam cursu . . .**

Multi ad fatum / venere suum, dum fata timent.
Viele haben ihr Schicksal erfüllt, während sie es fürchteten.
Seneca, *Oedipus* 994 f.

Multis damnosa fuere/gaudia.
Vielen war die Freude schädlich.
Claudian (*De quarto consulatu honorii Augusti* 334 f.) warnt davor, sich vorzeitig sicher zu wähnen.

Multis eget, qui multa habet.
Vieler Dinge bedarf, wer vieles hat.
Nach Gellius, *Noctes Atticae* 9,8,1.

Multis / et sua mortifera est facundia.
Vielen bringt auch ihre Beredsamkeit den Tod.
Juvenal, *Saturae* 10,9 f.

Multis ille bonis flebilis occidit,
Nulli flebilior quam tibi, Vergili.
Von vielen Guten beweint, starb er, von keinem mehr beweint als von dir, Vergil.
Horaz (*Carmina* 1,24,9 f.) anläßlich des Todes von Quintilius Varus, der mit Horaz und Vergil eng befreundet war.

Multis utile bellum.
Vielen nützt der Krieg.
Lukan, *De bello civili* 1,182.

Multo facilius divitem quam patrem familias fieri siehe **De scurra multo facilius . . .**

Multorum calamitate vir moritur bonus.
Der Tod eines Guten ist Unglück vieler.

Publilius Syrus, *Sententiae* M 48.

Multos, qui sperant, decepit spes.
Viele Hoffende täuschte die Hoffnung.

Nach Plautus, *Rudens* 401.

Multos timere debet, quem multi timent.
Viele muß fürchten, wen viele fürchten.

Publilius Syrus, *Sententiae* M 30. Vgl. Seneca (*De ira* 2,11,3), der Laberius (Fragment 126 Ribbeck) zitiert.

multum, non multa
viel, nicht vielerlei
(Vgl.: Weniger ist mehr.)

Nach Plinius d. J. (*Epistulae* 7,9,15), der berichtet: »Aiunt multum legendum esse, non multa.« (»Es heißt, man solle viel lesen, nicht vielerlei.«) – Vgl. Quintilian, *Institutio oratoria* 10,1,59.

Munditiis capimur.
Von Sauberkeit lassen wir uns gewinnen.

Ovid (*Ars amatoria* 3,133) mahnt die Frauen, von allzu aufwendiger Haartracht Abstand zu nehmen: Männern gefalle vielmehr schlichte Sauberkeit.

Mundus vult decipi.
Die Welt will getäuscht werden.

Bei Sebastian Brant (*Das Narrenschiff*) findet sich der Spruch in deutscher Sprache, in lateinischer Sprache dann bei Sebastian Franck, *Paradoxa* 238. Später wurde der Zusatz »Ergo decipiatur!« (»Also möge sie getäuscht werden!«) beigefügt.

Munera, crede mihi, capiunt hominesque deosque.
Geschenke, glaube mir, erobern Menschen wie Götter.

Ovid, *Ars amatoria* 3,653.

Munera misit in hamo.
Er schickt Geschenke mit einem Haken.
Nach Martial, *Epigrammata* 6,63,5, und Plinius d. J., *Panegyricus* 43,5.

Munificus facito vivas, non parcus, amicis.
Lebe freigiebig deinen Freunden gegenüber und nicht knickrig.
Disticha Catonis 3,9,2.

Musice aetatem agit.
Er führt ein luxuriöses Leben.
(D. h.: Er lebt wie der Vogel im Hanfsamen.)
Nach Plautus, *Mostellaria* 729.

Mus miser est, antro qui solum clauditur uno.
Die Maus ist arm dran, die in einer einzigen Höhle eingesperrt ist.
Epistulae Virorum Obscurorum (Magister Bernhardus Plumilegus) 1,3.

Mus sapiens aetatem non cubili umquam committit suam.
Die Maus, ein weises Tier, vertraut ihr Leben niemals (nur) einem einzigen Schlupfloch an.
Nach Plautus, *Truculentus* 868 f.

Mutare quod non possis, ut natum est, feras!
Was du wohl nicht ändern kannst, ertrage, wie es ist.
Publilius Syrus, *Sententiae* M 62.

Mutato nomine de te / fabula narratur.
Die Geschichte handelt von dir; nur der Name ist geändert.
Horaz, *Sermones* 1,1,69 f.

Mutat via longa puellas.
Eine lange Reise verändert die Mädchen.
(Vgl.: Aus den Augen, aus dem Sinn.)
Properz, *Elegiae* 1,12,11.

N

Nabis sine cortice.

Du wirst ohne Korkgürtel schwimmen.

Horaz (*Sermones* 1,4,120) läßt seinen Vater erklären, der Sohn werde seinen eigenen Weg ohne Beschützer oder Gewährsmann gehen können, wenn er einmal eine gewisse Reife erlangt habe.

Nam et ipsa scientia potestas est.

Denn schon das Wissen an sich ist Macht.

Francis Bacon, *Meditationes sacrae* 11 (»de haeresibus«).

Nam fuit ante Helenam cunnus taeterrima belli / causa.

Denn (schon) vor Helena war das weibliche Geschlecht der schändlichste Kriegsgrund.

Horaz, *Sermones* 1,3,107 f. – Herodot beginnt seine Historien mit einer Aufzählung von Kriegen, deren Ursache der Raub einer Frau gewesen sei (z. B. Io, Medea und Helena). Vgl. **Nulla fere causa est . . .**

Nam melius duo defendunt retinacula navem.

Denn besser sichern zwei Taue das Schiff.
(Vgl.: Doppelt hält besser.)

Properz, *Elegiae* 2,22,41.

Nam mora dat vires.

Die Weile bringt Kraft.
(Vgl.: Gut' Ding will Weile haben.)

Ovid, *Remedia amoris* 83.

Nam non conveniens omnibus omnis erit.

Denn nicht jede (Farbe) wird zu allen passen.

Ovid (*Ars amatoria* 3,188) rät den Frauen, die Farbe der Kleidung genau auf ihren Typ abzustimmen.

Nam quem ferret, si parentem non ferret suum?
Denn wen könnte er ertragen, wenn er nicht seinen eigenen Vater ertrüge?

Terenz, *Heauton timorumenos* 202. – Chremes erklärt, daß Väter zwar oft streng erschienen, doch nur das Beste für ihre Söhne wollten. Daher könne man sie leicht ertragen.

Nam qui amat, cui odio ipsust, eum bis facere stulte duco.
Wer den liebt, der ihn haßt, der handelt, glaube ich, doppelt töricht.

Terenz, *Hecyra* 343.

Nam risu inepto res ineptior nulla est.
Denn nichts ist alberner als albernes Lachen.

Catull, *Carmina* 39,16.

Nam sapiens quidem, pol ipsus fingit fortunam sibi.
Denn, bei Gott, der Weise formt sich sein Schicksal selbst. (Vgl.: Jeder ist seines Glückes Schmied.)

Plautus, *Trinummus* 363.

Nam sera numquam est ad bonos mores via.
Denn der Weg zu einem guten Charakter ist niemals spät. (D. h.: Es ist nie zu spät, sich zu bessern.)

Seneca, *Agamemnon* 242.

Nam si hic mali est quicquam, em illic est huic rei caput.
Wenn nämlich hier etwas Böses ist, dann ist er dort der Kopf der Sache (d. h.: dann steckt er dort dahinter).

Terenz, *Andria* 458.

Nam tua res agitur, paries cum proximus ardet,
Et neglecta solent incendia sumere vires.
Denn es geht um dich, wenn die Nachbarwand brennt, und unbeachtete Feuer pflegen mächtig zu werden.

Horaz, *Epistulae* 1,18,84 f.

Nam uxor contenta est, quae bona est, uno viro.
Denn eine Frau, die eine gute Frau ist, ist mit einem Mann zufrieden.

Plautus, *Mercator* 824. – Diese Aussage ist jedoch, anders als sie meist verstanden wird, keine Zurechtweisung untreuer Frauen. Sie plädiert vielmehr dafür, bei Mann und Frau dieselben moralischen Maßstäbe anzuwenden. So fährt Syra fort: »Qui minus vir una uxore contentus siet?« (»Warum sollte ein Mann weniger zufrieden mit einer einzigen Frau sein?«)

Nam vita morti propior fit cotidie.
Denn das Leben kommt dem Tod täglich näher.

Phaedrus, *Fabulae* 3, epilogus 10.

Nam vitiis nemo sine nascitur; optimus ille est, / qui minimis urguetur.
Denn kein Mensch wird ohne Fehler geboren; der beste ist der, den die geringsten bedrängen.

Horaz, *Sermones* 1,3,68 f.

Nascentes morimur finisque ab origine pendet.
Wir sterben bereits, wenn wir geboren werden, und das Ende hängt am Beginn.

Manilius, *Astronomica* 4,16.

Nascitur exiguus, sed opes acquirit eundo.
(Ein Strom) ist klein, wo er entsteht, in (seinem) Verlauf aber nimmt er an Stärke zu.

Ovid (*Ars amatoria* 2,343) rät hier, der Liebe Zeit zur Gewöhnung zu geben, damit sie schließlich stark werde.

Naso suspendis adunco / ignotos.
Du hängst Unbekannte an der Hakennase auf.
(D. h.: Du rümpfst die Nase über Unbekannte.)

Horaz, *Sermones* 1,6,5 f.

Natura cupiditatem ingenuit homini veri videndi.
Die Natur hat dem Menschen die Begierde eingepflanzt, die Wahrheit zu sehen.

Cicero, *De finibus* 2,46.

Natura dedit usuram vitae tamquam pecuniae nulla praestituta die.
Die Natur hat (uns) den Nießbrauch des Lebens gewährt wie den eines Darlehns, für das (vorher) kein Rückzahlungstermin festgelegt wurde.

Nach Cicero, *Tusculanae disputationes* 1,93.

Natura duce errari nullo pacto potest.
Unter der Führung der Natur kann man auf keine Weise irren.

Nach Cicero, *De legibus* 1,20.

naturae convenienter vivere siehe **convenienter naturae vivere**

Natura enim duce utendum est.
Man muß nämlich die Natur als Führerin wählen.

Seneca, *De vita beata* 8,1.

Natura est paucis contenta.
Die Natur ist (bereits) mit wenigem zufrieden.

Vgl. Seneca, *Epistulae morales* 16,9: »Naturalia desideria finita sunt.« (»Die natürlichen Begierden sind begrenzt.«)

Naturalia non sunt turpia.
Natürliche Dinge sind nicht schimpflich.

Nach Euripides, *Hypsipyle* Fragment 757,9 Nauck, überliefert von Stobaios, *Anthologie* 3,29,56. – Der Gedanke geht auf den Kyniker Diogenes zurück, der laut Diogenes Laertius (*Diogenes* 6,69) allen natürlichen Bedürfnissen in der Öffentlichkeit nachzukommen pflegte.

Naturam expelles furca, tamen usque recurret.
Auch wenn du die Natur mit der Gabel austreiben wirst, wird sie dennoch zurückgelaufen kommen.

Horaz, *Epistulae* 1,10,24.

Naturam quidem mutare difficile est.
Es ist nämlich schwer, sein Wesen zu ändern.

Seneca, *De ira* 2,20,2.

Natura non facit saltus.

Die Natur macht keine Sprünge.

In französischer Sprache bereits bei Leibniz, *Nouveaux essais sur l'entendement humain*, Préface: »La nature ne fait jamais des sauts.« Lateinisch von Carl von Linné, *Philosophia botanica* 77. – Die Vorstellung einer stufenlosen, fließenden Abfolge aller phylo- wie ontogenetischen Vorgänge stammt von Aristoteles (vgl. *Historia animalium* 8,1,588b 4 ff. und *De partibus animalium* 4,5,681a 12 ff.). Vgl. dagegen Maximus Tyrius (*Philosophumena* 9,4a), der auch sprunghafte Veränderungen in natürlichen Abläufen kennt.

naufragia ex terra intueri

vom Land aus Schiffbrüche betrachten

Cicero (*Ad Atticum* 2,7) erklärt, er wolle von nun an die politischen Katastrophen als Unbeteiligter betrachten und selbst keine Politik mehr betreiben. – Vgl. **Suave mari magno . . .**

Naufragium rerum est mulier male fida marito.

Den Ruin bedeutet eine Frau, die ihrem Ehemann untreu ist.

Monosticha Catonis 6.

Navigare necesse est.

Seefahrt ist notwendig.

Nach Plutarch (*Pompeius* 50,1) soll Pompeius eine Sturmwarnung mit den Worten abgetan haben: »Navigare necesse est, vivere non necesse est.« (»[Jetzt loszu]segeln ist nötig, zu leben ist nicht nötig.«) – Der Spruch ist am Haus der Seefahrt in Bremen zu lesen.

Ne bis in idem!

Nicht zweimal im gleichen (Prozeß)!

Nach Demosthenes, *In Leptinem* 147; vgl. Quintilian, *Institutio oratoria* 7,6,4. – Laut Liebs N 6 findet sich die wörtliche Version in einer Glosse zu Gratian, *Decreta* 2,2,14,1.

nec caput nec pedes

weder Kopf noch Fuß (haben)

Cicero (*Ad familiares* 7,31,2) bezeichnet diese Wendung als sprichwörtlich.

Nec cito credideris!
Glaube nicht schnell!

Ovid (*Ars amatoria* 3,685) warnt davor, Nachrichten über angebliche Seitensprünge einer geliebten Person allzu schnell zu glauben. Als Beispiel führt er Procris an, deren unberechtigte Eifersucht ihren Tod verursachte.

Nec cito desisto nec temere incipio.
Ich höre weder schnell auf (zu lieben) noch beginne ich überstürzt.

Properz (*Elegiae* 2,20,36) beteuert seine ewige Treue.

Nec cor nec caput habet.
Er hat weder Herz noch Kopf.

Seneca (*Apocolocyntosis* 8,1) über den verstorbenen Kaiser Claudian.

Nec domo dominus, sed domino domus honestanda est.
Nicht das Haus muß den Herrn, sondern der Herr das Haus ehren.

Cicero (*De officiis* 1,139) stellt die Tugendhaftigkeit des Hausherrn jeglichem Zierat des Hauses voran.

Necessitas ante rationem est.
Die Notwendigkeit kommt vor der Vernunft.

Curtius Rufus, *Historia Alexandri Magni* 7,7,10.

Necessitas est lex temporis.
Notwendigkeit ist das Gesetz der Stunde.

Seneca Rhetor, *Controversiae* 4,4.

Necessitas ultimum ac maximum telum est.
Die Notwendigkeit ist die letzte und die stärkste Waffe.

Nach Livius, *Ab urbe condita* 4,28,5.

Necessitatem ferre, non flere addecet.
Es ziemt sich, die Notwendigkeit zu ertragen, nicht sie zu beweinen.

Publilius Syrus, *Sententiae* N 58.

Necessitatem ne dii quidem superant.
Die Notwendigkeit überwinden nicht einmal die Götter.
Nach Simonides, Fragment 5 Bergk.

Necessitati est parendum.
Der Notwendigkeit muß man gehorchen.
(Vgl.: Not kennt kein Gebot.)
Nach Cicero, *De officiis* 2,74.

Nec est ullum magnum malum praeter culpam.
Und es gibt kein großes Übel außer der Schuld.
Nach Cicero, *Ad familiares* 6,4,2.

Nec facile est aequa commoda mente pati.
Und es ist nicht leicht, Angenehmes gleichmütig (d. h.: ohne übermütig zu werden) zu ertragen.
Ovid, *Ars amatoria* 2,438.

Nec iuga taurus amat; quae tamen odit, habet siehe **Odero, si potero . . .**

Nec lusisse pudet, sed non incidere ludum.
Und man schämt sich nicht, herumgetändelt zu haben, sondern der Tändelei kein Ende zu setzen.
(Vgl.: Alles zu seiner Zeit.)
Horaz, *Epistulae* 1,14,36.

Nec manet ulla sui similis res.
Und kein Ding bleibt sich selbst ähnlich.
Lukrez, *De rerum natura* 5,830.

nec mora nec requies
weder Rast noch Ruhe
Vergil, *Aeneis* 5,458.

Nec mortem effugere quisquam nec amorem potest.
Weder dem Tod noch der Liebe kann irgendein Mensch entgehen.
Publilius Syrus, *Sententiae* N 57.

Nec muta profecto reperta ulla est aut hodie aut ullo in saeclo mulier.
Und in der Tat hat sich weder jetzt noch in irgendeinem Zeitalter je eine stumme Frau finden lassen.

Nach Plautus (*Aulularia* 125 f.), der die Wendung bereits als Sprichwort bezeichnet.

Nec possum tecum vivere nec sine te siehe **Difficilis, facilis . . .**

Nec puero gladium!
Und dem Knaben kein Schwert!

Augustinus (*Epistulae* 104,2,7) bezeichnet diese Mahnung als sprichwörtlich.

Nec quisquam adhuc inventus est, cui, quod haberet, esset satis.
Und es ist noch keiner gefunden worden, dem, was er hat, genug wäre.

Nach Cicero, *Paradoxa Stoicorum* 42.

Nec quod fuimusve sumusve, / cras erimus.
Und was wir waren oder sind, werden wir morgen nicht mehr sein.

Ovid, *Metamorphoses* 15,215 f.

Nec scire fas est omnia.
Es ist auch nicht recht, alles zu wissen.

Horaz, *Carmina* 4,4,22.

Nec semper feriet, quodcumque minabitur arcus.
Nicht immer wird der Bogen treffen, worauf er drohend gerichtet.

Horaz, *Ars poetica* 350.

Nec si non obstatur, propterea etiam permittitur.
Und was nicht verhindert wird, ist deswegen nicht auch erlaubt.

Cicero, *Orationes Philippicae* 13,14.

Nec te fata tenent post funera?
Und hält dich das Schicksal nach dem Tode nicht fest?

Seneca, *Hercules Oetaeus* 1953. – Ausruf Alkmenes, als ihr der Geist ihres toten Sohnes Hercules erscheint.

Nec tellus eadem parit omnia.
Und ein und derselbe Boden bringt nicht alles hervor.

Ovid (*Ars amatoria* 1,757) erinnert die Männer daran, daß alle Frauen sehr unterschiedlich seien und man die jeweils entsprechende Verführungsmethode wählen müsse.

nec verbis solum, sed etiam verberibus castigare
nicht nur mit Worten, sondern auch mit Schlägen züchtigen

Nach Cicero, *Tusculanae disputationes* 3,64; vgl. **Non opus est verbis . . .**

Nec vixit male, qui natus moriensque fefellit.
Und wer unbemerkt / sich in die Welt hinein- und wieder / hinausgeschlichen, hat nicht schlimm gelebt. (Wieland)

Horaz (*Epistulae* 1,17,10; übers. von Christoph Martin Wieland) untermauert hier nochmals seinen Lebensentwurf nach der epikureischen Weisung »Lebe im Verborgenen!«

Ne discere cessa!
Höre nicht auf zu lernen!

Disticha Catonis 3,1.

Nefas propter vitam vivendi perdere causas!
Es ist schändlich, um des Lebens willen den Sinn des Lebens zu verlieren.

Nach Juvenal, *Saturae* 8,83 f.

neglecta solent incendia sumere vires siehe **Nam tua res agitur . . .**

Ne illius modi iam nobis magna civium
Penuria est antiqua virtute ac fide!
Wahrhaftig haben wir jetzt schon großen Mangel an derartigen Bürgern, (so recht) von alter Tugend und Treue!

Terenz, *Adelphoe* 441 f.

Ne Iuppiter quidem omnibus placet.
Nicht einmal Jupiter gefällt allen.
(Vgl.: Allen Leuten recht getan ist eine Kunst, die niemand kann.)

Erasmus (*Adagia* 2,7,55) schreibt diese Worte Theognis (*Sententiae* 25) zu.

Nemo adeo ferus est, ut non mitescere possit siehe **Invidus, iracundus, iners . . .**

Nemo autem regere potest nisi qui et regi.
Niemand jedoch kann herrschen, der nicht auch beherrscht werden kann.

Seneca, *De ira* 2,15,4.

Nemo contra deum nisi deus ipse.
Keiner (kann) gegen Gott (sein) außer Gott selbst.

Johann Wolfgang Goethe, *Dichtung und Wahrheit*, 20. Buch.

Nemo dignitati perditae parcit.
Niemand schont verlorene Würde.
(Vgl.: Ehre hin, alles hin.)

Seneca, *De clementia* 1,22,1.

Nemo enim est tam senex, qui se annum non putet posse vivere.
Denn niemand ist so alt, daß er nicht glaubte, noch ein Jahr leben zu können.

Cicero, *De senectute* 24; vgl. Seneca, *Epistulae morales* 12,6.

Nemo enim potest personam diu ferre.
Niemand nämlich kann auf Dauer eine Maske tragen.

Seneca, *De clementia* 1,1,6.

Nemo errat uni sibi, sed dementiam spargit in proximos.
Keiner irrt für sich allein, sondern er verbreitet seine Verrücktheit unter seinen Nächsten.

Seneca, *Epistulae morales* 94,54.

Nemo in amore videt.
Niemand sieht in der Liebe.
(Vgl.: Liebe macht blind.)

Properz, *Elegiae* 2,14,18.

Nemo ita pauper vivit, quam pauper natus est.
Niemand lebt so arm, wie er geboren wurde.

Vgl. Seneca, *Epistulae morales* 20,11.

Nemo malus felix, minime corruptor.
Kein Schurke ist glücklich, am wenigsten ein Verführer.

Juvenal, *Saturae* 4,8.

Nemo me impune lacessit.
Niemand reizt mich ungestraft.

Ursprünglich Inschrift im Wappen des »Order of Thistle« und Randinschrift der in Lleantrisant geprägten, Schottland repräsentierenden Pfundstücke, auf deren Rückseite eine Distel abgebildet ist.

Nemo mortalium omnibus horis sapit.
Keiner unter den Sterblichen ist zu jeder Stunde weise.

Plinius d. Ä. (*Naturalis historia* 7,13) bezeichnet die Wendung als Sprichwort.

Nemo nascitur sapiens, sed fit.
Niemand wird als Weiser geboren, sondern er wird es (erst).

Nach Seneca, *De ira* 2,10,6.

Nemo nostrum non peccat; homines sumus, non dii.
Keiner von uns, der nicht sündigte; wir sind Menschen, nicht Götter.

Nach Petron, *Satyrica* 75.

Nemo potentes aggredi tutus potest.
Niemand kann die Mächtigen ungefährdet angreifen.

Seneca, *Medea* 430.

Nemo prudens punit, quia peccatum est, sed ne peccetur.
Kein besonnener Mensch straft, weil gefehlt worden ist, sondern damit nicht (wieder) gefehlt werde.

Seneca (*De ira* 1,19,7) zitiert hier Platon (*Gesetze* 934a 6).

Nemo rex non ex servis est oriundus, nemo servus non ex regibus.
Kein König stammt nicht (auch) von Sklaven ab, kein Sklave nicht (auch) von Königen.

Seneca (*Epistulae morales* 44,4) zitiert Platon, *Theaetetus* 175 A.

Nemo sapiens concupivit.
Kein Weiser hat es (d. h.: das Geld) begehrt.

Sallust (*Bellum Catilinarium* 11,3) wettert gegen Geiz: »Avaritia pecuniae studium habet, quam nemo sapiens concupivit.« (»Geiz hat in sich das Streben nach Geld, das doch kein Weiser [je] begehrte.«)

Nemo silens placuit, multi brevitate loquendi.
Niemand gefiel durch Schweigen, viele (aber) durch die Kürze ihres Ausdrucks.

Ausonius, *Epistulae* 24,44.

Nemo solus satis sapit.
Niemand ist für sich allein weise genug.

Plautus, *Miles gloriosus* 885.

Nemo tam divos habuit faventes,
Crastinum ut posset sibi polliceri.

Niemand hatte ihm so geneigte Götter, daß er sich den morgigen Tag hätte versprechen können.
(D. h.: Niemand stand bisher so in der Gunst der Götter, daß er sich des folgenden Tages sicher sein konnte.)

Seneca, *Thyestes* 619 f.

Nempe dat id, cuicumque libet Fortuna rapitque,
Irus et est subito, qui modo Croesus erat.

Gibt doch die Glücksgöttin und raubt es, wem immer sie will, und Irus ist plötzlich, wer eben noch Krösus war.

Ovid, *Tristia* 3,7,42 f. – Irus war ein Bettler am Hofe des Odysseus, Krösus der unermeßlich reiche König der Lyder.

ne pilo quidem minus

um kein Haar weniger

Cicero, *Ad Quintum fratrem* 2,16,5.

Neque aqua aquae nec lacte est lactis, crede mihi, usquam similius / quam hic tui est tuque huius autem.

Weder ist Wasser jemals Wasser noch Milch der Milch ähnlicher als dieser dir und du diesem.

Plautus, *Menaechmi* 1089 f.

Neque enim mihi cornea fibra est.

Und mein Inneres ist nämlich nicht aus Horn.
(D. h.: Ich habe sehr wohl Gefühle.)

Persius, *Saturae* 1,47. – Catull (*Carmina* 23,12) und Plinius d. Ä. (*Naturalis historia* 31,102) verbinden Horn mit Trockenheit. Sidonius (*Epistulae* 4,1,4) spricht von den »corda cornea« (»hornigen Herzen«) ungehobelter barbarischer Völker.

neque fictum neque pictum neque scriptum

weder plastisch dargestellt noch gemalt noch geschrieben
(d. h.: weder in der Bildhauerei noch in der Malerei noch in der Dichtung dargestellt)

Plautus, *Asinaria* 174.

Neque habet plus sapientiae quam lapis.
Und er hat nicht mehr Verstand als ein Stein.

Plautus, *Miles gloriosus* 236.

Neque id ad vivum reseco.
Und ich schneide es nicht bis aufs lebendige Fleisch zurück. (D. h.: Ich will darauf nicht genauer eingehen.)

Cicero, *De amicitia* 18.

Neque imbellem feroces / progenerant aquilae columbam.
Auch bringen wilde Adler keine friedliche Taube hervor.

Horaz, *Carmina* 4,4,32 f.

Neque in tenero stat tibi corde silex.
Und du hast keinen Kiesel im weichen Herzen. (Vgl.: ein Herz von Stein haben)

Tibull, *Elegiae* 1,1,64.

Neque semper arcum / tendit Apollo.
Auch Apoll spannt seinen Bogen nicht immer (d. h.: auch er gibt sich bisweilen der Muße hin).

Horaz, *Carmina* 2,10,19 f. Vgl. **Quandoque bonus dormitat Homerus**.

Ne quid exspectes amicos, quod tute agere possies.
Erwarte nicht von Freunden, was du selbst tun könntest.

Gellius (*Noctes Atticae* 2,29,30) zitiert Ennius (Fragment Saturae ex libris inc. 23 Magno).

Ne quid nimis!
Nichts allzu sehr!
(Vgl.: Nichts im Übermaß!)

Nach Platon (*Protagoras* 343b) eine der von den Sieben Weisen stammenden griechischen Inschriften auf dem Apollontempel zu Delphi (meist Chilon oder Solon zugeschrieben). Lateinisch zuerst bei Terenz (*Andria* 61). Ausonius (*Ludus septem sapientium* 155), Augustinus (*De beata vita* 32) u. a. zitieren sie nach Terenz. Der Platon-Text wird mitunter auch als »Nihil nimis« übersetzt. Vgl. **Vitiosum est ubique**.

Nervi belli pecunia infinita.

Die Haupttriebfeder des Krieges sind unbegrenzte Geldmittel.

Cicero, *Orationes Philippicae* 5,5; vgl. auch *De imperio Cn. Pompei* 7,17, und Diogenes Laertius, *Bion* 4,48. Ihm zufolge sah Bion von Borysthenes Reichtum als »den Nerv des Erfolges« an. Hieraus entstand »nervus rerum« (»der Nerv der Dinge«) als Metapher für Geld. Vgl. **Vectigalia nervi sunt rei publicae**.

nescia mens hominum fati sortisque futurae

Menschengeist, nicht kundig des Schicksals und der Zukunft Los

Vergil, *Aeneis* 10,501.

Nescis quid vesper serus vehat.

Du weißt nicht, was der spate Abend bringt.

Titel einer Satire Varros (Fragment 333 Cèbe), der auf ein bekanntes römisches Sprichwort anspielt (siehe **Praesenti credere fortunae . . .**), das gemahnt, den Tag nicht vor dem Abend zu loben. Diese Anspielung ist jedoch ironisch (etwa im Sinne von: »Man kann nie wissen, was das Abendessen bringen wird!«), da Varro in seiner Satire lediglich darlegt, wie man ein Abendessen so planen könne, daß es gelinge.

Nescit vox missa reverti.

Das gesprochene Wort kann nicht zurückkehren.

Horaz, *Ars poetica* 390.

Ne supra crepidam sutor!

Der Schuster (urteile) nicht über die Sandale hinaus!
(Vgl.: Schuster, bleib bei deinem Leisten!)

Laut Plinius d. Ä. (*Naturalis historia* 35,85) hatte ein Schuster zunächst die Darstellung einer Sandale auf einem Bild des berühmten Malers Apelles getadelt, da eine Schlaufe fehle. Als der Maler dies korrigierte, wurde der Schuster so übermütig, daß er auch die Darstellung eines Beines tadeln zu müssen meinte, woraufhin er von dem Maler in seine Schranken verwiesen wurde. Die so entstandene Wendung war bereits in der Antike sehr geläufig.

Ne tempora perde precando!

Vergeude keine Zeit mit Bitten!

Ovid, *Metamorphoses* 11,286. – Ceÿx, der König von Trachis, gebietet Peleus, der ihn um Schutz ersucht, keine weitere Zeit durch Bitten zu verschwenden, da ihm ohnehin alles gewährt werde.

ne vitiosa quidem nuce emere
nicht einmal für eine hohle Nuß kaufen

Nach Plautus, *Miles gloriosus* 316.

Nihil ab illo vacat; opus suum ipse implet.
Nichts ist frei von jenem (Gott); er selbst erfüllt sein Werk.

Seneca, *De beneficiis* 4,8,2.

Nihil ad rem.
(Das tut) nichts zur Sache.

Cicero, *Tusculanae disputationes* 5,63.

Nihil adsuetudine maius.
Nichts ist mächtiger als die Gewohnheit.

Ovid (*Ars amatoria* 2,345) rät, zu Beginn einer Liebschaft keine Mühen zu scheuen, damit sich die Geliebte an die Annehmlichkeiten gewöhne und dann bei Abwesenheit des Mannes um so heftiger entflamme.

Nihil agendo homines male agere discunt.
Durch Nichtstun lernen die Menschen, Übles zu tun.
(Vgl.: Müßiggang ist aller Laster Anfang.)

Columella (*De re rustica* 11,1,26) schreibt diese Worte Cato zu.

Nihil agere delectat siehe **Mihi enim liber esse . . .**

Nihil aliud est ebrietas quam voluntaria insania.
Trunkenheit ist nichts anderes als freiwillige Tollheit.

Seneca, *Epistulae morales* 83,18.

Nihil difficile amanti.
Nichts ist schwer für einen Liebenden.

Cicero, *Orator* 33.

Nihil dulcius est ultione.
Nichts ist süßer als Rache.

Quintilian, *Declamationes* 381.

Nihil enim est ei veritatis luce dulcius.
Nichts ist ihm (dem menschlichen Geist) nämlich süßer als das Licht der Wahrheit.

Cicero, *Academici libri priores* 2,31.

Nihil enim honestum esse potest, quod iustitia vacat.
Nichts kann nämlich ehrenhaft sein, was der Gerechtigkeit entbehrt.

Cicero, *De officiis* 1,62.

Nihil enim, quod ad ultimum sui perventurum est finem, non et mature et celeriter incipit.
Nichts nämlich, was zu seinem letzten Ziel gelangen will, beginnt nicht auch frühzeitig und schnell.

Valerius Maximus, *Facta et dicta memorabilia* 8,7, ext. 2.

Nihil eripit Fortuna, nisi quod dedit.
Nichts entreißt das Glück, was es nicht (zuvor) gegeben hat. (Vgl.: Das Glück ist ein Geber und ein Nehmer.)

Seneca, *De constantia sapientis* 5,4.

Nihil est ab omni / parte beatum.
Nichts ist in jeder Hinsicht glücklich.

Horaz, *Carmina* 2,16,27 f.

Nihil est annis velocius.
Nichts ist schneller als die Jahre.

Ovid, *Metamorphoses* 10,520.

Nihil est enim simul et inventum et perfectum.
Denn nichts ist, wenn es erfunden wird, zugleich auch vollendet.

Cicero, *Brutus* 71.

Nihil est enim tam miserabile, quam ex beato miser.
Nichts ist nämlich so erbärmlich, wie wenn aus einem Glücklichen ein Elender wird.

Cicero, *Partitiones oratoriae* 57.

Nihil est enim virtute amabilius.
Es gibt nämlich nichts Liebenswerteres als die Tugend.

Cicero, *De amicitia* 28.

Nihil est in intellectu, quod non sit prius in sensu.
Nichts ist im Verstand, was nicht zuvor in der Wahrnehmung wäre.

Nach Thomas von Aquin, *Quaestiones disputatae de veritate* 2,3,19; vgl. Leibniz, *Nouveaux essais sur l'entendement humain*, Préface.

Nihil est miserius quam animus hominis conscius.
Es gibt nichts Elenderes als einen Menschen mit schlechtem Gewissen.

Plautus, *Mostellaria* 544.

Nihil est perpetuum datum.
Nichts ist (uns) für immer gegeben.

Plautus, *Cistellaria* 194.

Nihil est, quod deus efficere non possit.
Es gibt nichts, was der Gott nicht bewirken könnte.

Nach Cicero, *De natura deorum* 3,92.

Nihil est toto, quod perstet, in orbe, / cuncta fluunt.
Nichts gibt es auf der ganzen Welt, das Bestand hätte. Alles fließt.

Ovid, *Metamorphoses* 15,177 f. (in Anlehnung an Heraklit).

Nihil ex nihilo exsistere vera sententia est.
Es ist ein wahrer Spruch, daß nichts aus Nichts entsteht.

Boethius, *Consolatio philosophiae* 5,1, prologus. – Der Gedanke findet sich bereits bei Aristoteles (*Physik* 1,4), der sich auf Anaxagoras beruft, ebenso an zahlreichen Stellen bei Lukrez (z. B. *De rerum natura* 1,150), der auf die Physik Epikurs zurückgreift, sowie bei Persius, *Saturae* 3,83 f.

Nihil homini amico est opportuno amicius.
Nichts ist einem Menschen willkommener als ein Freund zur rechten Zeit.

Plautus, *Epidicus* 425.

Nihil inimicius quam sibi ipse.
Nichts ist ihm schädlicher als er sich selbst.

Cicero, *Ad Atticum* 10,12a.

Nihil natura portionibus parit.
Nichts bringt die Natur stückweise hervor.

Plinius d. Ä., *Naturalis historia* 17,177.

Nihil nimis! siehe **Ne quid nimis!**

Nihilo sepse plus quam alterum diligat!
Er liebe sich selbst um nichts mehr als den Nächsten!

Cicero (*De legibus* 1,34) bezeichnet diese Worte als eine Leitlinie der Pythagoräer. Er berichtet von ihnen weiter, daß sie ihren Besitz untereinander teilten und einen Freund als ein zweites Ich ansahen. Vgl. Porphyrius, *Das Leben des Pythagoras* 33.

nihil praeter suum negotium agere
nichts tun, was über die eigenen Angelegenheiten hinausgeht

Cicero, *De officiis* 1,125.

Nihil, quo stat loco, stabit; omnia sternet abducetque secum vetustas.
Nichts wird da stehen, wo es (jetzt) steht; das Alter wird alles niederwerfen und mit sich reißen.

Seneca, *Ad Marciam de consolatione* 26,6.

Nihil se scire dicit nisi id ipsum.
Er sagt, er wisse nichts außer diesem Umstand (daß er nichts weiß).

Nach Cicero (*Academici libri posteriores* 1,16), der über die Gesprächstaktik des Sokrates berichtet, dieser habe nichts selbst behauptet, sondern stets nur andere widerlegt und betont, daß er selbst außer seiner eigenen Unwissenheit nichts wisse.

Nihil sub sole novum.
Nichts Neues unter der Sonne.

Nach Ecclesiastes 1,9 f. – Oft als »Nihil novi sub sole« zitiert.

Nihil tam difficile est, quin quaerendo investigari possiet.
Nichts ist so schwierig, daß es nicht durch Suchen ergründet werden könnte.

Terenz, *Heauton timorumenos* 675.

Nihil tam firmum est, cui periculum non sit, etiam ab invalido.
Nichts ist so fest, daß ihm nicht sogar von Schwachem Gefahr drohte.

Curtius Rufus, *Historia Alexandri Magni* 7,15,22.

Nihil tam munitum, quod non expugnari pecunia possit.
Nichts ist so sicher geschützt, daß es nicht mit Geld erobert werden könnte.

Cicero, *Actio prima in C. Verrem* 4.

Nihil virtuti invium.
Der Tugend ist nichts unzugänglich.

Nach Tacitus, *Agricola* 27,1.

nil admirari
nichts anstaunen

Cicero (*Tusculanae disputationes* 3,30) berichtet, Anaxagoras habe, als ihm der Tod seines Sohnes gemeldet wurde, geantwortet: »Sciebam me genuisse mortalem.« (»Ich wußte, daß ich einen Sterblichen hervorgebracht habe.«) Hieran anknüpfend legt Cicero dar, daß Weisheit darin bestehe, sich geistig auf alle Zwischenfälle einzustellen und sich über nichts zu wundern. – Vgl. Horaz, *Epistulae* 1,6,1 (mit Bezug auf Epikur), und Seneca, *Epistulae morales* 8,5.

nil conscire sibi, nulla pallescere culpa
sich nichts (Üblem) bewußt sein, vor keiner Schuld erblassen müssen

Horaz, *Epistulae* 1,1,61.

Nil est dictu facilius.
Nichts ist leichter zu sagen.

Terenz, *Phormio* 300.

Nil homini certum est.
Nichts ist dem Menschen sicher.

Ovid, *Tristia* 5,5,27.

Nil melius muliere bona, nil quam mala peius.
Es gibt nichts Besseres als eine gute Frau, nichts Schlimmeres als eine schlechte.

Petrus Abelardus, *Monita ad Astralabium* 175.

Nil mortalibus ardui est.
Nichts ist den Sterblichen (zu) steil (d. h.: [zu] schwer zu erreichen).

Horaz, *Carmina* 1,3,37.

Nil nocere.
(Dem Patienten wenigstens) in keiner Hinsicht schaden.

Nach Hippokrates (*Epidemien* 1,11), der zwei Grundsätze ärztlicher Behandlung anführt: zu helfen – oder wenigstens nicht zu schaden.

Nil non permittit mulier sibi, turpe putat nil.
Alles erlaubt sich die Frau, nichts hält sie für unschicklich.

Juvenal (*Saturae* 6,457) spottet über Frauen, die glauben, sich aufgrund ihres Reichtums alles erlauben zu können.

Nil prodest, quod non laedere possit idem.
Nichts ist nützlich, was nicht auch ebenso schaden könnte.

Ovid, *Tristia* 2,266.

Nil sine magno / vita labore dedit mortalibus.
Nichts, das frei von großer Mühe wäre, hat das Leben den Sterblichen gegeben.

Horaz, *Sermones* 1,9,59 f.

Nimia familiaritas parit contemptum.
Allzu große Vertraulichkeit führt zu Verachtung.
Augustinus (*Scala Paradisi* 8) bezeichnet diese Wendung bereits als Sprichwort.

Nimias delicias facit.
Er treibt zuviel der Scherze.
Plautus, *Casina* 528.

Nimium altercando veritas amittitur.
Durch allzu langen Streit verliert man die Wahrheit (aus dem Blick).
Publilius Syrus, *Sententiae* N 40.

Nisi caste, saltem caute!
Wenn schon nicht keusch, dann wenigstens vorsichtig!
HW: 16940a.

. . . nisi tute tibi obvius obstes.
. . . wenn du dir nicht selbst im Wege stehst.
Lukrez, *De rerum naturae* 4,1150.

Nitimur in vetitum semper cupimusque negata.
Wir streben immer nach dem Verbotenen und begehren, was uns versagt ist.
(Vgl.: In verbotenen Teichen fischt man gern.)
Ovid, *Amores* 3,4,17.

Nitor in adversum.
Ich stemme mich dagegen.
(D. h.: Ich biete ihm die Stirn.)
Ovid, *Metamorphoses* 2,72.

Nobilis equus umbra quoque virgae regitur.
Ein edles Pferd läßt sich schon durch den Schatten der Gerte lenken.
Curtius Rufus, *Historia Alexandri Magni* 7,4,18.

Nobilitas sola est atque unica virtus.
Adel liegt einzig und allein in der Tugend.
(Vgl.: Tugend macht edel, aber Adel macht nicht Tugend.)

Juvenal, *Saturae* 8,20.

Nocere facile est, prodesse difficile.
Schaden ist leicht, nützen schwierig.

Quintilian (*Institutio oratoria* 8,5,6) führt die obige Wendung als Beispiel für eine recht gewöhnliche Ausdrucksweise an. Derselbe Inhalt werde von Ovid (*Medea* Fragment 1 Lenz) in wesentlich eindrucksvollere Worte gefaßt: »Servare potui; perdere an possim, rogas?« (»Ich vermochte zu retten: Da fragst du, ob ich Verderben bringen könnte?«)

Nocet empta dolore voluptas siehe **Sperne voluptates . . .**

noctuam Athenas deportare
eine Eule nach Athen tragen

Nach Cicero (*Ad familiares* 6,3,4), der in griechischer Sprache Aristophanes (*Vögel* 301) zitiert. Vgl. **In silvam ne ligna feras!** und die andere Übersetzung des griechischen Originals **ululam Athenas portare**.

nolens volens
nicht wollend wollend
(d. h.: wohl oder übel)

Vgl. Cicero, *De natura deorum* 1,17; Petron, *Satyrica* 71; Martial, *Epigrammata* 8,44,16.

Noli / barbam vellere mortuo leoni!
Zupfe nicht einem toten Löwen den Bart!

Martial (*Epigrammata* 10,90,9 f.) gemahnt die alte Ligeia mit diesen Worten, nicht ihre Scham zu zupfen; das zieme sich nur für junge Frauen. Sie hingegen sei nicht nur alt, sondern fast schon tot.

Noli equi dentes inspicere donati!
Nimm nicht die Zähne eines geschenkten Pferdes in Augenschein!
(Vgl.: Einem geschenkten Gaul schaut man nicht ins Maul.)

Hieronymus (*Commentarius in Ephesios*, praefatio) bezeichnet diese Regel als bekanntes Sprichwort.

Noli me tangere!
Rühr mich nicht an!

Laut Johannes (20,17) spach so der auferstandene Jesus zu Maria Magdalena. Daher die Bezeichnung des Waldspringkrauts als ›Kräutlein Rührmich-nicht-an‹.

Noli turbare circulos meos!
Störe meine Kreise nicht!

Nach Valerius Maximus, *Facta et dicta memorabilia* 8,7, ext. 7. – Der Mathematiker Archimedes hatte bei der Eroberung von Syrakus durch die Römer im Jahre 212 v. Chr. laut Befehl des Marcellus verschont bleiben sollen. Als Soldaten in sein Haus eindrangen, war er so in seine in den Sand gezeichneten geometrischen Formen vertieft, daß er auf die Frage eines Soldaten nicht antwortete, wer er sei. Er soll Valerius zufolge nur »Noli, obsecro, istum disturbare« (»Ich bitte dich, bringe diesen [Sand] nicht in Unordung«) geantwortet haben, worauf ihn ein Soldat tötete.

Nomen amicitia est, nomen inane fides.
Ein Wort ist Freundschaft nur, Treue ein leeres Wort.

Ovid (*Ars amatoria* 1,740) warnt davor, die Geliebte in der Gegenwart von Freunden allzu sehr zu preisen, sonst mache ein Freund sie dem Liebenden womöglich abspenstig.

nomen atque omen
Name und Vorbedeutung

Bei Plautus (*Persa* 625) gibt eine Prostituierte ihren Namen mit *Lucris* an, was an *lucrum* (›Gewinn‹) denken läßt. Heute wird die Wendung meist zitiert als »Nomen est omen« (»Der Name ist [gleichzeitig] auch ein Anzeichen [des Charakters]«).

Nomina sunt odiosa.
Namen sind verhaßt.
(D. h.: Es ist oft schon schlimm, nur den Namen zu nennen.)

Nach Ovid (*Heroides* 13,54), der Laodamia die Namen ihr verhaßter Orte aufzählen läßt mit der Bemerkung: »Nomina sunt ipso paene timenda sono.« (»Die Namen sind fast schon in ihrem Klang furchtbar.«) – Vgl. Cicero, *Pro S. Roscio Amerino* 47.

Non Archimedes melius potuit discribere.

Archimedes hätte das nicht besser berechnen können.

Cicero, *Pro A. Cluentio Habito* 87. – Cicero selbst hat das Grab des Mathematikers Archimedes in Syracus entdeckt, als er 75 v. Chr. Quästor in Sizilien war.

Non avis aucupibus monstrat, qua parte petatur.

Nicht zeigt der Vogel den Vogelfängern, von welcher Seite aus er erhascht werden kann.

Ovid, *Ars amatoria* 3,669.

Non bene olet, qui bene semper olet.

Nicht gut riecht, wer immer gut riecht.

Martial (*Epigrammata* 2,12,4) hält allzu Gepflegte für verdächtig, denn wer immer dufte, stehe nicht in gutem Geruch.

Non cuivis homini contingit adire Corinthum siehe **Principibus placuisse viris . . .**

Nondum omnium dierum sol occidit.

Noch ist nicht die Sonne aller Tage untergegangen.
(Vgl.: Noch ist nicht aller Tage Abend.)

Nach Livius, *Ab urbe condita* 39,26,9.

Non enim ex omni ligno debet Mercurius exsculpi.

Nicht aus jedem Holz nämlich soll eine Merkurstatue geschnitzt werden.

Nach Apuleius (*Apologia* 43,4), der mit diesem Ausspruch Pythagoras' verdeutlichen will, daß man nicht jedweden Knaben als Medium für Prophezeiungen heranziehen dürfe. Häufig auch zitiert als »Ex quovis ligno non fit Mercurius« (»Nicht aus jedem Holz entsteht ein Merkur«).

Non enim numero haec iudicantur, sed pondere.

Dies wird nämlich nicht nach der Zahl, sondern nach dem Gewicht beurteilt.

Cicero (*De officiis* 2,79) erläutert, in gewissen Fällen zähle nicht Quantität, sondern Qualität. Genauso zähle bei Rechtsstreitigkeiten nicht, welche Partei mehr Personen umfasse, sondern welche Partei tatsächlich recht habe.

Non enim possumus, quae vidimus et audivimus, non loqui.

Denn wir können nicht, was wir gesehen und gehört haben, nicht verkünden.

(D. h.: Wir müssen es unbedingt verkündigen.)

Apostelgeschichte 4,20.

Non enim solum ipsa fortuna caeca est.

Denn das Glück ist nicht nur selbst blind.

Cicero, *De amicitia* 54: »Non enim solum ipsa Fortuna caeca est, sed eos etiam plerumque efficit caecos, quos complexa est.« (»Denn das Glück ist nicht nur selbst blind, es macht auch meist diejenigen blind, die es in seine Arme schließt.«) – Aus Cicero, *Orationes Philippicae* 13,10 ist ersichtlich, daß in der Antike die blinde Glücksgöttin ein geläufiges Bild war.

Non est ad astra mollis e terris via.

Der Weg zu den Sternen von der Erde aus ist nicht bequem.

Nach dieser Formulierung von Seneca (*Hercules furens* 437) bildete sich das bekannte Sprichwort »Per aspera ad astra« (»Durch rauhe Gefilde [führt der Weg] zu den Sternen«). Hesiod (*Werke und Tage* 289 f.), Xenophon (*Memorabilien* 2,1,21 ff.) und Silius Italicus (*Punica* 4,603 f.) unterstreichen alle, daß der Weg zur Tugend hart sei. Der Hl. Benedikt übertrug dieses Bild auf seine Ordensregel. So solle jedem neu aufgenommenen Bruder »alles Harte und Strenge auf dem Wege, der zu Gott führt«, vorausgesagt werden: »Praedicentur ei omnia dura et aspera, per quae itur ad Deum« (*Regulae Benedicti* 58,8). Vgl. **Sic itur ad astra**.

Non est beatus, esse se qui non putat.

Nicht glücklich ist, wer nicht glücklich zu sein glaubt.

Publilius Syrus, *Sententiae* N 61.

Non est, crede mihi, sapientis dicere: vivam.
Sera nimis vita est crastina: vive hodie!

Glaube mir, es zeugt nicht von Weisheit zu sagen: Ich werde leben. Allzu spät ist es, morgen zu leben: Lebe heute!

Martial, *Epigrammata* 1,15,11 f.

Non est de pastu ovium quaestio, sed de lana.
Hier ist nicht die Frage nach dem Weiden der Schafe gestellt, sondern nach der Wolle.

Papst Pius II. zugeschrieben.

Non est enim consilium in vulgo.
Die Menge zeigt nämlich keine Besonnenheit.

Cicero, *Pro Cn. Plancio* 9.

Non est viri timere sudorem.
Es ist nicht mannhaft, den Schweiß zu fürchten.

Seneca, *Epistulae morales* 31,7.

Non est vivere, sed valere vita est.
Leben heißt nicht am Leben zu sein, sondern wohl zu leben.

Martial, *Epigrammata* 6,70,15.

Non fit sine periclo facinus magnum nec memorabile.
Ohne Risiko geschieht keine große und denkwürdige Tat.

Terenz, *Heauton timorumenos* 314.

Non honor est, sed onus.
Nicht Ehre ist's, sondern Last.
(Vgl.: Ehren beschweren; Würden sind Bürden.)

Ovid, *Heroides* 9,31.

Non ignara mali miseris succurrere disco.
Da Unheil ich (selbst) erfahren, lerne ich, den Elenden zu Hilfe zu kommen.

Vergil, *Aeneis* 1,630. – Mit diesen Worten nimmt Dido, der selbst großes Leid widerfahren war, Aeneas und seine Gefährten auf.

Non intellegunt homines, quam magnum vectigal sit parsimonia.
Die Menschen verstehen nicht, welch große Einnahmequelle in der Sparsamkeit liegt.

Cicero, *Paradoxa Stoicorum* 49.

non invita Minerva siehe **invita Minerva**

Non liquet (**N. L.**)
Es ist nicht klar.

Mit dieser Formel wurde nach Abschluß der Beweisaufnahme gefordert, statt der Urteilsfällung den Strafprozeß wiederaufzunehmen, wenn die Beweislage noch nicht eindeutig war. – Vgl. Cicero, *Pro Cluentio* 76, und Gellius, *Noctes Atticae* 14,2,25.

Non me pudet fateri nescire, quod nesciam.
Ich schäme mich nicht zuzugeben, daß ich nicht weiß, was ich nicht weiß.

Nach Cicero (*Tusculanae disputationes* 1,60), der seine Unfähigkeit bekennt zu erklären, woraus die Seele bestehe.

Non missura cutem, nisi plena cruoris hirudo.
Der Blutegel wird nicht von der Haut lassen, ehe er sich nicht mit Blut vollgesogen hat.

Horaz (*Ars poetica* 476) vergleicht verrückte Dichter mit Blutegeln, da sie sich gleichsam an einen Zuhörer klammern und ihn mit ihren Werken ›zu Tode lesen‹.

Non nobis solum nati sumus.
Wir sind nicht nur für uns geboren.

Cicero (*De officiis* 1,22) zitiert Platon (Brief IX, *An Archytas* 358 A).

Non nostrum inter vos tantas componere lites.
Es ist nicht unsere Sache, so große Streitigkeiten zwischen euch zu schlichten.

Vergil, *Bucolica* 3,108.

Non oculi tacuere tui.
Deine Augen haben nicht geschwiegen.

Ovid, *Amores* 2,5,17.

Non olet.
Es stinkt nicht.
(Vgl.: Am Gelde riecht man es nicht, womit es verdient ist.)

Wörtlich bei Cicero (*Orator* 154), der von verschiedenen idiomatischen Phänomenen der lateinischen Sprache spricht, die nicht »danach röchen, woher sie kommen«, d. h. deren Herkunft unklar sei. – Heute bezeichnet man mit dieser Wendung meist Sachverhalte, denen nichts Anrüchiges innewohnt. Diese Bedeutung entstand infolge einer von Sueton (*Vita Vespasiani* 23,3) berichteten Begebenheit: Vespasian ging in seinem Geldhunger so weit, selbst den Urin mit einer Steuer (vielleicht für Färber und Walker) zu belegen. Von seinem Sohn deshalb getadelt, hielt er ihm eine Handvoll Münzen unter die Nase. Als dieser sagte, sie röchen nicht, entgegnete ihm Vespasian: »Dabei stammt es (das Geld) doch vom Urin.« Vgl. **Fiscus non erubescit** und **Lucri bonus est odor ex re quaelibet**.

Non omne, quod licet, honestum est.
Nicht alles, was erlaubt ist, ist auch ehrenhaft.

Digesta 50,17,144.

Non omnia possumus omnes.
Wir können nicht alle alles.

Lucilius, *Saturae* 5,26 (218); vgl. Vergil, *Bucolica* 8,63. Macrobius zitiert Lucilius in *Saturnalia* 6,1,35; in 5,16,7 hingegen nennt er Vergil als Quelle.

Non omnibus dormio.
Ich schlafe nicht für alle.

Cicero (*Ad familiares* 7,24,1) zitiert hier Lucilius (Fragment 1223 Marx). Ihm zufolge soll ein gewisser Cipius sich oft schlafend gestellt haben, um seiner Frau die Möglichkeit zu geben, einflußreichen Gästen ganz besondere Aufmerksamkeit zu schenken. Als jedoch einmal ein Sklave meinte, unbemerkt Wein stehlen zu können, soll Cipius die obigen Worte ausgerufen haben.

Non omnis moriar siehe **Exegi monumentum . . .**

Non opus est verbis, sed fustibus.
Es bedarf keiner Worte, sondern eines Schlagstocks.

Cicero (*In Pisonem* 73) äußert sich ungehalten über die Dummheit seines Kritikers, der eher mit Schlägen als mit Worten belehrt werden müßte. Vgl. **nec verbis solum, sed etiam . . .**

Non ovum tam simile ovo.
Kein Ei ist einem anderen so ähnlich.

Quintilian (*Institutio oratoria* 5,11,30) führt diese Wendung als Beispiel für einen Vergleich an, der besonders große Ähnlichkeit ausdrückt.

Non plus ultra!
Nicht darüber hinaus!

Nach Pindar (*Nemeische Oden* 3,21 f.), der von den Säulen den Hercules spricht, über die hinauszusegeln sehr schwierig sei. Einigen Quellen zufolge soll Hercules selbst diese Worte auf die Säulen geschrieben haben. Heute wird die Wendung für Unübertreffliches, für Dinge, über die nichts hinausgeht, verwendet.

Non posse videtur muscam excitare.
Er scheint keine Mücke aufscheuchen zu können.
(Vgl.: keiner Fliege etwas zuleide tun können)

Seneca, *Apocolocyntosis* 10,3.

Non possidentem multa vocaveris recte beatum.
Nicht den, der viel besitzt, nennt man mit Recht glücklich.

Horaz (*Carmina* 4,9,45 ff.) fährt fort: »Rectius occupat / nomen beati, qui deorum / muneribus sapienter uti / duramque callet pauperiem pati / peiusque leto flagitium timet.« (»Mit größerem Recht heißt sich der glücklich, der die Gaben der Götter weise zu nutzen und die harte Armut zu ertragen versteht und Frevel mehr scheut als den Tod.«) – Das Zitat wird häufig so abgewandelt, daß es den gegenteiligen Sinn ergibt: »Beati possidentes!« (»Glücklich die Besitzenden!«)

Non possumus.
Wir können nicht.

Antwort des Papstes Clemens VII. (wohl in Anspielung auf Apostelgeschichte 4,20), der von Heinrich VIII. um die Scheidung von Katharina von Aragonien gebeten worden war. Heinrich, der noch von Papst Leo X. als »fidei defensor« (»Verteidiger des Glaubens«) ausgezeichnet worden war, verfügte daraufhin die Abspaltung der englischen Kirche vom katholischen Glauben.

Non profecturis litora bubus aras siehe **litus arare**

Non puto illum capillos liberos habere.
Ich glaube nicht, daß jener unverschuldete Haare hat.
(Vgl.: Er hat mehr Schulden als Haare auf dem Kopf.)

Petron, *Satyrica* 38.

Non quam diu, sed quam bene acta sit, refert.
Nicht wie lange, sondern wie gut du (dein Leben) geführt hast, zählt.

Seneca (*Epistulae morales* 77,20) erläutert, wie bei Theaterstücken, so zähle auch im Leben nicht, wie lange, sondern wie gut es (aus)geführt wurde.

Non revocare potes, qui periere dies siehe **Senescimus; effugit aetas . . .**

Non scholae, sed vitae discimus siehe **Non vitae, sed scholae discimus**

Non semper idem floribus est honor / vernis.
Nicht immer tragen die Frühlingsblumen dieselbe Zierde (d. h.: auch sie verblühen).

Horaz, *Carmina* 2,11,9 f.

Non semper Saturnalia erunt.
Es werden nicht immer Saturnalien sein.
(Vgl.: Es ist nicht alle Tage Sonntag.)

Seneca, *Apocolocyntosis* 12,2. – Am Ende des Monats Dezember wurde das unserem Karneval ähnliche Saturnalienfest gefeiert. Seneca vergleicht in seiner Satire den Gerichtsbetrieb unter Claudius mit eben diesem Fest. Vgl. **Age, libertate Decembri utere!**

Non, si male nunc, et olim / sic erit.

Auch wenn es (uns) jetzt schlecht geht, es wird nicht (immer) so sein.

Horaz, *Carmina* 2,10,17 f.

Non sum ego, qui fueram.

Ich bin nicht der, der ich gewesen war.

Ovid (*Tristia* 3,11,25) beklagt, er sei durch das Exil gänzlich gebrochen.

Non sum, qualis eram.

Ich bin nicht der, der ich war.

Horaz (*Carmina* 4,1,3) bittet die Liebesgöttin Venus, ihn zu verschonen, da er nicht so sei wie als junger Mann.

Non sunt facienda mala, ut eveniant bona.

Es darf nichts Böses getan werden, damit Gutes daraus hervorgehe.

Damasus, *Regulae canonicae* (Lyon 1566) 107.

Non sus Minervam!

Die Sau (soll) nicht Minerva (belehren)!

Cicero (*Academici libri posteriores* 1,18) bezeichnet die Wendung als Sprichwort: Es sei lächerlich, Minerva (die Göttin der Ärzte, Künstler, Lehrer und Handwerker) belehren zu wollen.

non tamquam transfuga, sed tamquam explorator

nicht als Überläufer, sondern als Spion

Seneca (*Epistulae morales* 2,5) hält sich nicht für einen Überläufer zur Philosophie Epikurs, wenn er bisweilen bei ihm Anleihen macht, sondern vielmehr für einen stoischen Spion.

Non tantum autem, qui rapuit, verum is quoque qui recepit, tenetur.

Nicht nur, wer geraubt hat, sondern auch wer (die Ware) in Empfang genommen hat, wird überführt.

(Vgl.: Der Hehler ist nicht besser als der Stehler.)

Nach *Digesta* 47,9,3,3.

Non temptanda, quae effici omnino non possint.
Man soll nicht versuchen, was überhaupt nicht bewerkstelligt werden kann.

Quintilian (*Institutio oratoria* 4,5,17) bezeichnet diese Wendung als griechisches Sprichwort.

Nonumque prematur in annum.
Bis ins neunte Jahr hinein soll es zurückgehalten werden.

Horaz (*Ars poetica* 388) rät, ein Gedicht erst nach neun Jahren Bearbeitung herauszugeben. Die Dauer von neun Jahren ist eine Anspielung auf einen seiner Freunde, den Neoteriker C. Helvius Cinna, der neun Jahre lang an seinem Werk *Smyrna* gefeilt hatte.

Non ut diu vivamus, curandum est, sed ut satis.
Sorgen muß man sich darum, nicht lange, sondern genug zu leben.

Seneca, *Epistulae morales* 93,2. – Diese Worte werden sehr unterschiedlich übersetzt. So findet sich neben der oben gebotenen Version auch z. B. ». . . sondern genügend lange zu leben«, aber auch ». . . sondern tatenreich« oder ». . . sondern anständig zu leben«.

Non ut edam, vivo, sed ut vivam edo.
Nicht um zu essen lebe ich, sondern um zu leben esse ich.

Quintilian (*Institutio oratoria* 9,3,85) führt die Wendung als Beispiel für eine Antithese an. Vgl. Auctor ad Herennium 4,39.

Non vitae, sed scholae discimus.
Nicht für das Leben, sondern für die Schule lernen wir.

Seneca, *Epistulae morales* 106,12. – Die Wendung wird oft im umgekehrten Sinne zitiert: »Non scholae, sed vitae discimus.«

Nosce te (ipsum)!
Erkenne dich (selbst)!

Nach Platon (*Protagoras* 343b) eine der von den Sieben Weisen stammenden griechischen Inschriften auf dem delphischen Apollontempel. Lateinisch z. B. bei Cicero (*Tusculanae* 1,52; 5,70 sowie *De finibus* 5,44) und Seneca (*Epistulae morales* 94,28). Vgl. **Iubet igitur nos . . .**

Nos iam fabula sumus.

Wir sind schon zum Tagesgespräch geworden.

Bei Terenz (*Hecyra* 620) ist diese Wendung allerdings anders zu verstehen: Der Sprecher meint hier, er habe schon die typischen Rollen eines Alten aus dem gesamten Bühnenrepertoire übernommen und sei somit selbst schon zum Theaterstück (»fabula«) geworden.

Nos numerus sumus et fruges consumere nati.

Wir sind eine (bloße) Zahl und dazu geboren, Früchte zu essen.

Horaz, *Epistulae* 1,2,27.

Nos quoque floruimus, sed flos erat ille caducus.

Auch wir blühten (einst), doch jene Blüte war vergänglich.

Ovid, *Tristia* 5,8,19.

Nosse velint omnes, mercedem solvere nemo.

Wissen möchten sie alle, Lohn zahlen keiner.

Juvenal (*Saturae* 7,157) über Rhetorikschüler, die, wenn es ans Zahlen geht, behaupten, sie hätten noch nichts gelernt.

Nosti mores mulierum: / dum moliuntur, dum conantur, annus est.

Du kennst die Gepflogenheiten der Frauen: Während sie etwas planen und versuchen, ist das Jahr herum.

Terenz, *Heauton timorumenos* 239 f.

nostri farrago libelli

das bunte Gemisch unseres Büchleins

Juvenal, *Saturae* 1,86.

Nova nunc religio in te istaec incessit.

Eine neue (d. h.: bisher ungewohnte) Frömmigkeit hat dich nun erfaßt.

Terenz, *Andria* 730.

Novi ingenium mulierum: / nolunt, ubi velis; ubi nolis, cupiunt ultro.

Ich kenne das Wesen der Frauen: Wo du willst, wollen sie nicht; wo du nicht willst, begehren sie sogar.

Terenz, *Eunuchus* 812 f.

novum et ad hunc diem inauditum
neu und bis zum heutigen Tag ungehört

Nach Cicero, *Pro Q. Ligario* 1,1. – Im Lateinischen schwingt gleichzeitig die Bedeutung ›unerhört‹ mit.

nuda veritas siehe **incorrupta fides nudaque veritas**

Nudo detrahere vestimenta me iubes.
Du befiehlst mir, einem Nackten die Kleider auszuziehen.

Plautus, *Asinaria* 92.

nugae canorae
wohltönende Nichtigkeiten

Nach Horaz, *Ars poetica* 322.

Nulla dies maerore caret.
Kein Tag ist frei von Kummer.
(Vgl.: Jeder Tag hat seine Plag!)

Seneca, *Troades* 77.

Nulla dies sine linea.
Kein Tag ohne eine Linie.

Plinius d. Ä. (*Naturalis historia* 35,84) berichtet, der Maler Apelles habe keinen Tag vergehen lassen, ohne eine Linie zu zeichnen. Daraus habe sich ein Sprichwort entwickelt, das mit der oben genannten Wendung übereinstimmen dürfte (vgl. Apostolius 16,44c).

Nulla fere causa est, in qua non femina litem / moverit.
Es gibt in der Regel keinen Prozeß, in dem nicht eine Frau den Streit verursacht hätte.

Juvenal, *Saturae* 6,242 f. – Schon Herodot beginnt seine Historien mit einer Aufzählung der ersten Kriege, die alle durch den Raub einer Frau hervorgerufen worden seien (z. B. Io, Medea und Helena). Vgl. **Nam fuit ante Helenam . . .**

Nulla iniuria est, quae in volentem fiat.
Kein Unrecht ist, was einem nach reinem Willen widerfährt.

Digesta 47,10,1,5.

Nulla nisi ardua virtus.
Tugend ist stets beschwerlich.
(D. h.: Man erreicht sie nur durch große Mühen.)

Ovid, *Ars amatoria* 2,537.

Nulla poena sine lege.
Keine Strafe ohne Gesetz.

Anselm von Feuerbach, *Lehrbuch des gemeinen in Deutschland gültigen peinlichen Rechts* § 20,1; vgl. *Digesta* 50,16,131.

Nulla potentia longa est.
Keine Machtstellung ist von Dauer.

Ovid, *Metamorphoses* 2,416.

Nulla praeterea lex, quae puniat inscitiam capitalem, nullum exemplum vindictae.
Es gibt außerdem kein Gesetz, das gemeingefährliche Unwissenheit bestraft, kein Beispiel dafür, daß sie geahndet worden wäre.

Plinius d. Ä., *Naturalis historia* 29,18.

Nulla salus bello; pacem te poscimus omnes.
Im Krieg liegt kein Heil; wir alle fordern Frieden von dir.

Vergil, *Aeneis* 11,362.

Nulla tam facilis res, quin difficilis siet, / quam invitus facias.
Keine Sache ist so leicht, daß sie nicht schwer würde, wenn du sie widerwillig ausführst.

Terenz, *Heauton timorumenos* 805 f.

Nullum magnum ingenium sine mixtura dementiae fuit.
Kein großes Genie war ohne Beimischung von Verrücktheit.
(Vgl.: Genie und Wahnsinn wohnen nah beieinander.)

Seneca (*De tranquilitate animi* 17,10) schreibt diese Feststellung Aristoteles (*Problemata* 30,1) zu. Der Gedanke findet sich jedoch bereits bei Platon (*Phaedrus* 245A). Vgl. **Misce stultitiam . . .** und **Saepe enim audivi . . .**

nullum quidem pilum boni viri habere
kein einziges Haar eines ehrenwerten Mannes (an sich) haben

Nach Cicero (*Pro Q. Roscio Comoedo* 20), der behauptet, Fannius sei immer glatt rasiert, damit an ihm auch wirklich kein ehrenwertes Haar sei.

Nullus agenti dies longus est.
Einem Tätigen ist kein Tag lang.

Seneca, *Epistulae morales* 122,3.

Nullus dolor est, quem non longinquitas temporis minuat ac molliat.
Es gibt keinen Schmerz, den nicht lange Zeitdauer verringerte und milderte.
(Vgl.: Zeit heilt Wunden.)

Cicero, *Ad familiares* 4,5,6.

Nullus est liber tam malus, ut non aliqua parte prosit.
Kein Buch ist so schlecht, daß es nicht an irgendeiner Stelle nützte.

Plinius d. J. (*Epistulae* 3,5,10) berichtet, obiger Ausspruch stamme von seinem Onkel Plinius d. Ä., der jedes Buch, das er las, exzerpierte. Er glaubte nämlich, daß selbst in schlechten Büchern verwertbare Informationen zu finden seien. So behauptet er im Vorwort seiner *Naturalis Historia* (17), etwa zweitausend Schriftrollen für die Erstellung seines Werkes gelesen zu haben.

Numerantur enim sententiae, non ponderantur.
Die Stimmen werden nämlich gezählt und nicht gewogen.

Plinius d. J., *Epistulae* 2,12,5.

Numquam accedo, quin abs te abeam doctior.
Niemals besuche ich dich, ohne daß ich dich nicht gescheiter verließe.

Terenz, *Eunuchus* 791.

Numquam aliud natura, aliud sapientia dicit.
Niemals sagt die Natur das eine, die Weisheit das andere.
(D. h.: Natur und Weisheit stimmen stets überein.)

Juvenal, *Saturae* 14,321.

Numquam est fidelis cum potenti societas.

Niemals ist das Bündnis mit einem Mächtigen verläßlich.

Phaedrus, *Fabulae* 1,5,1, nach Aesop 207 Chambry. – Aus der Fabel wird deutlich, daß derjenige, der gemeinsam mit einem Löwen jagt, immer den kürzeren ziehen wird, da Löwen nach der Jagd die ganze Beute für sich beanspruchen (vgl. dt. »Löwenanteil«). Hieraus entwickelte sich die Wendung »leonina societas« (»Löwengesellschaft«; z. B. *Digesta* 17,2,29,2).

Numquam nimis dicitur, quod numquam satis discitur.

Nie wird zuviel gesagt, was nie genug gelernt wird.

Seneca, *Epistulae morales* 27,9 nach Epikur, Fragment 477 Usener.

Numquam potest non esse virtuti locus.

Niemals kann nicht der rechte Ort für Tugend gegeben sein. (D. h.: Tugend ist immer recht am Platz.)

Seneca, *Medea* 161.

Numquam Stygias fertur ad umbras / inclita virtus.

Niemals wird berühmte Tugend zu den stygischen Schatten hinabgetragen.
(D. h.: Helden bleiben durch ihren Ruhm am Leben.)

Seneca, *Hercules Oetaeus* 1983 f. – Die Styx ist ein Unterweltsfluß, das »Wasser des Grauens«.

Numquam virtutis molle documentum est.

Tugend zu beweisen ist niemals einfach.

Seneca, *De providentia* 4,12.

Nunc adbibe puro / pectore verba, puer, nunc te melioribus offer!

Jetzt, da du (noch) ein Knabe bist, trinke reinen Herzens diese Worte, jetzt öffne dich den Besseren!

Horaz (*Epistulae* 1,2,67 ff.) führt das Bild weiter aus: »Quo semel est imbuta recens servabit odorem testa diu.« (»Ein frisches Tongefäß wird lange den Geruch, mit dem es einmal getränkt, behalten.«) Auch Quintilian (*Institutio oratoria* 1,1,5) betont mit diesem Bild, daß in der Jugend Gelerntes besonders stark prägt.

Nunc animis opus, Aenea, nunc pectore firmo.
Jetzt ist Mut, Aeneas, jetzt ist ein starkes Herz vonnöten.

Vergil, *Aeneis* 6,261.

Nunc est bibendum, nunc pede libero / pulsanda tellus.
Jetzt heißt es trinken, jetzt mit freiem Fuß die Erde stampfen (d. h.: tanzen).

Horaz (*Carmina* 1,37,1 f.) spielt mit diesen Anfangsworten der Ode anläßlich des Selbstmordes von Kleopatra auf die Worte des Alkaios nach dem Tode des Tyrannen Myrsilos von Mytilene an (Fragment 20 Bergk).

Nunc hic dies aliam vitam adfert, alios mores postulat.
Dieser heutige Tag bringt ein anderes Leben mit sich, er fordert andere Sitten.

Terenz, *Andria* 189.

Nunc quidem paululum a sole.
Nun (geh mir) wenigstens ein bißchen aus der Sonne.

Cicero (*Tusculanae disputationes* 5,92) zufolge soll Diogenes aus Sinope diese Worte Alexander dem Großen entgegengebracht haben, der ihn gefragt hatte, ob er etwas für ihn, Diogenes, tun könne. Vgl. Plutarch, *Alexander Magnus* 14 und **Interim velim a sole non obstes**.

Nunc vino pellite curas siehe **O fortes peioraque passi . . .**

Nusquam est, qui ubique est.
Nirgends ist, wer überall ist.
(Vgl.: Jedermanns Gesell ist niemands Freund.)

Seneca (*Epistulae morales* 2,2) rät davon ab, sich zu vielen Philosophen zuzuwenden, da man sich so verzettele.

nutrimentum spiritus
Nahrung für den Geist

Inschrift der früheren Königlichen Bibliothek in Berlin. – In seinem Buch über altägyptische Baudenkmäler schreibt der Abbé Jean Terrasson (1670–1750) die Inschrift der Bibliothek von Memphis sei »La Nourriture de l'âme« gewesen.

Nutritur vento, vento restinguitur ignis.
Feuer wird durch Wind geschürt, durch Wind wieder gelöscht.

Ovid, *Remedia amoris* 807.

O

Obsequium amicos, veritas odium parit.
Gefälligkeit schafft Freunde, Wahrheit Haß.
(Vgl.: Willfahren macht Freunde, Wahrheit Feinde.)

Terenz, *Andria* 68; vgl. Quintilian (*Institutio oratoria* 8,5,4), der diese Stelle zitiert.

Obstipui steteruntque comae et vox faucibus haesit.
Ich erstarrte, und die Haare standen mir zu Berge, und die Stimme stockte mir in der Kehle.

Vergil, *Aeneis* 2,774 und 3,48.

Obstipui tacitus sustinuique gradum.
Erstaunt verstummte ich und hielt meine Schritte an.

Ovid, *Fasti* 6,398.

Occasionem oblatam tenete!
Haltet die sich bietende Gelegenheit fest!
(Vgl.: die Gelegenheit beim Schopfe packen)

Cicero, *Orationes Philippicae* 3,34.

Occide, verbera, ure!
Töte, schlag zu, brenne!

Seneca (*Epistulae morales* 7,5) zufolge hechelte das Volk oft mit ähnlichen Worten nach stets neuen Grausamkeiten bei den Gladiatorenkämpfen.

Occidis fabulans.
Du bringst (mich) noch schwatzend (d. h.: durch dein Schwatzen) um.

Plautus, *Menaechmi* 922.

Occultum visus decurrere piscis ad hamum.
Er wurde gesehen, wie er wie ein Fisch auf den versteckten Haken zuschwamm.

Horaz, *Epistulae* 1,7,74.

O cives, cives, quaerenda pecunia primum est, / virtus post nummos.
O Bürger, Bürger, zunächst muß man nach dem Geld trachten, die Tugend kommt nach den Münzen.

Horaz, *Epistulae* 1,1,53 f. – Der Spruch soll am Medius Ianus, einem Durchgang am Forum, wo die Bankiers anzutreffen waren, gestanden haben.

Oculi sunt in amore duces.
Die Augen sind die Lenker in der Liebe.
(Vgl.: Die Augen sind der Liebe Pforten.)

Properz, *Elegiae* 2,15,12.

O curas hominum! O quantum est in rebus inane!
O Sorgen der Menschen! O wieviel Nichtiges ist in der Welt!

Persius, *Saturae* 1,1, nach Lucilius, *Saturae* 1,2 (Fragment 9 Marx); wohl auch Anspielung auf Lukrez (z. B. *De rerum natura* 1,330). Wie selbstironisch dieser Beginn der Satiren des Persius ist, wird durch die Frage im nächsten Vers deutlich: »Quis leget haec?« (»Wer wird [all] das lesen?«)

Oderint, dum metuant!
Sie mögen (mich ruhig) hassen, solange sie (mich) fürchten!

Sueton (*Vita Caligulae* 30,1) schreibt diesen Ausspruch dem Kaiser Caligula zu. Er findet sich jedoch bereits bei Accius (*Atreus* Fragment 4 D'Antò) und wird in der lateinischen Literatur häufig zitiert.

Oderint, dum probent!
Sie mögen (mich ruhig) hassen, solange sie (mich eigentlich) gutheißen.

Tiberius soll Sueton zufolge (*Vita Tiberii* 59,2) Schmähverse seiner Gegner so aufgefaßt haben, als wären sie nicht aus sachlicher Überzeugung, sondern aus Unmut über seine Maßnahmen verfaßt.

Odero, si potero; si non, invitus amabo.

Ich werde (sie) hassen, wenn ich es kann; wenn nicht, werde ich (sie) widerwillig lieben.

Ovid, *Amores* 3,11,35. – Meist wird auch die folgende Zeile zitiert: »Nec iuga taurus amat; quae tamen odit, habet.« (»Und der Stier liebt nicht das Joch; dennoch trägt er, was er haßt.«)

Oderunt hilarem tristes tristemque iocosi.

Die Traurigen hassen den Fröhlichen, die Lustigen den Traurigen.

Horaz, *Epistulae* 1,18,89.

Oderunt peccare boni virtutis amore.

Aus Liebe zur Tugend hassen es die Guten zu sündigen.

Horaz, *Epistulae* 1,16,52.

Odia qui nimium timet, / regnare nescit.

Wer Haß allzu sehr fürchtet, versteht nicht zu herrschen.

Seneca, *Oedipus* 703 f.

Odi et amo.

Ich hasse und liebe.

Catull, *Carmina* 85,1.

Odi profanum vulgus et arceo.

Ich hasse das gewöhnliche Volk und halte es (mir) fern.

Horaz, *Carmina* 3,1,1.

odium generis humani

Haß auf das Menschengeschlecht

Nach Tacitus (*Annales* 15,44) wurde unter Nero den Christen eine feindliche Gesinnung gegenüber der ganzen Menschheit nachgesagt.

O dulce nomen libertatis.

O süßes Wort: Freiheit!

Cicero, *Actio secunda in C. Verrem* 5,163.

O fallacem hominum spem!
O trügerische Hoffnung der Menschen!

Cicero, *De oratore* 3,7.

O faustum et felicem diem!
O glücklicher und gesegneter Tag!

Terenz, *Andria* 956.

O fortes peioraque passi
Mecum saepe viri, nunc vino pellite curas!
O tapfere Männer, die ihr mit mir schon oft Schlimmeres ertragen habt, nun vertreibt mit Wein die Sorgen!

Horaz, *Carmina* 1,7,30 f.

O fortunate adulescens, qui tuae virtutis Homerum praeconem inveneris!
O glücklicher Jüngling, der du Homer als Preiser deiner Tapferkeit gefunden hast!

Laut Cicero (*Pro Archia poeta* 24) Ausruf Alexanders des Großen am Grabe Achills in Sigeum.

O fortuna, ut numquam perpetuo es bona.
O Schicksal, daß du niemals in einem fort günstig bist.

Terenz, *Hecyra* 406.

Ohe, / iam satis est!
Halt, jetzt ist es genug!

Horaz, *Sermones* 1,5,12 f.

O ierum, ierum, ierum, o quae mutatio rerum!
O weh, welch Wandel der Welt!

Refrain eines Studentenliedes, das erstmals am 9. August 1825 im »Freimütigen« (Berlin) erschien. Der Verfasser ist unbekannt.

O imitatores, servum pecus!
O Nachahmer, Sklavenherde!

Horaz, *Epistulae* 1,19,19.

oleum addere camino
Öl ins Feuer gießen

Nach Horaz, *Sermones* 2,3,321.

Oleum perdit et impensas.
Er verschwendet Öl und Aufwand.

Vgl. Hieronymus, *Epistulae* 57,12; vgl. **Et oleum et operam perdidi**.

O magnam stultitiam timoris, id ipsum, quod verearis, ita cavere, ut, cum vitare fortasse potueris, ultro accersas et attrahas!
O diese grenzenlos törichte Angst, sich gerade vor dem, was man befürchtet, so zu hüten, daß man es, obwohl man es vielleicht hätte vermeiden können, noch obendrein heranholt und herbeizieht!

Cicero, *Epistulae ad M. Brutum* 1,17,4.

O matre pulchra filia pulchrior!
O schöner Mutter schönere Tochter!

Horaz, *Carmina* 1,16,1. – Vermutlich ist wie in der folgenden Ode Horazens Geliebte Tyndaris gemeint.

O mihi praeteritos referat si Iuppiter annos!
O gäbe mir Jupiter die vergangenen Jahre zurück!

Vergil, *Aeneis* 8,560. – Abschiedsworte des greisen Euander an seinen Sohn Pallas. Dieser muß mit Aeneas in den Krieg gegen Turnus ziehen, aus dem er nie zurückkehren wird. Vgl. Nestors Worte in Homer, *Ilias* 7,132 und 11,670.

Omina sunt aliquid.
An Vorzeichen ist etwas (Wahres).

Ovid, *Amores* 1,12,3.

Omitte ista!
Laß es!

Cicero, *Academici libri posteriores* 1,2.

Omne animal se ipsum diligit.
Jedes Lebewesen liebt sich selbst.

Cicero, *De finibus* 5,24.

Omne animi vitium tanto conspectius in se
Crimen habet, quanto maior qui peccat habetur.
Jedes Laster der Seele trägt um so sichtlichere Schuld in sich, je angesehener der ist, der sich verfehlt.

Juvenal, *Saturae* 8,140 f.

Omne in amore malum, si patiare, leve est.
Jedes Übel in der Liebe ist leicht, wenn du es ertragen willst.

Properz, *Elegiae* 2,5,16.

Omne in praecipiti vitium stetit.
Jedes Laster stand am Scheitelpunkt.

Für Juvenal (*Saturae* 1,149) hat das Laster in Rom seinen Höhepunkt erreicht; jetzt droht der Abgrund.

Omnes enim immemorem beneficii oderunt.
Alle hassen nämlich den, der sich an eine Wohltat nicht erinnert.

Cicero, *De officiis* 2,63.

Omnes eodem cogimur.
Wir alle werden zum selben Ort getrieben (d. h.: zum Hades, in die Unterwelt).

Horaz, *Carmina* 2,3,25.

Omnes homines aequales sunt.
Alle Menschen sind gleich.

Digesta 50,17,32.

omnes inlacrimabiles / urgentur ignotique longa / nocte
siehe **Vixere fortes . . .**

Omnes muti eloquerentur prius hoc quam ego.
Alle Stummen sprächen es eher aus als ich.

Nach Plautus, *Persa* 240.

Omnes sibi malunt melius esse quam alteri.
Alle möchten lieber, daß es ihnen selbst besser geht als ihrem Nächsten.
(Vgl.: Das Hemd ist mir näher als der Rock.)

Terenz (*Andria* 427) bezeichnet diese Wendung als altes Sprichwort.

Omnes una manet nox siehe **Sed omnes una . . .**

Omne supervacuum pleno de pectore manat.
Alles Überflüssige entfließt dem vollen Herzen.

Horaz (*Ars poetica* 337) rät den Dichtern zu Kürze, da Überflüssiges dem Gedächtnis des Lesers schnell entfalle.

Omne tulit punctum, qui miscuit utile dulci siehe **Aut prodesse volunt . . .**

Omnia conando docilis sollertia vincit.
Indem sie alles versucht, siegt die gelehrige Erfindungsgabe.

Manilius, *Astronomica* 1,95.

Omnia cum amico delibera, sed de ipso prius.
Berate dich mit deinem Freund in allem, aber zuvor berate dich über ihn selbst!

Seneca, *Epistulae morales* 3,2.

Omnia fert aetas, animum quoque.
Alles nimmt (uns) das Alter, sogar den Verstand.

Vergil, *Bucolica* 9,51.

Omnia, Lucili, aliena sunt, tempus tantum nostrum est.
Alles ist fremdes Gut, nur die Zeit ist unser Eigen, Lucilius.

Seneca, *Epistulae morales* 1,3.

Omnia mecum porto mea.
Ich trage alles Meinige bei mir.

Cicero (*Paradoxa Stoicorum* 8) berichtet, Bias aus Priene, der seinen größten Besitz in seinen geistigen Fähigkeiten sah, habe so geantwortet, als er bei der Einnahme seiner Vaterstadt dazu aufgefordert wurde, sein Hab und Gut zusammenzupacken. Vgl. z. B. Seneca (*Epistulae morales* 9,18 f.), der die Aussage Stilpon von Megara zuschreibt; ähnlich *De constantia sapientis* 5,6.

Omnia mors aequat.
Der Tod macht alle(s) gleich.
(Vgl.: Ob arm, ob reich, der Tod macht alle gleich.)

Claudian, *De raptu Proserpinae* 2,302.

Omnia mors poscit; lex est, non poena, perire.
Alles fordert der Tod; Gesetz ist es (und) keine Strafe zu sterben.

Seneca, *Epigrammata* 1,7 (»De tranquilitate temporis«).

Omnia munda mundis.
Den Reinen ist alles rein.

Paulus, Brief an Titus 1,15. – Diese Worte werden heute meist als Verspottung von übermäßiger Gutgläubigkeit und Naivität aufgefaßt.

Omnia mutantur, nihil interit.
Alles wandelt sich, nichts vergeht.

Ovid, *Metamorphoses* 15,165.

Omnia orta occidunt.
Alles Entstandene geht (wieder) unter.

Sallust, *Bellum Iugurthinum* 2,3.

Omnia praeclara rara.
Alles Herrliche ist selten.

Cicero, *De amicitia* 79.

Omnia prius experiri quam armis sapientem decet.
Für einen Weisen ziemt es sich, alle (Mittel) eher als Waffen zu versuchen.

Terenz, *Eunuchus* 789.

Omnia quadrata currunt.
Alles läuft wie wohlgefügt.
(Vgl.: wie am Schnürchen laufen)

Petron, *Satyrica* 43.

Omnia sunt hominum tenui pendentia filo.
Alle menschlichen Belange hängen an einem dünnen Faden.

Ovid, *Epistulae ex Ponto* 4,3,35.

Omnia vertuntur.
Alles wandelt sich.

Properz, *Elegiae* 2,8,7.

Omnia videre, multa praetermittere, pauca monere.
Alles sehen, vieles unbeanstandet lassen, weniges anmahnen.

Papst Johannes XXIII. zugeschrieben.

Omnia vincit Amor, nos et cedamus Amori!
Alles besiegt Amor; auch wir wollen Amor weichen!

Diese von Vergil (*Bucolica* 10,69) dem Elegiker Gallus in den Mund gelegten Worte bezeichnet bereits Macrobius (*Saturnalia* 5,16,7) als sprichwörtlich.

omni ex parte in suo genere perfectum
in seiner Art in jeder Hinsicht vollkommen

Cicero, *De amicitia* 79.

Omnis ars naturae imitatio est.
Jede Kunst ist eine Nachahmung der Natur.

Seneca, *Epistulae morales* 65,3.

Omnis habet sua dona dies.
Jeder Tag hat seine Geschenke.

Martial (*Epigrammata* 8,78,7) will nicht, wie oft verstanden, ausdrücken, daß jeder Tag sein Gutes habe, sondern er beschreibt die protzigen Spiele des Stella, bei denen jeden Tag Geschenke unter dem Volk verteilt wurden.

Omnis homo mendax.
Jeder Mensch ist ein Lügner.

Psalm 115,11; vgl. Römerbrief 3,4.

Omnis in modo est virtus.
Die Tugend liegt ganz im (rechten) Maß.

Seneca, *Epistulae morales* 66,9.

Omnis res est iam in vado.

Die ganze Sache ist schon im seichten Wasser.

(D. h.: Wir haben unsere Schäfchen schon ins trockene gebracht.)

Terenz, *Andria* 845.

omnium consensu

in Übereinstimmung aller

(z. B.) Caesar, *De bello Gallico* 7,4,6.

Omnium enim rerum principia parva sunt.

Aller Dinge Anfang ist klein.

Cicero, *De finibus* 5,58.

omnium officiorum observantissimus

alle Pflichten genauestens beachtend

Plinius d. J., *Epistulae* 7,30,1.

Omnium rerum homo mensura est.

Der Mensch ist das Maß aller Dinge.

Dieser Ausspruch des Protagoras, der seine Schrift »Über die Wahrheit, oder: Niederringende Reden« eröffnet, ist mehrmals in griechischer Sprache überliefert, so z. B. von Sextus Empiricus (*Adversus mathematicos* 7,60; vgl. Diels-Kranz, Fragmente der Vorsokratiker 80). Platon (*Theaetetus* 152 A) erklärt die Aussage im Sinne eines Relativismus: Für jeden Menschen seien die Dinge gerade so, wie sie ihm zu sein schienen.

Omnium rerum mors est extremum.

Der Tod ist das Ende aller Dinge.

Cicero, *Ad familiares* 6,21,1.

O passi graviora, dabit deus his quoque finem.

O ihr, die ihr gar Schweres ertragen habt, ein Gott wird auch diese (Qualen) beenden.

Vergil, *Aeneis* 1,199.

O praeclarum custodem ovium lupum!
O welch prächtiger Schafhirte: ein Wolf!
(Vgl.: Wo der Wolf weidet die Herd, sind die Schäflein bald verzehrt.)

Cicero (*Orationes Philippicae* 3,27) bezeichnet diese Worte als bekannte Wendung. Vgl. **Lupo ovem commisisti**.

Optimum est non nasci.
Am besten ist, (gar) nicht (erst) geboren zu werden.

Nach Sophokles, *Oedipus Coloneus* 1224 f.

O, quam difficile est crimen non prodere vultu!
O wie schwierig ist es, das Verbrechen nicht durch seine Miene zu verraten!

Ovid, *Metamorphoses* 2,447. – Die von Jupiter geschwängerte Kallisto kann kaum die Fassung bewahren, als Diana, die von dieser Tat nichts weiß, sie anhält, sich wieder unter ihre jungfräulichen Begleiterinnen zu begeben.

O quam miserum est nescire mori!
Wie elend es ist, nicht sterben zu können!

Seneca, *Agamemnon* 611.

O quantum est in rebus inane! siehe **O curas hominum . . .**

O quid solutis est beatius curis!
O was ist glückseliger, als frei von Sorgen zu sein!

Catull, *Carmina* 31,7.

Ora et labora. Deus adest sine mora.
Bete und arbeite! Gott ist da ohne Verzug.

Wahlspruch der Benediktiner. – Die vorliegende Prägung entstand wohl erst im Mittelalter. In der *Regula Benedicti* (48 und 57) wird jedoch bereits der hohe Stellenwert der Arbeit betont.

Orator est vir bonus, dicendi peritus.
Ein Redner ist ein tüchtiger, im Reden erfahrener Mann.

Nach Cato, *Ad Marcum filium* Fragment 370; vgl. Seneca Rhetor, *Controversiae* 1, praefatio 9.

O saeculum, o litterae! Iuvat vivere!

O Jahrhundert, o Wissenschaft! Es ist eine Freude zu leben!

Ulrich von Hutten in seinem Brief an Willibald Pirckheimer vom 15. Oktober 1518.

O sancta simplicitas siehe **sancta simplicitas**

Oscula qui sumpsit, si non et cetera sumit,
Haec quoque, quae data sunt, perdere dignus erit.

Wer Küsse sich nahm und das übrige nicht nimmt, verdient es auch, was ihm gegeben wurde, zu verlieren.

Ovid, *Ars amatoria* 1,669 f.

Ossa ac pellis totus est.

Er ist ganz Knochen und Haut.

Plautus, *Aulularia* 564.

O tempora, o mores!

O Zeiten, o Sitten!

Cicero, *In L. Catilinam* 1,2. – Cicero gebraucht die Wendung an mehreren Stellen und wird von Seneca Rhetor (*Suasoriae* 6,3) zitiert. Vgl. z. B. Martial, *Epigrammata* 9,70,1.

Otia me somnusque iuvant.

Muße und Schlaf erfreuen mich.

Martial (*Epigrammata* 12,68,5) will dem hektischen Leben abschwören.

O Tite, tute, Tati tibi tanta, tyranne, tulisti!

O Titus Tatius, du Tyrann, du hast dir dieses so große (Unglück) selbst eingebracht!

Ennius, *Annales* Fragment 157 Magno; zitiert z. B. von Priscian, *Institutiones Grammaticae* 12,23.

otium cum dignitate

Muße mit Würde

Cicero (*Pro P. Sestio* 98) will nun keine öffentlichen Ämter mehr auf sich nehmen. Allerdings hat er bereits wegen seiner früheren Dienste Ansehen erworben. In *De oratore* 1,1,1 und *Ad familiares* 1,9,21 bezieht er die Wendung nicht auf sich als Privatmann, sondern auf den Staat, dem er einen ehrenvollen Frieden wünscht.

Otium sine litteris mors est et hominis vivi sepultura.
Muße ohne geistige Beschäftigung bedeutet den Tod und die Bestattung eines lebendigen Menschen.

Seneca, *Epistulae morales* 82,3.

O vita, misero longa, felici brevis!
O Leben, lang für den Elenden, kurz für den Glücklichen!

Publilius Syrus, *Sententiae* O 3.

P

pacem te poscimus omnes siehe **Nulla salus bello . . .**

Pacta sunt servanda.

Verträge müssen eingehalten werden.

Nach Papst Gregor IX., *Decretales* 1,35,1. Vgl. *Digesta* 2,14,1 und 2,14,7,7.

Paete, non dolet.

Paetus, es tut nicht weh.

Nach Plinius d. J. (*Epistulae* 3,16,6) hat Arria, als sie und ihr Mann Paetus im Begriff waren, gemeinsam Selbstmord zu begehen, sich als erste den Dolch in die Brust gestoßen, ihn herausgezogen und ihrem Mann mit den obigen Worten gereicht. – Martial (*Epigrammata* 1,13) berichtet dasselbe, doch soll Arria gesagt haben: »Glaube mir, die Wunde, die ich mir zugefügt habe, schmerzt nicht, aber die, die du dir zufügen wirst, Paetus, schmerzt.«

Palam in eum tela iaciuntur, clam subministrantur.

Öffentlich werden Geschosse auf ihn geschleudert, heimlich werden sie nachgereicht.

Cicero (*Pro M. Caelio* 20) verdeutlicht hier, daß seiner Meinung nach hinter den Anklägern des Caelius andere Drahtzieher stecken.

Palleat omnis amans, hic est color aptus amanti.

Es erbleiche jeder Liebende, das ist die zu einem Liebenden passende Farbe.

Ovid, *Ars amatoria* 1,729.

Pallida mors aequo pulsat pede pauperum tabernas / regumque turris.

Der bleiche Tod klopft mit gerechtem Fuß an ärmliche Hütten wie an hohe Königspaläste.
(Vgl.: Ob arm, ob reich, der Tod macht alle gleich.)

Horaz, *Carmina* 1,4,13 f.

panem et circenses
Brot und Spiele

Juvenal, *Saturae* 10,81. – Mit Lebensmittelspenden und aufwendigen Spielen hielten die Kaiser sich das Volk geneigt.

Parant amicos lautae res, dubiae probant.
Eine stattliche Vermögenslage schafft Freunde, eine bedenkliche prüft sie.
(Vgl.: Glück macht Freunde, aber Not bewährt sie.)

Pseudo-Seneca, *De moribus* 51.

par bene comparatum
ein gut zusammengestelltes Paar

Nach Iustinus, *Epitoma historiarum Philippicarum* 6,2.

Parce gaudere oportet et sensim queri.
Es ziemt sich, sich maßvoll zu freuen und in aller Stille zu klagen.

Phaedrus, *Fabulae* 4,18,9.

Parcendum est animo miserabile vulnus habenti.
Eine Seele, die an einer elenden Wunde leidet, muß geschont werden.

Ovid (*Epistulae ex Ponto* 1,5,23), im Exil befindlich, bittet seinen Freund Maximus um Nachsicht für seine angeblich nachlassenden Dichterfähigkeiten. Vgl. **Ad medicam dubius confugit aeger opem**.

Parce, puer, stimulis et fortius utere loris!
Sei zurückhaltend mit dem Treibstachel, Knabe, und benutze mehr die Zügel!

Ovid, *Metamorphoses* 2,127. – Der Sonnengott Phoebus warnt seinen Sohn Phaëton davor, die Pferde, die den Sonnenwagen ziehen, allzu schnell laufen zu lassen. Vgl. **Medio tutissimus ibis**.

parcere subiectis et debellare superbos
Unterworfene schonen und Hochmütige niederschlagen

Vergil, *Aeneis* 6,853. – Anchises prophezeit seinem Sohn Aeneas, der ihn in der Unterwelt besucht, die künftige Maxime Roms.

Parcite paucarum diffundere crimen in omnes.
Hütet euch, die Schuld weniger auf alle zu übertragen.
Ovid, *Ars amatoria* 3,9.

Pares cum paribus facillime congregantur.
Gleiche gesellen sich aufs leichteste zu Gleichen.
(Vgl.: Gleich und gleich gesellt sich gern.)
Cicero, *De senectute* 7.

Paritur pax bello.
Frieden erhält man durch Krieg.
(Vgl.: Wer Friede haben will, muß zum Kriege rüsten.)
Cornelius Nepos, *Epaminondas* 5,4.

par negotiis neque supra
seinen Aufgaben gewachsen, aber nicht mehr
Tacitus (*Annales* 6,39) über Poppaeus Sabinus, der nur durch seine Freundschaft zu einflußreichen Männern an Ämter gelangt war, sich aber nicht durch besondere Fähigkeiten auszeichnete.

par nobile fratrum
ein edles Brüderpaar
Horaz (*Sermones* 2,3,243) bezeichnet so ironisch die berühmt-berüchtigten Söhne des Arrius.

Par pari datum hostimentum est.
Zur Vergeltung ist Gleiches für Gleiches gegeben worden.
Plautus, *Asinaria* 172.

par pari respondere
Gleiches mit Gleichem beantworten
(hier: zurückzahlen, was man schuldet)
Cicero, *Ad Atticum* 16,7. Vgl. Terenz, *Adelphoe* 73.

Pars sanitatis velle sanari fuit.
Ein Teil der Heilung war (schon immer) geheilt werden zu wollen.
Seneca, *Hippolytus* 249.

parta tueri
Erworbenes wahren

Ovid, Ars *amatoria* 2,13.

Parturient montes, nascetur ridiculus mus.
Es werden die Berge kreißen (und) eine lächerliche Maus geboren werden.

Horaz (*Ars poetica* 139) warnt mit diesen Worten davor, Werke allzu prahlerisch anzukündigen. Die Wendung geht wohl auf ein griechisches Sprichwort zurück; vgl. Diogenianus 8,75, außerdem Phaedrus, *Fabulae* 4,24. Plutarch (*Agesilaus* 36,5) berichtet, die Ägypter hätten Agesilaus mit den obigen Worten wegen seines Kleinwuchses verlacht. Vgl. Athenaeus, *Deipnosophistae* 14,616d.

Parum est luxuriae autem, quod naturae satis est.
Der Natur jedoch ist wenig Luxus (bereits) genug.

Seneca, *De vita beata* 13,1.

Parva leves capiunt animos.
Belangloses nimmt seichte Gemüter ein.

Ovid, *Ars amatoria* 1,159.

Parvum parva decent.
Für Kleine ziemt sich Kleines.

Horaz, *Epistulae* 1,7,44.

Pascitur in vivis livor.
Neid weidet sich an den Lebenden.

Ovid (*Amores* 1,15,39) ist sich sicher, daß, auch wenn er zu Lebzeiten verkannt wird, ihm nach seinem Tod der verdiente Ruhm zuteil werde.

Passibus ambiguis fortuna volubilis errat.
Schwankenden Schritts irrt das wandelbare Schicksal umher.

Ovid, *Tristia* 5,8,15.

pater historiae
Vater der Geschichtsschreibung

Nach Cicero (*De legibus* 1,5), der Herodot so bezeichnet.

pater patriae
Vater des Vaterlandes

Cicero (*In Pisonem* 6) erläutert, Catulus habe ihn vor versammeltem Senat mit dieser Ehrenbezeichnung versehen; vgl. Seneca, *De clementia* 1,14,2. Auch von Caesar (vgl. Livius, *Periochae* 116) und Augustus (Augustus, *Monumentum Ancyranum*; vgl. Sueton, *Vita divi Augusti* 58) ist überliefert, daß sie diesen Ehrennamen erhalten haben. Tiberius (vgl. Tacitus, *Annales* 1,72) soll ihn zurückgewiesen haben.

Pater, peccavi in caelum et coram te.
Vater, ich habe gesündigt, gegen den Himmel und vor dir.

Lukas 15,18 und 15,21 – Worte des verlorenen Sohnes bei seiner Rückkehr.

Patet omnibus veritas; nondum est occupata.
Die Wahrheit steht allen offen; sie ist noch nicht (von jemandem für sich) eingenommen worden.

Seneca, *Epistulae morales* 33,11.

Patiare potius ipse quam facias scelus.
Erleide eher ein Verbrechen, als selbst eines zu begehen.
(Vgl.: Besser Unrecht leiden als Unrecht tun.)

Seneca, *Phoenissae* 494. – Iocasta versucht, den Bruderkampf ihrer Söhne zu verhindern, und warnt ihren Sohn Polynices vor unlauterem Verhalten.

Patior sine crimine poenam.
Ich erleide Strafe, ohne ein Verbrechen (begangen zu haben).

Ovid, *Metamorphoses* 9,372. – Dryope war in einen Baum verwandelt worden, als sie Lotusblüten gepflückt und dabei unwissentlich die in eine Blume verwandelte Nymphe Lotis verletzt hatte.

Patriae solum omnibus carum est.
Der Boden des Vaterlandes ist allen teuer.
(Vgl.: Heimat mein, was kann besser sein?)

Nach Cicero, *In L. Catilinam* 4,16.

Patria est, ubicumque est bene.
Das Vaterland ist, wo auch immer man sich wohl fühlt.

Cicero (*Tusculanae disputationes* 5,108) zitiert aus Pacuvius (*Teucer* Fragment ex inc. inc. fabulis Ribbeck 92, nach Aristophanes, *Plutos* 1151). Oft auch zitiert als »Ubi bene, ibi patria«.

Patria est, ubicumque vir fortis sedem sibi elegerit.
Das Vaterland ist, wo auch immer sich ein tapferer Mann seinen Wohnsitz erwählt hat.

Curtius Rufus (*Historia Alexandri Magni* 6,4,13) berichtet von diesen Worten Nabarzanes', des Generals von Darius III.

Pauca accipe contra!
Nimm ein wenig dagegen an!
(D. h.: Laß mich kurz darauf erwidern!)

Horaz, *Sermones* 1,4,38.

Pauci ex multis sunt amici, homini qui certi sient.
Es gibt nur wenige unter den vielen Freunden, die einem Menschen (wirklich) sicher sind.
(Vgl.: Viel Freunde und wenig Nothelfer.)

Plautus, *Pseudolus* 390.

Pauci, quod sinit alter, amant.
Wenige lieben, was der andere gewährt.

Ovid, *Amores* 3,4,26.

Paucis temeritas est bono, multis malo.
Für wenige ist Leichtsinn gut, für viele schlecht.

Phaedrus, *Fabulae* 5,4,12.

Paulum sepultae distat inertiae / celata virtus.
Wenig nur unterscheidet sich verborgene Tugend von begrabener Untätigkeit.

Horaz, *Carmina* 4,9,29 f.

Pauperis est numerare pecus.

Des Armen Sache ist es, sein Vieh zu zählen.

Ovid (*Metamorphoses* 13,824) läßt Polyphem vor seiner Angebeteten Galatea mit seinen ungeheuer großen Herden prahlen: Er habe soviel Vieh, daß er es nicht einmal mehr zählen könne.

Paupertas artes omnes perdocet.

Armut lehrt alle Künste.
(Vgl.: Not macht erfinderisch.)

Nach Plautus, *Stichus* 178. Vgl. **Ingenium mala saepe movent**.

Paupertas impulit audax, / ut versus facerem.

Verwegene Armut trieb mich an, Verse zu schmieden.

Horaz, *Epistulae* 2,2,51 f.

pauper ubique iacet siehe **Dat census honores . . .**

Pax Cererem nutrit, pacis alumna Ceres.

Der Friede nährt Ceres, Zögling des Friedens ist Ceres.

Ovid, *Fasti* 1,704. – Ceres steht metonymisch für die Landwirtschaft.

Pax est tranquilla libertas.

Frieden ist ungestörte Freiheit.

Cicero, *Orationes Philippicae* 2,113.

Pax hominibus bonae voluntatis!

Friede den Menschen, die guten Willens sind!

Lukas 2,14.

Pax optima rerum.

Frieden ist die beste Sache.

Silius Italicus (*Punica* 11,592) fährt fort (593 f.): »Pax una triumphis / innumeris potior.« (»Ein Frieden[sschluß] ist besser als unzählige Triumphzüge.«)

Pax vobiscum.

Der Friede sei mit euch.

Nach Lukas (24,36) und Johannes (20,19), die beide berichten, Jesus habe seine Jünger bei seiner Erscheinung nach der Kreuzigung mit den Worten »Pax vobis« (»Friede sei euch«) begrüßt.

Pecca fortiter!
Sündige tapfer!

Luther an Melanchthon am 1. August 1521: »Esto peccator et pecca fortiter, sed fortius fide et gaude in Christo, qui victor est peccati, mortis et mundi.« (»Sei ein Sünder und sündige tapfer, aber tapferer noch glaube und freue dich in Christus, der Sieger ist über Sünde, Tod und Welt.«)

Peccare pauci nolunt, nulli nesciunt.
Wenige (nur) wollen nicht sündigen, keiner (aber) wüßte nicht (wie man sündigt).

Publilius Syrus, *Sententiae* P 35.

Pectus est, quod facit disertos.
Es ist das Herz, das beredt macht.

Quintilian (*Institutio oratoria* 10,7,15) rät dem Redner, sich den Inhalt der Rede bildhaft vor Augen zu stellen und das, was man sagt, selbst zu empfinden, da man nur überzeuge, wenn man aus dem Herzen spreche.

Pecuniam in loco neclegere maxumum interdum est lucrum.
Am rechten Ort das Geld nicht zu beachten bringt bisweilen den größten Gewinn.

Terenz, *Adelphoe* 216.

pecuniam per gulam ventremque transmittere
das Geld durch die Gurgel und durch den Bauch jagen

Nach Pseudo-Quintilian, *Declamationes* 260.

Pedibus timor addidit alas.
Die Furcht verlieh den Füßen Flügel.

Vergil, *Aeneis* 8,224.

Peiora iuvenes facile praecepta audiunt.
Auf schlechtere Vorschriften hört die Jugend gern.

Seneca, *Thyestes* 309. – Der Diener führt noch weiter aus (311): »Saepe in magistrum scelera redierunt sua.« (»Oft sind Verfehlungen wieder auf den Lehrer zurückgekommen.«)

Peior est bello timor ipse belli.
Schlimmer als Krieg ist die eigentliche Angst vor dem Krieg.

Seneca, *Thyestes* 572.

pendere narrantis ab ore
am Mund des Erzählers hängen
(vgl.: jemandem an den Lippen hängen)

Nach Vergil (*Aeneis* 4,79), der beschreibt, wie Dido wieder und wieder Aeneas' Bericht vom Untergang Trojas zu hören begehrt.

Per aspera ad astra! siehe **Non est ad astra . . .**

Percussu crebro saxa cavantur aquis.
Durch häufiges Tropfen werden Felsen vom Wasser gehöhlt.

Ovid, *Epistulae ex Ponto* 2,7,40. Vgl. **Ferreus adsiduo consumitur . . ., Gutta cavat lapidem** . . . und **Stillicidii casus . . .**

Perdere est dignus bona, / quis nescit uti.
Güter zu verlieren verdient, wer sie nicht zu benutzen weiß.

Seneca, *Hippolytus* 442 f.

Perdere est patriam grave, / gravius timere.
Es ist hart, das Vaterland zu verlieren, härter, dies zu fürchten.

Seneca, *Troades* 912 f.

Perdere posse sat est, si quem iuvet ipsa potestas.
Vernichten zu können ist genug für den, den Macht (um ihrer) selbst (willen) erfreut.

Ovid, *Heroides* 12,75.

per fas et nefas
mit Recht und Unrecht
(d. h.: mit allen Mitteln; skrupellos)

(z. B.) nach Lukan, *De bello civili* 5,313.

Perfer et obdura! Dolor hic tibi proderit olim.
Halte durch und sei hart! Dieser Schmerz wird dir einst nützen.

Ovid, *Amores* 3,11,7; vgl. auch *Ars amatoria* 2,178 und Horaz, *Sermones* 2,5,39. Bereits Catull (*Carmina* 8,11) sucht sich mit »perfer, obdura« vom Liebesschmerz, verursacht durch Lesbia, zu befreien.

Pergo ad alios, venio ad alios, deinde ad alios: una res.
Ich gehe weiter zu den einen, komme zu anderen, schließlich (wieder) zu anderen: immer dasselbe.

Plautus (*Captivi* 488) läßt den Parasiten Ergasilus darüber klagen, daß ihn alle zum Narren halten.

Periculum in mora.
Gefahr (liegt) im Verzug.

Der preußische Kriegsminister Albrecht von Roon in einem Telegramm an Bismarck am 18. September 1862: »Periculum in mora. Dépêchez-vous.« Wohl nach Livius, *Ab urbe condita* 38,25,13.

Periere mores, ius, decus, pietas, fides.
Vergangen sind Sitten, Recht, Ehre, Frömmigkeit und Pflichtgefühl.

Seneca, *Agamemnon* 112.

Periit ius fasque bonumque.
Vergangen sind menschliches und göttliches Recht und die Gerechtigkeit.

Statius, *Thebais* 1,154.

. . . perinde ac si cadaver essent.
. . . als ob sie ein Leichnam wären.

Ignatius von Loyola, *Conclusiones* 6,1,6. Daher der »Kadavergehorsam«.

Per me equidem sint omnia protinus alba!
Von mir aus sei künftig alles weiß!
(D. h.: Ich will ein Auge zudrücken, fünf gerade sein lassen.)

Persius, *Saturae* 1,110.

Per me isti pedibus trahantur!
Von mir aus sollen diese bei den Füßen gezogen werden!
(D. h.: Der Teufel soll sie holen!)

Cicero, *Ad Atticum* 4,18.

Permitte divis cetera!
Überlasse den Göttern das übrige!

Horaz, *Carmina* 1,9,9.

per mutuum colloqium et consolationem fratrum
durch das wechselseitige Gespräch und die Tröstung der Brüder untereinander

Luther (»Schmalkaldische Artikel«, Dritter Teil, Vom Evangelio) führt Beispiele auf, die zeigen, daß Gott »vberschwenglich reich jnn seiner Gnade« sei.

perpetuum mobile
unaufhörlich Bewegliches (d. h.: ohne angetrieben zu werden)

Caspar Schott, (z. B.) *Technica curiosa* 10,1: »mobile perpetuum physico-mechanicum«. Die Idee des Perpetuum Mobile ist wohl schon älter.

Persaepe evenit, ut utilitas cum honestate certet.
Sehr oft geschieht es, daß Nutzen und Anstand im Widerstreit liegen.

Cicero, *Partitiones oratoriae* 89.

Per scelera semper sceleribus tutum est iter.
Ein sicherer Weg für Verbrechen führt stets über Verbrechen.

Seneca, *Agamemnon* 115.

per varios casus, per tot discrimina rerum . . .
durch mancherlei Unglück, durch so viele Gefahren . . .

Vergil, *Aeneis* 1,204.

Pessima sit, nulli non sua forma placet.
Auch wenn sie die Allerhäßlichste ist: Keiner Frau gefällt ihr Äußeres nicht.

Ovid, *Ars amatoria* 1,614.

Pessimum inimicorum genus laudantes.
Die schlimmste Art von Feinden sind Lobredner.

Tacitus, *Agricola* 41,1.

Pestis in amicitia pecuniae cupiditas.
Unheilstifter in der Freundschaft ist Geldgier.

Nach Cicero, *De amicitia* 34.

Philosophia ancilla theologiae.
Die Philosophie ist die Dienerin der Theologie.

Wohl in Anlehnung an Petrus Damianus, *De divina omnipotentia* 5,621.

pia desideria
fromme Wünsche

Titel einer Schrift des katholischen Theologen Herman Hugo. Vgl. auch die Schrift »Pia Desideria oder: Herzliches Verlangen nach gottgefälliger Besserung der wahren evangelischen Kirchen« des lutherischen Theologen Philipp Jakob Spener. Heute bezeichnet man mit dieser Wendung meist unerfüllbare Wünsche.

pia fraus
frommer Betrug

Nach Ovid (*Metamorphoses* 9,711), der so die Tat der Telethusa bezeichnet, die ihre neugeborene Tochter als Sohn ausgab, um sie vor der durch den Vater gebotenen Tötung zu bewahren.

Pictoribus atque poetis / quidlibet audendi semper fuit aequa potestas.
Malern wie Dichtern war es stets gleichermaßen erlaubt zu wagen, was auch immer (ihnen) beliebte.

Horaz (*Ars poetica* 9 f.) führt diese Worte als Behauptung Pisos an. Darauf antwortet er selbst, seiner Meinung nach seien der dichterischen Freiheit Schranken auferlegt: Alle Darstellungen müßten im Rahmen des Natürlichen bleiben. Vgl. **ut pictura poesis**.

Pietas fundamentum est omnium virtutum.
Frömmigkeit (gegenüber den Eltern) ist das Fundament aller Tugend.

Cicero, *Pro Cn. Plancio* 29.

pingui Minerva
mit fetter Minerva
(d. h.: unverbildeten Verstandes; mit gesundem Menschenverstand)

Nach Cicero (*De amicitia* 19), der diese Wendung als sprichwörtlich bezeichnet. – Die römische Göttin Minerva war die Patronin des Handwerks, der Künste, der Lehrer und Ärzte. Vgl. **crassa Minerva** und **invita Minerva**.

Pinguis venter non gignit sensum tenuem.
Ein fetter Bauch bringt keine zarte Empfindung hervor.

Hieronymus, *Epistulae* 52,11, nach Apostolius 5,22. Vgl. die andere Übersetzung des griechischen Sprichwortes: **Plenus venter non studet libenter**.

pinnas incidere
die Flügel stutzen

Nach Cicero, *Ad Atticum* 4,2.

Pisces natare oportet.
Fische müssen schwimmen.

Petron, *Satyrica* 39. – Trimalchio fordert mit diesen Worten seine Gäste zum Trinken auf.

Placeat homini, quicquid deo placuit.
Möge dem Menschen gefallen, was dem Gott gefiel.

Seneca, *Epistulae morales* 74,20.

Plane qualis dominus, talis et servus.
Wirklich: Wie der Herr, so auch der Sklave.
(Vgl.: Wie der Herr, so's G'scherr.)

Petron, *Satyrica* 58. Vgl. Cicero, *Ad familiares* 1,9,12, in Anspielung auf Platon, *Gesetze* 4,711c (»wie die Herrscher, so die Untertanen«); Cicero, *Ad Atticum* 5,11, in Anspielung auf Platon, *Staat* 8,563c (»wie die Herrin, so die Hündin«); im umgekehrten Sinne bei Hieronymus, *Epistulae* 7,5 (»wie die Gelenkten, so der Lenker«).

Plaudite, cives!
Klatscht Beifall, Bürger!

Der übliche Abschluß einer Komödie lautete »Plaudite!« (»Applaudiert!«). Sueton (*Vita divi Augusti* 99,1) zufolge soll der sterbende Augustus in griechischer Sprache seine Freunde um Applaus gebeten haben, da er seine Rolle in der Komödie des Lebens gut gespielt habe.

Plenus venter facile de ieiuniis disputat.
Ein voller Bauch diskutiert leicht über das Fasten.
(Vgl.: Voller Bauch lobt das Fasten.)

Hieronymus, *Epistulae* 58,2; vgl. auch *Epistulae* 52,11.

Plenus venter non studet libenter.
Ein voller Bauch studiert nicht gern.

Die Wendung geht wohl auf ein bei Apostolius (5,22) genanntes griechisches Sprichwort zurück. Eine Quelle für die uns überlieferte Fügung ist nicht belegt; vermutlich stammt sie aus dem Mittelalter. Vgl. die andere Übersetzung des griechischen Sprichwortes: **Pinguis venter non gignit sensum tenuem**.

Plerumque gratae divitibus vices.
Meist sind den Reichen Abwechslungen willkommen.

Horaz, *Carmina* 3,29,13.

Ploratur lacrimis amissa pecunia veris!
Mit echten Tränen wird verlorenes Geld beweint.

Juvenal, *Saturae* 13,134.

Pluraque sunt semper deteriora bonis.
Es gibt immer mehr Schlechtere als Gute.

Bei Ovid (*Ars amatoria* 3,256) stehen diese Worte in folgendem Zusammenhang: Während er seine Ratschläge in Sachen Liebe an alle richtet, kommen sie letztlich eher den Häßlichen zugute; die Schönen wenden sich seltener an den Liebesdichter.

Plurima mortis imago.
Sehr vielgestaltig ist das Erscheinungsbild des Todes.

Vergil, *Aeneis* 2,369.

Pluris est oculatus testis unus quam auriti decem.
Ein Augenzeuge ist mehr wert als zehn Ohrenzeugen.

Plautus, *Truculentus* 489.

Plus apud me tamen vera ratio valebit quam vulgi opinio!
Mehr als die Meinung des Volkes wird bei mir echte Vernunft gelten!

Cicero, *Paradoxa Stoicorum* 8.

plusculum se invitasse
sich etwas mehr gütlich getan haben
(d. h.: einen sitzen haben)

Nach Plautus, *Amphitruo* 283.

Plus docet quam scit.
Er lehrt mehr, als er weiß.

Petron, *Satyrica* 46.

Plus dolet, quam necesse est, qui ante dolet, quam necesse est.
Mehr als nötig leidet, wer leidet, bevor es nötig ist.

Seneca, *Epistulae morales* 98,8.

Plus exempla quam peccata nocent.
Schlechte Beispiele schaden mehr als (tatsächliche) Sünden.

Nach Cicero (*De legibus* 3,32), der hier vor allem von den Adligen spricht, die als offizielle Personen in höherem Maße als andere das Volk zur Nachahmung anstifteten und daher Vorbildcharakter haben sollten.

Plus oportet scire servum quam loqui.
Ein Sklave sollte mehr wissen als sagen.

Plautus, *Miles gloriosus* 477; vgl. auch *Epidicus* 60.

plus quam possis audere
mehr wagen, als man kann

Quintilian, *Institutio oratoria* 1,1,32.

Plus significas quam loqueris.
Du deutest mehr an, als du aussprichst.

Seneca, *Epistulae morales* 59,5.

Plus sonat quam valet.
Es tönt mehr, als es vermag.

Seneca, *Epistulae morales* 40,5.

Plus tamen timor quam ira celeritatis habet.
Angst ist dennoch von größerer Schnelligkeit als Zorn.

Livius (*Ab urbe condita* 6,32,10) zufolge war die Flucht der verängstigten Latiner und Volsker zu schnell, als daß das erzürnte römische Heer sie hätte einholen können.

Plus valet humanis viribus ira dei.
Mehr als menschliche Kräfte vermag der Zorn eines Gottes.

Ovid, *Tristia* 5,12,14.

plusve minusve
mehr oder weniger

(z. B.) Ovid, *Fasti* 5,110, wo die Wendung in einem anderen Sinn verwendet wird als heute geläufig: Ovid nimmt sich vor, keine der Musen »mehr oder weniger« zu preisen als eine andere.

Poena potest demi, culpa perennis erit.
Die Strafe kann genommen werden, die Schuld (jedoch) wird ewig bleiben.

Ovid, *Epistulae ex Ponto* 1,1,64.

Poena reversura est in caput ista tuum.
Die Strafe wird auf dein eigenes Haupt zurückfallen.

Ovid, *Ars amatoria* 1,340.

Poenas garrulus ipse dabit.
Der Schwätzer selbst wird bestraft werden.

Ovid (*Amores* 2,2,60) warnt einen Sklaven davor, einen Ehebruch seiner Herrin anzuzeigen: Oft glaube der Ehemann nämlich seiner Frau und verurteile den Sklaven als Schwätzer und Verleumder.

Poeta nascitur, orator fit.
Ein Dichter wird geboren, ein Redner wird (erst durch Übung).

Nach Florus Fragment 419,2 Baehrens.

poetica licentia
dichterische Freiheit

Nach Seneca, *Naturales quaestiones* 2,44,1; vgl. Ovid, *Amores* 3,12,41.

pollices premere
die Daumen drücken

Plinius d. Ä. (*Naturalis historia* 28,25) zufolge gemahnt ein altes Sprichwort, demjenigen, dem man Glück wünscht, die Daumen zu drücken.

Pollicitis dives quilibet esse potest.
In Versprechungen kann jeder reich sein.
(Vgl.: Er verspricht goldene Berge und ist keinen Heller wert.)

Ovid (*Ars amatoria* 1,444) rät, der Geliebten viele Versprechungen zu machen, selbst wenn man sie nicht erfüllen kann. Einmal geweckte Hoffnung halte lange an.

Pone irae frena modumque!
Lege dem Zorn Zügel und Maß an!

Juvenal, *Saturae* 8,88.

Pone modum laetis!
Setze deinem Erfolg eine Grenze!
(D. h.: Werde nicht übermütig!)

Statius, *Thebais* 2,406.

Poscimur.
Wir sind gefordert.

Horaz (*Carmina* 1,32,1) wird aufgefordert, eines seiner Gedichte vorzulesen.

Possum multa tibi veterum praecepta referre.
Ich könnte dir von vielen Vorschriften der Alten berichten.

Vergil, *Georgica* 1,176.

Possum nil ego sobrius.
Nüchtern vermag ich nichts.
(Vgl.: Wein ist der Poeten Heiliger Geist.)

Martial (*Epigrammata* 11,6,12) verkündet, daß er, wenn er trinke, gleichsam fünfzehn Dichter in sich verspüre.

Post amicitiam credendum est, ante amicitiam iudicandum.
Nach der Freundschaft muß man vertrauen, vor der Freundschaft urteilen.

Seneca (*Epistulae morales* 3,2) rät, man solle sich seine Freunde sorgfältig aussuchen; betrachte man sie aber einmal als Freunde, müsse man ihnen auch vertrauen.

Post certas hiemes uret Archaicus
Ignis Iliacas (oft auch: **Pergameas**) **domos.**
Nach einer bestimmten Anzahl von Wintern (d. h.: in absehbarer Zeit) wird der Archäer Feuer Ilions Häuser verbrennen.

Horaz, *Carmina* 1,15,35 f. – Nereus sagt Paris den Untergang Trojas durch den von den Griechen gestifteten Brand voraus.

Post coenam stabis aut passus mille meabis.
Nach dem Essen sollst du ruh'n (eigentlich: stehen) oder tausend Schritte tun.

Meist dem *Regimen sanitatis Salerni* zugeschrieben. J. Chr. G. Ackerman (*Regimen sanitatis Salerni sive Scholae Salernitanae,* S. 127) hält diese Zuordnung für falsch.

Post coitum omne animal triste.
Nach dem Koitus ist jedes Geschöpf betrübt.

Vermutlich nach Pseudo-Petron (Fragment Baehrens 4,101,1).

Post equitem sedet atra cura.
Hinter dem Reiter sitzt die düstere Sorge.

Horaz, *Carmina* 3,1,40.

Posteriores enim cogitationes, ut aiunt, sapientiores solent esse siehe **Cuiusvis hominis est errare . . .**

Post malam segetem serendum est.
Nach einer schlechten Saat muß man (erneut) säen (d. h.: den Mut nicht verlieren).

Seneca, *Epistulae morales* 81,1.

Post mortem in morte nihil est, quod metuam, mali.
Nach dem Tod gibt es nichts Übles im Tode, was ich fürchten könnte.

Plautus, *Captivi* 741.

Post mortem nulla voluptas siehe **Edite, bibite!**

Post nubila Phoebus.
Nach den Wolken (kommt) die Sonne.

Nach Alanus ab insulis, *Doctrinale minus* 1,33.

Potentissimus est, qui se habet in potestate.
Am stärksten ist, wer sich selbst in der Gewalt hat.

Nach Seneca (*Epistulae morales* 90,34), der den Ausspruch Demokrit zuschreibt.

Potest taurum tollere, qui vitulum sustulerit.
Einen Stier kann hochheben, wer ein Kalb hochgehoben hat.

Nach Petron, *Satyrica* 25, wo Quartilla behauptet, sich nicht daran erinnern zu können, jemals Jungfrau gewesen zu sein: Schon als junges Mädchen habe sie sich mit kleinen Jungen verlustiert, später dann größeren Männern zugewandt. Solch eine Handlungsweise sei die Grundlage für obige Wendung, die sie als altes Sprichwort bezeichnet.

Potior est, qui prior ad dandum est.
Mehr vermag, wer früher da ist zum Bezahlen.
(Vgl.: Wer zuerst kommt, mahlt zuerst.)

Nach Terenz, *Phormio* 533.

potius amicum quam dictum perdere

lieber einen Freund verlieren, als einen Witz unterdrücken

Quintilian, *Institutio oratoria* 6,3,28. – Die Wendung war vermutlich schon früher geläufig. Vgl. Horaz, *Sermones* 1,4,34 f.

Potius sero quam numquam.

Lieber spät als nie.

Nach Livius, *Ab urbe condita* 4,2,11.

Praeceptor Germaniae

Lehrer Deutschlands

Ehrentitel Philipp Melanchthons.

praedicare de Romulo et Remo

von Romulus und Remus erzählen

(d. h.: von nicht mehr aktuellen Dingen erzählen)

Cicero, *De legibus* 1,8.

Praemium incertum petis, / certum scelus.

Du strebst einen unsicheren Gewinn, (doch) eine sichere Schuld an.

Seneca, *Phoenissae* 632 f.

praesens absens

anwesend (und doch) abwesend

Terenz, *Eunuchus* 192. – Phaedria bittet die Kurtisane Thais, auch wenn sie physisch bei ihrem Soldaten sei, in ihrem Herzen doch stets bei ihm, Phaedria, zu weilen.

Praesenti credere fortunae non decet.

Es ziemt sich nicht, auf das gegenwärtige Glück zu vertrauen!

Nach Livius (*Ab urbe condita* 45,8,6), der fortfährt: ». . . cum quid vesper ferat, incertum sit.« (». . . da, was der Abend bringen mag, unsicher ist.«) Vgl. **Nescis quid vesper . . .**

Praestat amicitia propinquitati.

Freundschaft ist besser als Verwandtschaft.

(Vgl.: Ein guter Freund ist mehr wert als hundert Verwandte.)

Cicero (*De amicitia* 19) erklärt, von Freundschaft könne nicht die Rede sein, sobald der gute Wille fehle, während Verwandtschaft auch ohne diesen bestehen bleibe.

Praeterita mutare non possumus.
Vergangenes können wir nicht ändern.

Cicero, *In Pisonem* 59.

praeter propter
näherungsweise

Gellius, *Noctes Atticae* 19,10,4.

Praeter speciem stultus est.
Er ist dümmer, als er aussieht.

Plautus, *Mostellaria* 965.

Praetervehitur aures.
Es geht an den Ohren vorbei.
(D. h.: Es geht zum einen Ohr hinein und zum andern wieder hinaus.)

Nach Cicero, *Pro L. Cornelio Balbo* 4.

premere argumentum
ein Argument pressen
(d. h.: auf einem Argument beharren)

Nach Cicero, *Tusculanae disputationes* 1,88.

Pretio parata vincitur pretio fides.
Treue, die durch Bestechung zustande kam, wird durch Bestechung (wieder) aufgelöst.

Seneca, *Agamemnon* 287.

Pridie caveat, ne faciat, quod pigeat postridie!
Am Vortag hütet sie sich, etwas zu tun, dessen sie sich am nächsten Tag schämen könnte.

Plautus, *Stichus* 122.

Prima et maxima peccantium est poena peccasse.
Die erste und die größte Strafe für einen Sünder ist, gesündigt zu haben.

Nach Seneca, *Epistulae morales* 97,14.

Primum vivere, deinde philosophari.
Zuerst leben, dann philosophieren.
(D. h.: Zuerst ein tätiges Leben führen, dann philosophieren.)

Die Quelle des Zitats ist nicht nachgewiesen. Der Vorrang des praktischen Lebens über die theoretische Philosophie wird jedoch bereits von Cicero betont (*Ad Marcum filium* Fragment 4 Watt; überliefert von Laktanz, *Divinae institutiones* 3,14,17).

Primus in orbe deos fecit timor.
Furcht schuf als erste die Götter auf Erden.
(Vgl.: Wer sich fürchtet, der lauf' in die Kirche.)

Statius, *Thebais* 3,661; vgl. Petron Fragment 27 Ernout.

Principibus placuisse viris non ultima laus est. Non cuivis homini contingit adire Corinthum.
Den besten Männern gefallen zu haben ist nicht das geringste Lob. Es gelingt nicht jedem Menschen, nach Korinth zu fahren.

Horaz, *Epistulae* 1,17,35 f. – Korinth gilt nach einem griechischen Sprichwort als Stätte des Luxus. Hier jedoch ist wohl gemeint, daß nicht jeder vollkommene Tugend erlangen kann.

Principiis consentiant exitus.
Den Anfängen möge der Ausgang entsprechen.
(Vgl.: Wie der Anfang, so das Ende.)

Cicero, *Ad familiares* 11,5,3.

Principiis obsta!
Wehre den Anfängen!

Ovid (*Remedia amoris* 91) fährt fort: »Sero medicina paratur.« (»Zu spät wird die Medizin zubereitet.«) Vgl. die Anspielung bei Seneca, *Epistulae morales* 72,11.

Priusquam incipias, consulto et, ubi consulueris, mature facto opus est.
Bevor man beginnt, bedarf es der Überlegung, und sobald man überlegt hat, rechtzeitiger Ausführung.

Sallust, *Bellum Catilinarium* 1,6.

Probavit non rem publicam suam esse, sed se rei publicae.
(Der Herrscher) hat bewiesen, daß der Staat nicht ihm, sondern er dem Staat gehöre.

Seneca (*De clementia* 1,19,7) fordert ein solches Verhalten von einem guten Herrscher.

Probitas laudatur et alget.
Redlichkeit wird gelobt und muß (doch) frieren.
(Vgl.: Redlichkeit lobt jedermann, jedoch läßt man sie betteln gahn.)

Juvenal, *Saturae* 1,74.

Procellae quanto plus habent virium, tanto minus temporis.
Je mehr Kraft Stürme haben, desto weniger Zeit.
(D. h.: Starke Stürme ziehen schnell vorüber.)

Seneca, *Quaestiones naturales* 7,9,3.

procul negotiis siehe **Beatus ille, qui procul negotiis**

Procul omnis esto / clamor et ira.
Fern sei (uns) alles Geschrei und Zürnen!

Horaz, *Carmina* 3,8,15 f.

Procul, o procul este profani!
Fern, o ferne stehet, Unheilige!

Vergil (*Aeneis* 6,258). – Die Sibylle warnt die Gefährten des Aeneas, nicht mit ihm in die Unterwelt hinabzusteigen.

prodenda, quia prodita
zu Überlieferndes, da überliefert
(D. h.: Man muß überliefern, was überliefert wurde.)

Nach Herodot, *Geschichte* 7,152,3. Vgl. die andere Übersetzung: **Relata refero.**

Prodigus et stultus donat, quae spernit et odit.
Ein Verschwender und Tor gibt weg, was er verachtet und haßt.

Horaz, *Epistulae* 1,7,20.

pro domo
für das eigene Haus
(d. h.: im eigenen Interesse)

Cicero hielt im Jahre 57 v. Chr. nach seiner Rückkehr aus dem Exil die Rede *Pro domo sua ad pontifices* (heute meist zitiert als *De domo . . .*), um die Rückgabe seiner Grundstücke zu erwirken, die Clodius eingenommen hatte. Heute faßt man die Wendung im Sinne eines Plädoyers in eigener Sache auf.

Profecto deliramus interdum senes.
In der Tat spinnen wir Alten bisweilen.

Plautus, *Epidicus* 392.

Profecto enim vita vigilia est.
In der Tat nämlich ist das Leben ein Wachdienst.
(D. h.: Ein echtes Leben ist nur ein wachsames Leben.)

Plinius d. Ä., *Naturalis historia*, praefatio 18.

Pro lucri pallida tabes!
O bleiche Pest der Geldsucht!

Lukan, *De bello civili* 4,96.

Prona est timoris semper in peius fides siehe **Quid nimis miseri . . .**

Propone ante oculos deum!
Führe (dir) Gott vor Augen!

Cicero (*De natura deorum* 1,114) verwendet diese Worte in ganz anderem Sinn: Der epikureischen Auffassung, die Götter kümmerten sich nicht um die Menschen, sondern befänden sich in ständiger Kontemplation ihres eigenen Glücks, setzt er entgegen: »Conprehende igitur animo et propone ante oculos deum nihil aliud in omni aeternitate nisi ›Mihi pulchre est‹ et ›Ego beatus sum‹ cogitantem.« (»Man stelle sich also im Geiste und bildlich einen Gott vor, der auf alle Ewigkeit nichts anderes denkt als ›Mir ist wohl‹ und ›Ich bin glücklich‹.«)

Proque sua causa quisque disertus erat.
Und für seine eigene Sache war ein jeder beredt.

Ovid (*Fasti* 4,112) spricht hier von Liebenden, die für ihre jeweilige Angebetete singen.

Prospera animos efferunt.
Glückliche Umstände macht die Herzen übermütig.

Seneca, *Agamemnon* 252.

Prospera omnes sibi vindicant, adversa uni imputantur.
Erfolge nehmen alle für sich in Anspruch, Mißerfolge werden einem einzigen zugeschrieben.

Tacitus, *Agricola* 27,1.

Pro superi! quantum mortalia pectora caecae / noctis habent!
O Götter! Welch schwarze Nacht wohnt in den Herzen der Sterblichen!

Ovid, *Metamorphoses* 6,472 f.

Proximus sum egomet mihi.
Ich bin mir selbst der Nächste.

Vgl. Terenz, *Andria* 635.

Prudens futuri temporis exitum
Caliginosa nocte premit deus.
Weise hüllt der Gott den Ausgang (d. h.: die Ereignisse) der kommenden Zeit in düstere Nacht ein.

Horaz, *Carmina* 3,29,29 f.

Prudens interrogatio quasi dimidium sapientiae.
Eine kluge Frage ist gleichsam die Hälfte der Weisheit.

Francis Bacon zugeschrieben.

Pueri inter sese quam pro levibus noxiis iras gerunt!
Aus was für nichtigen Anlässen Knaben einander zürnen!

Terenz, *Hecyra* 310.

Pueri puerilia tractant siehe **Sunt pueri, pueri, pueri . . .**

Pugna nocet, citharae noxque Venusque iuvant.
Kampf schadet, Zitherspiel, Nacht und Liebe erfreu'n.
Ovid, *Heroides* 3,116.

Pugna suum finem, cum iacet hostis, habet.
Der Kampf hat sein Ende, wenn der Feind darniederliegt.
Ovid (*Tristia* 3,5,34) erläutert, daß Milde nur bei den Großen zu finden sei, so wie der edle Löwe den Kampf schnell zu Ende führe, während der Wolf und der Bär den Tod lange hinauszögerten.

pugnos edere
Fäuste essen
(d. h.: Prügel bekommen)
Nach Plautus, *Amphitruo* 309.

Pulchrum eminere est inter illustres viros.
Es ist schön, unter angesehenen Männern hervorzustechen.
Seneca, *Octavia* 472.

Pulchrum est vitam donare minori.
Es ist rühmlich, einem Geringeren das Leben zu schenken.
Statius, *Thebais* 6,816.

Pulsate, et aperietur vobis
Klopft, und es wird euch geöffnet.
Matthäus 7,7; Lukas 11,9.

Pulvis es, et in pulverem reverteris.
Staub bist du und zum Staub wirst du zurückkehren.
1. Mose 3,19.

Pulvis et umbra sumus.
Staub und Schatten sind wir.
Horaz (*Carmina* 4,7,16) erklärt, daß alles von Natur aus vergänglich sei.

punctum saliens

der springende Punkt

Nach Aristoteles, *Historia animalium* 6,3,561a 9 ff. Die lateinische Prägung soll sich bei Ulisse Aldrovandi (*Ornithologia* 14,1, S. 101, Z. 67) finden. Die Wendung bezeichnete ursprünglich den in einem Ei wahrnehmbaren zuckenden Punkt, das Herz. Heute meint sie den in einer Frage entscheidenden Punkt.

Punica fides

punische Treue

Nach Sallust, *Bellum Iugurthinum* 108,3. – Seit den Kriegen mit Hannibal sagte man den Puniern Treulosigkeit nach.

Pupillus est avarus aetatis brevis.

Ein Mündel ist ein Geizhals für eine kurze Zeitspanne.

Caecilius Balbus, *Sententiae* 153. – Mündel durften nicht selbständig Geschenke machen und waren somit zwangsläufig geizig.

Putent se in alium orbem terrarum delatos.

Sie könnten glauben, sie wären in eine andere Welt verschlagen.

Petron, *Satyrica* 1.

Q

Quadripedante putrem sonitu quatit ungula campum.
Der Huf läßt mit vierfüßigem Donnern das staubige Feld erbeben.

Vergil, *Aeneis* 8,596, in Anlehnung an Homer und Ennius. – Aeneas reitet mit seinen Mannen in den Kampf gegen Turnus.

Quaecumque ex merito spes venit, aequa venit.
Hoffnung, welcher Art auch immer, besteht zu Recht, wenn sie auf Verdienst fußt.

Ovid, *Heroides* 2,62.

quaedam quaestio subdifficilis, num quando amici novi veteribus sint anteponendi
(Es besteht) eine gewisse wenig schwierige Frage, ob neue Freunde stets den alten vorzuziehen seien

Cicero (*De amicitia* 67) zu einem grotesken Vergleich zwischen Pferden und Freunden: Bei Reittieren seien stets die jungen und frischen vorzuziehen. Wahre Freundschaften hingegen bedürften einiger Zeit: »Verum illud est, quod dicitur, multos modios salis simul edendos esse, ut amicitiae munus expletum sit.« (»Jenes Sprichwort ist wahr, daß man viele Scheffel Salz zusammen essen muß, um die Bedingungen einer Freundschaft zu erfüllen.«)

Quae dant, quaeque negant, gaudent tamen esse rogatae.
Ob sie sich hingeben oder sich verweigern, sie freuen sich dennoch, gefragt worden zu sein.

Ovid (*Ars amatoria* 1,345) erklärt, fast alle Frauen seien jederzeit zu Willen, und selbst wenn sie sich verweigerten, schmeichelten ihnen Annäherungsversuche.

Quae enim domus tam stabilis, quae tam firma civitas est, quae non odiis et discidiis funditus possit everti?
Welches Haus nämlich ist so stabil, welcher Staat so gefestigt, daß er nicht gänzlich zerstört werden könnte durch Haß und Zerrüttung?

Cicero (*De amicitia* 23) zählt die Vorteile wahrer Freundschaft auf und bietet zur Abschreckung obiges Beispiel von den Auswirkungen von Haß und Zerrüttung.

Quae fecisse iuvat, facta referre pudet.
Man schämt sich (oft) der Dinge, die angenehm waren, als man sie tat, wenn man (später) von ihnen erzählt.

Ovid, *Heroides* 19,64.

Quae fuerant vitia, mores sunt.
Was (einst) Fehler waren, sind (jetzt) Sitten.

Seneca, *Epistulae morales* 39,6.

Quae fugiunt, celeri carpite poma manu!
Früchte, die dahinschwinden, pflücket mit rascher Hand!

Ovid, *Ars amatoria* 3,576.

Quae fuit durum pati, / meminisse dulce est.
Es ist angenehm, sich an das zu erinnern, was hart zu ertragen war.

Seneca, *Hercules furens* 656 f.

Quaelibet eloquio fit bona causa tuo.
Durch deine Beredsamkeit wird jedes Anliegen gut.

Ovid, *Tristia* 1,9,46.

Quaelibet officio causa sit apta tuo.
Jeglicher Anlaß sei dir für eine Aufmerksamkeit recht.

Ovid (*Ars amatoria* 1,152) rät dem Liebenden, keine Gelegenheit für Annäherungsversuche auszulassen. So soll er etwa selbst dann Staub von dem Gewand der Angebeteten wischen, wenn dort keiner ist.

**Quae medicamenta non sanant, ferrum sanat;
Quae ferrum non sanat, ignis sanat;
Quae vero ignis non sanat, insanabilia reputari oportet.**
Was Medikamente nicht heilen, heilt das Schwert; was das Schwert nicht heilt, heilt das Feuer; was aber das Feuer nicht heilt, muß als unheilbar angesehen werden.

Hippokrates, *Aphorismen* 7,87. – Die lateinische Version der ersten beiden Verse findet sich als Motto zu Friedrich Schillers *Räubern*.

Quae modo pugnarunt, iungunt sua rostra columbae.
Tauben, die gerade erst miteinander fochten, vereinigen (nun) ihre Schnäbel.

Ovid, *Ars amatoria* 2,465.

Quae nocent, docent.
Was schadet, belehrt.
(Vgl.: Aus Schaden wird man klug.)

Martin Luther zugeschrieben; vgl. Heuseler, *Luthers Sprichwörter* 292.

Quae res bene vortat!
Möge sich die Sache zum Guten wenden!

Plautus, *Trinummus* 500.

Quae venit ex tuto, minus est accepta voluptas.
Lust, die aus der Sicherheit daherkommt (d. h.: die uns ohne Gefahr in den Schoß fällt), ist weniger willkommen.
(Vgl.: Je höher die Trauben hängen, desto süßer sind sie.)

Ovid, *Ars amatoria* 3,603.

Qualis artifex pereo!
Welch ein Künstler geht an mir verloren!

Sueton (*Vita Neronis* 49,1) zufolge sprach Nero diese Worte kurz vor seinem Selbstmord.

Qualis dominus, talis et servus siehe **Plane qualis . . .**

Qualis sit animus, ipse animus nesciet.
Wie die Seele beschaffen ist, wird die Seele selbst nicht wissen.

Cicero, *Tusculanae disputationes* 1,53.

Qualis vir, talis oratio.
Wie der Mann, so die Rede.

Nach Pseudo-Seneca, *De moribus* 73. Vgl. **Talis hominibus fuit oratio, qualis vita.**

Quamlibet infirmas adiuvat ira manus.
Zorn hilft noch so schwachen Händen (d. h.: er macht sie stärker).

Ovid, *Amores* 1,7,66.

Quam miser est, qui fert asperiora fide!
Wie elend ist, wer Härteres erleidet, als man glaubt.

Ovid, *Epistulae ex Ponto* 4,10,36.

Quam non est facilis virtus! Quam vero difficilis eius diuturna simulatio!
Wie ist doch die Tugend nicht leicht! Wie schwer aber ist (erst) ihr ständiges Vorheucheln!

Cicero, *Ad Atticum* 7,1.

Quamquam ridentem dicere verum, / quid vetat?
Doch was verbietet, lächelnd die Wahrheit zu sagen?

Horaz, *Sermones* 1,1,24 f.

Quam quisque norit artem, in hac se exerceat.
Jeder übe sich in der Kunst, die er erlernt hat!
(Vgl.: Schuster, bleib bei deinem Leisten!)

Cicero, *Tusculanae disputationes* 1,41.

Quam veterrimus, tam homini optimus est amicus.
Je älter ein Freund ist, um so besser ist er für den Menschen.

Plautus, *Truculentus* 173.

Quamvis sint sub aqua, sub aqua maledicere temptant.
Auch wenn sie unter Wasser sind, so versuchen sie, unter Wasser zu schimpfen.

Ovid, *Metamorphoses* 6,376. – Die lykischen Bauern hatten Latona (Leto), die mit ihren Zwillingen von Iuno (Hera) vertrieben worden war, das Wasser verweigert. Latona verwandelte sie daraufhin in Frösche, doch selbst in ihrer neuen Gestalt hörten sie nicht auf, sie zu schmähen.

Quandoque bonus dormitat Homerus.
Mitunter schläft (auch) der gute Homer.

Horaz, *Ars poetica* 359; vgl. Quintilian, *Institutio oratoria* 10,1,24, und **Neque semper arcum tendit Apollo**.

Quando tumet venter, produntur facta latenter.
Wenn der Bauch anschwillt, werden heimliche Taten ans Licht geführt.
(Vgl.: Wenn der Bauch schwillt, sieht man, wo es gilt.)

HW: 23562.

Quanti est sapere!
Wieviel ist's doch wert, weise zu sein!

Terenz, *Eunuchus* 791.

Quantum animis erroris inest!
Wieviel Irrtum ist in den Herzen!

Ovid, *Fasti* 2,789.

Quantum est adhibere hominem amicum, ubi quid geras!
Wie gut ist es, einen Freund heranzuziehen, wenn man etwas unternimmt!

Plautus, *Persa* 595.

Quantum mutatus ab illo!
Wie sehr hat er sich im Vergleich zu jenem (der er früher war) verändert!

Vergil, *Aeneis* 2,274. – Der Geist des gefallenen Hektor erscheint Aeneas und mahnt ihn, aus Troja zu fliehen. Hektor zeigt sich dabei nicht wie sonst in der Pose eines strahlenden Siegers, sondern tränenüberströmt.

Quantum oculis animo tam procul ibit amor.
Wie aus den Augen, so wird auch die Liebe in der Ferne aus dem Herzen schwinden.
(Vgl.: Aus den Augen, aus dem Sinn.)

Properz, *Elegiae* 3,21,10.

Quantum quisque ferat, respiciendus erit.
Ein jeder wird danach zu berücksichtigen sein, wieviel er bringt.

Ovid, *Amores* 1,8,38. – Dipsas rät einem jungen Mädchen dazu, sich mehrere Liebhaber zu nehmen und diese nach ihrem Vermögen zu behandeln.

Quare alium pro me, qui queat ista pati!
Daher (suche) einen anderen statt meiner, der diese Dinge ertragen kann!

Ovid, *Amores* 3,11,28.

Quare verbis parcam? Gratuita sunt.
Warum soll ich an Worten sparen? Sie sind (doch) umsonst.

Seneca (*Epistulae morales* 29,2) warnt vor einer solchen Einstellung. Vielmehr solle man seine philosophischen Erkenntnisse gezielt an willige Zuhörer richten.

Quasi aranearum fila disrumpit.
Gleichsam wie Spinnweben zerreißt er.

Hieronymus, *Epistulae* 125,6.

Quasi aurum igni, sic benevolentia fidelis periculo aliquo perspici potest.
Gleichsam wie Gold im Feuer, so wird treues Wohlwollen in Gefahren erkennbar.

Cicero, *Ad familiares* 9,16,2.

Quasi piscis, itidem est amator lenae: nequam est nisi recens.
Für die Kupplerin ist der Liebhaber wie ein Fisch: Er ist nichts wert, wenn er nicht frisch ist.

Plautus, *Asinaria* 178.

quasi umbra sequi
wie ein Schatten folgen

Nach Plautus, *Casina* 92.

Qua vicit, victos protegit ille manu.
Mit der Hand, mit der er siegte, schützt jener die Besiegten.

Ovid (*Amores* 1,2,52) bittet den Liebesgott Cupido, der ihn doch schon besiegt habe, ihn nun nicht weiter mit Liebespein zu quälen: Auch Caesar sei schließlich Besiegten gegenüber gnädig.

Quemcumque dederit exitum casus, feram!
Was auch immer für ein Ende mir das Schicksal bestimmt hat, ich werde es ertragen!

Seneca, *Hippolytus* 138.

Quemcumque miserum videris, hominem scias.
Wen auch immer du elend sehen wirst: Wisse, daß er ein Mensch ist.

Seneca, *Hercules furens* 463. – Auf diese Behauptung des Lycus entgegnet Amphitruo: »Quemcumque fortem videris, miserum neges.« (»Wen auch immer du tapfer sehen wirst: Nenne ihn nicht einen Elenden.«)

Quem di diligunt, / adulescens moritur.
Jung stirbt, wen die Götter lieben.
(Vgl.: Wen Gott liebt, den holt er zu sich.)

Plautus (*Bacchides* 816 f.) zitiert hier Menander (*Der Doppelte Betrüger* Fragment 111 Körte-Thierfelder).

Quem metuunt, oderunt: quem quisque odit, perisse expetit.
Wen sie fürchten, den hassen sie. Wen man haßt, dessen Tod wünscht man sich.

Cicero (*De officiis* 2,23) zitiert hier Ennius (Fragment Ex tragoediis inc. 416 Magno). Vgl. Ovid, *Amores* 2,2,10.

Quem paenitet peccasse, paene est innocens.
Wen es reut, gefehlt zu haben, der ist fast unschuldig.

Seneca, *Agamemnon* 243. Vgl. **Geminat peccatum, quem . . .** und **Si paenitet, haud nocet error**.

Quem referent Musae, vivet.
Von wem die Musen berichten werden, der wird leben.

Tibull, *Elegiae* 1,4,65.

Quem saepe transit casus, aliquando invenit.
Wen das Unglück oft übergeht, den findet es eines Tages (doch).

Seneca, *Hercules furens* 328.

Quem sua culpa premit, deceptus omitte tueri!
Wenn jemanden (wirklich) Schuld belastet, so schütze du, der du getäuscht worden bist, ihn nicht.

Horaz (*Epistulae* 1,18,79) gemahnt, jemanden, der sich als schuldig erwiesen hat, nicht länger zu unterstützen, auch wenn man ihn vorher fälschlicherweise für unschuldig hielt.

Qui alteri exitium parat, / eum scire oportet sibi paratam pestem.
Wer einem anderen den Untergang bereitet, der muß wissen, daß auch für ihn Verderben bereitsteht.
(Vgl.: Wer anderen eine Grube gräbt, fällt selbst hinein.)

Cicero (*Tusculanae disputationes* 2,39) zitiert aus Ennius, *Achilles* Fragment 183 f. Magno.

Qui amant, ipsi sibi somnia fingunt.
Liebende denken sich ihre Träume selbst aus.

Vergil, *Bucolica* 8,108.

Qui amat periculum, in illo peribit.
Wer die Gefahr liebt, wird darin umkommen.

Sirach 3,27.

quia me vestigia terrent
weil mich die Fußstapfen abschrecken

Horaz (*Epistulae* 1,1,74, nach Aesop, *Fabulae* 246 Halm) begründet seine Weigerung, sich den Ansichten des gemeinen Volkes anzuschließen, wie folgt: Die obigen Worte habe einst ein Fuchs auf die Frage geantwortet, warum er einen kranken Löwen nicht in dessen Höhle besuche: Die Spuren schreckten ihn ab, da sie alle in die Höhle führten, keine jedoch hinaus; vgl. (dt.) »sich in die Höhle des Löwen wagen«.

Quia qui alterum incusat probri, sumpse enitere oportet.
Denn wer einen anderen ob einer Übeltat anklagt, muß selbst (vor Tugend) strahlen.

Plautus, *Truculentus* 160.

Qui asinum non potest, stratum caedit.
Wer den Esel nicht prügeln kann, prügelt den Sattel.
(Vgl.: Man schlägt den Sack und meint den Esel.)

Petron, *Satyrica* 45.

Qui autem non proficit, deficit.
Wer jedoch nicht vorangeht, fällt zurück.
(Vgl.: Wer rastet, der rostet.)

Papst Leo der Große, *Sermones* 59,8.

Qui bene amat, bene castigat.
Wer richtig liebt, der züchtigt richtig.
(Vgl.: Je lieber das Kind, desto schärfer die Rute.)

Vgl. Hebräerbrief 12,6.

Qui bene imperat, paruerit aliquando necesse est.
Wer gut herrscht, muß einst gehorcht haben.

Cicero (*De legibus* 3,5) fährt fort: ». . . et qui modeste paret, videtur, qui aliquando imperet, dignus esse.« (». . . und wer in Bescheidenheit gehorcht, erscheint würdig, selbst einmal zu befehlen.«)

Qui confitetur, proxime innocentiam est.
Wer gesteht, ist der Redlichkeit sehr nahe.

Pseudo-Seneca, *De moribus* 94.

Quicquid agas, prudenter agas, et respice finem!
Was auch immer du tust, handle klug und bedenke das Ende!

Gesta Romanorum 103.

Quicquid discis, tibi discis.
Was auch immer du lernst, du lernst es für dich.

Petron, *Satyrica* 46.

Quicquid init ortus, finem timet: ibimus omnes.
Alles, was einen Anfang genommen hat, fürchtet das Ende: Wir werden alle untergehen.

Statius, *Silvae* 2,1,218.

Quicquid loquitur, sal merum est.
Was auch immer er sagt, ist reines Salz (d. h.: es hat feinen Witz).

Afranius, Fragment *Compitalia* 3 Ribbeck.

Quicumque turpi fraude semel innotuit,
Etiam si verum dicit, amittit fidem.
Wer einmal durch einen schändlichen Betrug bekannt geworden ist, verliert die Glaubhaftigkeit, auch wenn er die Wahrheit spricht.
(Vgl.: Wer einmal lügt, dem glaubt man nicht, und wenn er auch die Wahrheit spricht.)

Phaedrus, *Fabulae* 1,10,1 f.

Quid crastina volveret aetas, / scire nefas homini.
Was die künftige Zeit bringen würde, war dem Menschen zu wissen verboten.

Statius, *Thebais* 3,562 f.

Quid deceat, non videt ullus amans.
Kein Liebender achtet darauf, was sich ziemt.

Ovid, *Heroides* 4,154.

Quid dem, quid non dem? Renuis tu, quod iubet alter.
Was soll ich geben, was nicht? Du weist zurück, was der andere befiehlt.

Horaz (*Epistulae* 2,2,63) weigert sich zu versuchen, mit seiner Dichtung allen gerecht zu werden.

Quid de quoque viro et cui dicas, saepe videto!
Überlege oft, was du über jemanden sagst und wem du es sagst.

Horaz, *Epistulae* 1,18,68.

Qui dedit beneficium, taceat. Narret, qui accepit.
Wer (jemandem) eine Wohltat erwiesen hat, schweige. Es erzähle der davon, dem sie erwiesen wurde.

Seneca, *De beneficiis* 2,11,2.

Qui desiderat pacem, praeparet bellum.
Wer sich nach Frieden sehnt, der bereite Krieg.
(Vgl.: Wer den Frieden haben will, muß zum Kriege rüsten.)

Vegetius, *Epitoma rei militaris* 3, praefatio. Vgl. Cicero, *Philippicae orationes* 7,19; Publilius Syrus, *Sententiae* P 16; Cornelius Nepos, *Epaminondas* 5,4, und Livius, *Ab urbe condita* 6,18,7. Oft auch zitiert als »Si vis pacem, para bellum!« (»Wenn du Frieden willst, bereite den Krieg!«)

Quid est autem turpius quam senex vivere incipiens?
Was ist schändlicher als ein Greis, der zu leben beginnt?

Seneca (*Epistulae morales* 13,17) gemahnt, nicht alle Hoffnungen auf die Zukunft zu richten.

Quid est enim libertas? Potestas vivendi, ut velis.
Was ist denn Freiheit? Die Möglichkeit so zu leben, wie du willst.

Cicero, *Paradoxa Stoicorum* 34.

Quid est pietas nisi voluntas grata in parentes.
Was ist kindliche Liebe anderes als dankbare Gesinnung gegenüber den Eltern?

Cicero, *Pro Cn. Plancio* 80.

Quid est sapientia? Semper idem velle atque idem nolle.
Was ist Weisheit? Immer dasselbe zu wollen und dasselbe abzulehnen.

Seneca, *Epistulae morales* 20,5.

Quid est suavius quam bene rem gerere / bono publico!
Was ist angenehmer, als etwas gut und zum allgemeinen Wohl auszuführen?

Plautus, *Captivi* 498 f.

Quid est veritas?
Was ist Wahrheit?

Laut Johannes (18,38) richtete Pontius Pilatus diese Frage an Jesus, der verkündet hatte, er sei auf die Welt gekommen, um der Wahrheit ein Zeugnis zu leisten.

Quid faciant pauci contra tot milia fortes?
Was sollen wenige Tapfere gegen so viele Tausende (Gegner) vermögen?

Ovid (*Fasti* 2,229) über die Familie der Fabii, die im Jahre 475 v. Chr. angeboten hatten, allein den Krieg gegen Veii zu führen, und 477 geschlagen wurden.

Quid faciemus nos?
Was werden wir tun?

Friedrich Schiller, *Wallenstein*, Wallensteins Lager, V. 549.

Quid facies, facies Veneris si veneris ante?
Ne sedeas? sed eas, ne pereas per eas.
Was wirst du tun, wenn du vor das Antlitz der Venus trittst? Wirst du dich etwa setzen? Nein, du sollst weggehen, damit du dadurch nicht vergehst.

Wortspiel im Vorwort der *Biévriana ou Jeux de mots* des M. de Bièvre.

Quid harenae semina mandas?
Was streust du Samen in den Sand?
(D. h.: etwas Unsinniges tun)

Ovid, *Heroides* 5,115.

Quid hic statis tota die otiosi?
Was steht ihr hier den ganzen Tag müßig herum?

Matthäus 20,6.

Quid id ad me?
Was geht mich das an?

Plautus, *Menaechmi* 722.

qui digito scalpunt uno caput
die sich mit (nur) einem Finger am Haupte kratzen

Juvenal (*Saturae* 9,133) beschreibt so Gecken, die um keinen Preis ihre modische Frisur in Unordnung bringen wollen.

Quid iuvat extinctos ferrum demittere in artus?
Was nützt es, das Schwert in leblose Glieder zu stoßen?

Ovid, *Epistulae ex Ponto* 4,16,51.

Quid leges sine moribus?
Was sollen Gesetze ohne Moral?

Horaz, *Carmina* 3,24,35.

Quid me alta silentia cogis / rumpere?
Was zwingst du mich, das tiefe Schweigen zu brechen?

Vergil, *Aeneis* 10,63 f.

Quid moror exemplis, quorum me turba fatigat?
Was halte ich mich mit Beispielen auf, deren Menge mich ermüdet?
(D. h.: Es gibt so viele Beispiele hierfür. Warum sollte ich sie alle anführen?)

Ovid, *Remedia amoris* 461.

Quid nimis miseri volunt, / hoc facile credunt.
Was Unglückliche allzu sehr wünschen, das glauben sie leicht.

Seneca (*Hercules furens* 313 ff.) fährt fort: »Prona est timoris semper in peius fides.« (»Der Glaube der Angst ist immer Schlimmerem zugeneigt«; d. h.: man fürchtet meist das Schlimmste.) Vgl. Caesar, *De bello Gallico* 3,18,6.

Quid non Amor improbus audet!
Was wagt der freche Amor nicht!

Ovid, *Fasti* 2,331.

Quid non cogit amor?
Wozu zwingt nicht die Liebe (die Menschen)?

Martial, *Epigrammata* 5,48,1.

Quid non ebrietas dissignat? Operta recludit.
Was zeigt Trunkenheit nicht an? Sie deckt Verborgenes auf.

Horaz, *Epistulae* 1,5,16.

Quid non longa dies, quid non consumitis, anni?
Was, langer Tag, was, Jahre, verzehrt ihr nicht?

Martial, *Epigrammata* 9,49,9.

Quid non mortalia pectora cogis, / auri sacra fames!
Wozu zwingst du nicht die Herzen der Sterblichen, schändliche Goldgier!
(Vgl.: Goldhunger, wen machst du nicht zum Unger!)

Vergil, *Aeneis* 3,56 f. Vgl. **Improbe Amor . . .**

Quid non sentit amor?
Was fühlt nicht die Liebe?

Ovid, *Metamorphoses* 4,68.

Quid novi ex Africa?
Was (gibt es) Neues aus Afrika?

Nach einem griechischen Sprichwort (vgl. Aristoteles, *De generatione animalium* 2,7,746b 7 f., und Plinius d. Ä., *Naturalis historia* 8,42), das von einer unendlichen Artenvielfalt in Libyen spricht. Aristoteles bietet als Erklärung für dieses Phänomen, alle Tiere kämen an den Wasserlöchern zusammen und pflanzten sich dort beliebig miteinander fort.

Quid nunc stupes tamquam hircus in ervilia?
Was stierst du jetzt wie ein Ziegenbock in einem Feld von Kichererbsen?
(Vgl.: jemanden anstarren wie die Kuh den Kaiser)

Petron, *Satyrica* 57.

Quid opus est nota noscere?
Was ist es nötig, Bekanntes zu erfahren?

Plautus, *Miles gloriosus* 636.

Quid opus est verbis?
Was bedarf es der Worte?

Terenz, *Andria* 165.

Quid peius muliere aut audacius?
Was gibt es Schlechteres oder Verwegeneres als eine Frau?

Plautus, *Miles gloriosus* 307.

Quidquid amor iussit, non est contemnere tutum.
Zu mißachten, was auch immer die Liebe befahl, ist kein sicheres Unterfangen.

Ovid, *Heroides* 4,11.

Quidquid delirant reges, plectuntur Achivi.
Was immer die Könige Törichtes begehen: Die Achiver werden geschlagen (d. h.: sie müssen es ausbaden).

Horaz, *Epistulae* 1,2,14. – Infolge des Streits zwischen dem Peliden Achilles und dem Atriden Agamemnon kam großes Unheil über das Heer der Archiver (Griechen).

Quidquid erit, superanda omnis fortuna ferendo est.
Was auch immer es sei, man muß jeden Schicksalsschlag überwinden, indem man ihn erträgt.

Vergil, *Aeneis* 5,710.

Quidquid excessit modum, / pendet instabili loco.
Was auch immer das Maß überschreitet, hängt an einem unsicheren Ort.

Seneca, *Oedipus* 909 f.

Quidquid id est, timeo Danaos et dona ferentes.
Was es auch sei, ich fürchte die Danaer, und wenn sie Geschenke bringen.

Vergil, *Aeneis* 2,49. – Laokoon warnt die Trojaner vor dem hölzernen Pferd. Vgl. **Danaum fatale munus, donum exitiale Minervae** und **Latet error . . .**

Quidquid in altum fortuna tulit, / ruitura levat.
Was auch immer das Schicksal in die Höhe trug, erhebt es, auf daß es wieder herniederstürze.

Seneca, *Agamemnon* 101 f.

quidquid in buccam venerit
was auch immer (einem) in den Mund kam

Nach Cicero, *Ad Atticum* 1,12.

Quidquid praeter spem eveniat, omne id deputare esse in lucro.
Was entgegen der Hoffnung geschehe, das sei als Gewinn anzurechnen.

Terenz, *Phormio* 246, zitiert bei Cicero, *Tusculanae disputationes* 3,30.

Quidquid sub terra est, in apricum proferet aetas.
Was auch immer unter der Erde ist, wird die Zeit ans Licht bringen.

Horaz, *Epistulae* 1,6,24.

Quidquid venerit obviam, loquitur.
Was ihm gerade über den Weg lief, davon redet er.

Nach Martial, *Epigrammata* 11,6,7.

Quid Romae faciam? Mentiri nescio.
Was soll ich in Rom tun? Ich weiß nicht zu lügen.

Juvenal (*Saturae* 3,41) beklagt den Sittenverfall in Rom.

Quid, si nunc caelum ruat?
Was, wenn der Himmel nun einstürzte?

Terenz, *Heauton timorumenos* 719.

Quid sit futurum cras, fuge quaerere!
Hüte dich, danach zu fragen, was morgen geschehen wird!

Horaz, *Carmina* 1,9,13.

Quid tibi vis?
Was willst du für dich?
(D. h.: Was hast du vor, was planst du?)

Terenz, *Eunuchus* 559.

Quid verbis opus est?
Was bedarf es der Worte?

Terenz, *Andria* 99.

Quid vesper ferat, incertum est siehe **Praesenti credere fortunae . . .**

Quid vesper serus vehat . . . sol tibi signa dabit.
Was der späte Abend bringt, kündet dir die Sonne durch Zeichen an.

Vergil, *Georgica* 1,461 ff.

Quid vici prosunt aut horrea?
Was helfen Anwesen und Kornspeicher?

Horaz (*Epistulae* 2,2,177 f.) hält Reichtum für unwichtig, da der Tod nicht bestechlich sei: Arm wie Reich raffe er gleichermaßen dahin.

Qui e nuce nucleum esse vult, frangit nucem.
Wer aus der Nuß den Kern essen will, der zerbricht die Nuß.

Plautus (*Curculio* 55) fährt unmißverständlich fort: Ebenso müsse, wer sexuellen Verkehr mit Frauen haben wolle, sich den Weg mit Küssen bahnen.

Quieta non movere!
Einmal zur Ruhe Gekommenes soll man nicht aufrühren!

Nach einem griechischen Sprichwort in der Sammlung des Macarius Hieromonachus (5,98). Vgl. Sallust, *Bellum Catilinarium* 21,1. In der obigen lateinischen Version verwendet von Bismarck in einer Rede vom 14. April 1891.

Qui fodit foveam, incidet in eam.
Wer einen Graben gräbt, wird hineinfallen.
(Vgl.: Wer anderen eine Grube gräbt, fällt selbst hinein.)

Sprüche 26,27.

Qui genus iactat suum, / aliena laudat.
Wer mit seiner Herkunft prahlt, lobt Fremdes.
Seneca, *Hercules furens* 340 f.

Qui habet aures audiendi, audiat!
Wer Ohren hat zu hören, der höre!
Matthäus 11,15.

Qui invident, egent.
Die neiden, leiden Mangel.
Plautus, *Truculentus* 746.

Qui ipse sibi sapiens prodesse non quit, nequiquam sapit.
Ein Weiser, der sich selbst nicht helfen kann, ist umsonst weise.
Ennius, *Medea* Fragment 280 Magno.

Qui modeste paret, videtur, qui aliquando imperet, dignus esse siehe **Qui bene imperat . . .**

Qui monet, quasi adiuvat.
Wer ermahnt, hilft gleichsam.
Plautus, *Curculio* 460.

Qui multum habet, plus cupit.
Wer viel hat, verlangt nach mehr.
Seneca, *Epistulae morales* 119,6.

Qui nescit dissimulare, nescit regnare.
Wer nicht zu täuschen weiß, weiß nicht zu herrschen.
Ludwig XI. von Frankreich zugeschrieben.

Qui nihil potest sperare, desperet nihil.
Wer nichts hoffen kann, soll an nichts verzweifeln.
Seneca, *Medea* 163.

Qui nolet fieri desidiosus, amet!
Wer nicht träge werden will, der liebe!
Ovid, *Amores* 1,9,46.

Qui non est hodie, cras minus aptus erit.
Wer es heute nicht ist, der wird morgen (noch) weniger geeignet sein.

Ovid (*Remedia amoris* 94) warnt davor, die Heilung von der Liebe zu spät in Angriff zu nehmen, denn auch Medizin könne man zu spät einsetzen.

Qui non vetat peccare, cum possit, iubet.
Wer nicht zu sündigen verbietet, obwohl er es könnte, befiehlt es (zu sündigen).
(Vgl.: Selbst schuldig ist der Tat, wer nicht straft die Missetat.)

Seneca, *Troades* 291.

Quintili Vare, legiones redde!
Quintilius Varus, gib (mir meine) Legionen zurück!

Sueton (*Vita divi Augusti* 23,2) zufolge soll Augustus noch Monate nach der verlorenen Schlacht im Teutoburger Wald (9 n. Chr.) diese Worte oft ausgerufen und seinen Kopf gegen eine Tür geschlagen haben.

Qui pavet vanos metus, / veros meretur.
Wer aus falscher Furcht zittert, der verdient richtige.

Seneca, *Oedipus* 700 f.

Qui per virtutem perit, at non interit.
Wer tugendhaft stirbt, vergeht jedoch nicht (erg.: denn es bleibt sein Ruhm).

Plautus, *Captivi* 690.

Qui poterit sanum fingere, sanus erit.
Wer einen Gesunden mimen kann, wird gesund werden.

Ovid, *Remedia amoris* 504.

Qui, quae vult, dicit, ea quae non vult, audiet siehe **Si mihi perget . . .**

Quique aliis cavit, non cavet ipse sibi.
Er, der für andere sorgte, sorgt nicht für sich selbst.

In seiner Aufzählung von Plätzen, die sich für die Liebe eignen, nennt Ovid (*Ars amatoria* 1,84) auch das Forum: Dort seien viele Rechtsgelehrte, die sich um die Belange anderer kümmerten. Was sie selbst betrifft, seien sie jedoch so sorglos, daß sie dort von der Liebe überrascht würden.

Qui sapit, in tacito gaudeat ipse sinu.
Wer weise ist, freue sich im schweigsamen Herzen (d. h.: in aller Stille).

Tibull, *Elegiae* 4,13,3.

Quis custodiet ipsos / custodes?
Wer wird die Wächter selbst bewachen?

Juvenal (*Saturae* 6,347 f.) empört sich über den Sittenverfall unter den römischen Frauen, die nun schon so lüstern seien, daß sie sogar den von ihrem Ehemann bestellten Wächter verführten.

Qui se ipse laudat, cito derisorem inveniet.
Wer sich selbst lobt, wird schnell einen Spötter finden.

Publilius Syrus, *Sententiae* Q 45.

Quis est enim, qui totum diem iaculans non aliquando colliniet?
Wen gäbe es denn, der den ganzen Tag herumschösse und nicht irgendwann träfe?

Cicero, *De divinatione* 2,121.

Quis fallere possit amantem?
Wer könnte eine Liebende täuschen?

Vergil, *Aeneis* 4,296.

Quis famulus amantior domini?
Welcher Diener liebt seinen Herrn mehr?

Columella (*De re rustica* 7,12,1) preist die Treue der Hunde.

Quis furor, o cives, quae tanta licentia ferri?
Was für ein Wüten, Bürger, welch ungeheure Zügellosigkeit der Waffen!

Lukan, *De bello civili* 1,8.

Qui sibi semitam non sapiunt, alteri monstrant viam.
Die, die ihren eigenen Weg nicht kennen, zeigen anderen die Richtung.

Cicero, *De divinatione* 1,132.

Quis legem det amantibus? / Maior lex amor est sibi.
Wer wird Liebenden Gesetze auflegen? Ein höheres Gesetz ist die Liebe sich selbst.

Boethius, *Consolatio Philosophiae* 3, Metrum 12,47 f.

Quis leget haec? siehe **O curas hominum . . .**

Quis minor est autem quam tacuisse labor?
Was aber ist weniger mühevoll als zu schweigen?

Ovid, *Amores* 2,2,28.

Quis non odit varios, leves, futiles?
Wer haßt nicht die Wankelmütigen, die Leichtsinnigen, die Taugenichtse?

Cicero, *De finibus* 3,38.

Quisquis amas, loca sola nocent, loca sola caveto!
Wer auch immer du bist, der liebt: Einsame Orte sind schädlich, hüte dich vor einsamen Orten!

Ovid, *Remedia amoris* 579.

Quisquis magna dedit, voluit sibi magna remitti.
Wer große Geschenke gab, wollte, daß ihm wiederum große gemacht würden.

Martial, *Epigrammata* 5,59,3.

Quisquis peccat inops, minor est reus.
Wer als Mittelloser sündigt, ist weniger schuldig.

Petron, *Satyrica* 133.

Quisquis plus iusto non sapit, ille sapit.
Weise ist jener, der nicht über die Maßen weise ist.

Martial, *Epigrammata* 14,210,2.

Quis Solem fallere possit?
Wer könnte Sol täuschen?

Ovid, *Ars amatoria* 2,573. – Venus und Mars hatten ihr Liebeslager gut versteckt, doch der Sonnengott sah die beiden und berichtete Venus' Gatten Vulcanus davon.

Qui studet optatam cursu contingere metam,
Multa tulit fecitque puer, sudavit et alsit.

Wer im Wettlauf dem ersehnten Zielstein zustrebt, hat als junger Mensch viel ertragen und geleistet, hat geschwitzt und gefroren.

Horaz (*Ars poetica* 412 f.) erklärt, weder natürliche Begabung noch Übung allein reichten aus für einen guten Dichter. Vielmehr müsse zur Begabung die Übung hinzukommen, so wie auch ein guter Läufer bereits als Kind trainiere.

Quis tulerit Gracchos de seditione querentes?

Wer ertrüge es, wenn sich die Gracchen über Aufruhr beklagten?

Juvenal, *Saturae* 2,24. – Tiberius und Gaius Sempronius Gracchus hatten als Volkstribunen in den Jahren 133 bis 121 v. Chr. durch ihre volksfreundlichen Gesetzesvorschläge die sogenannten Gracchischen Unruhen bewirkt.

Qui tacet, consentire videtur.

Wer schweigt, scheint beizustimmen.

Papst Bonifaz VIII., *Liber sextus decretalium* 5,12, de regulis iuris 43.

Qui tacet, non utique fatetur, sed tamen verum est eum non negare.

Wer schweigt, gesteht zwar nicht, aber dennoch ist es wahr, daß er nicht abstreitet.

Digesta 50,17,142 (Paulus, *Ad edictum* 54). Vgl. Cicero, *De inventione* 1,32,54; Seneca Rhetor, *Controversiae* 10,2,6.

Qui tarde fecit, diu noluit.

Wer spät handelt, hat lange nicht gewollt.

Seneca (*De beneficiis* 1,1,8) ermahnt dazu, mit Wohltaten nicht zu zögern, denn solches Verhalten zeige nur, daß man eigentlich nicht wohltätig sein wolle. Für den Empfangenden sei aber gerade der Wille des anderen wichtig.

Qui terret, plus ipse timet.

Wer Schrecken verbreitet, hat selbst mehr Furcht.

Claudian, *De quarto consulatu honorii Augusti* 290.

Qui timide rogat, / docet negare.
Wer ängstlich fragt, lehrt abzulehnen.

Seneca, *Hippolytus* 593 f.

Qui uti scit, ei bona; illi, qui non utitur recte, mala.
Wer die Dinge zu benutzen weiß, dem sind sie Güter, dem, der sie nicht richtig benutzt, Übel.

Terenz, *Heauton timorumenos* 196.

Quivis beatus versa rota fortunae ante vesperum potest esse miserrimus.
Jeder Glückliche kann, wenn sich das Rad des Schicksals dreht, vor dem Abend zum Allerelendsten werden.

Ammianus Marcellinus, *Res gestae* 26,8,13.

Qui vult amari, languida regnat manu.
Wer geliebt werden will, regiert mit nachsichtiger Hand.

Seneca, *Phoenissae* 659.

Quocumque aspexi, nihil est nisi mortis imago.
Wohin auch immer ich blicke, ist nur ein Bild des Todes.

Ovid, *Tristia* 1,11,23.

Quod boni est, id tacitus taceas tute tecum et gaudeas.
Behalte dein Glück stillschweigend für dich und erfreue dich daran.

Plautus, *Epidicus* 651.

Quod bonum faustum felix fortunatumque sit!
Was gut, günstig, glücklich und gedeihlich sei!

Nach Cicero (*De divinatione* 1,102), der erläutert, dies sei ein typischer Spruch der an Omen glaubenden Vorfahren der Römer. In ähnlicher Fügung findet sich die Wendung z. B. bei Plautus (*Trinummus* 41). Livius erläutert zum einen (*Ab urbe condita* 1,17,41), der Interrex habe diese Worte ausgerufen, als das Volk selbst einen König als Nachfolger des Romulus wählen sollte. Zum anderen führt er an, die Decemviri hätten das Volk auf diese Weise aufgefordert, die Zwölftafelgesetze zu lesen und zu überdenken.

Quod caret alterna requie, durabile non est.
Was keine zeitweilige Pause kennt, ist nicht dauerhaft.
(Vgl.: Was nicht rastet und nicht ruht, tut in die Länge nicht gut.)

Ovid, *Heroides* 4,89.

Quodcumque libuit facere victori, licet.
Was auch immer ihm gefällt, ist dem Sieger erlaubt zu tun.

Seneca, *Troades* 334.

Quod cupio mecum est; inopem me copia fecit.
Was ich begehre, habe ich; die Fülle machte mich arm.

Ovid, *Metamorphoses* 3,466. – Narziß verzweifelt an seiner Selbstverliebtheit: Gerade die Tatsache, daß er in Besitz dessen ist, was er liebt, verwehrt ihm eine Zusammenkunft mit der geliebten Person.

Quod dare non possis, verbis promittere noli,
Ne sis ventosus, dum vir bonus esse videris.
Was du nicht geben kannst, das versprich auch nicht mit Worten, damit du nicht ein Windbeutel seist, während du ein guter Mann scheinen willst.

Disticha Catonis 1,25.

Quod decet, honestum est, et quod honestum est, decet.
Was sich ziemt, ist anständig, und was anständig ist, ziemt sich.

Cicero, *De officiis* 1,94.

Quod differtur, non aufertur.
Was aufgeschoben wird, wird nicht aufgehoben.

Arnobius, *Commentarii in Psalmos* 36; vgl. z. B. Properz, *Elegiae* 2,3,8, und Plinius d. J., *Epistulae* 8,11,3.

Quod dubites, ne feceris!
Worüber du Zweifel hegst, das laß sein!

Plinius d. J. (*Epistulae* 1,18,5) nennt diese Worte eine alte Regel der Weisen.

Quod erat demonstrandum.
Was zu beweisen war.

Euklid, *Elementorum liber* 3,4.

Quod ergo intellego, id etiam credo; at non omne quod credo, etiam intellego.
Was ich also verstehe, das glaube ich auch; aber nicht alles, was ich glaube, verstehe ich auch.

Augustinus, *De magistro* 37,2.

Quod fors feret, feremus aequo animo.
Was das Schicksal bringen wird, werden wir gleichmütig ertragen.

Terenz, *Phormio* 138.

Quod hodie non est, cras erit; sic vita truditur.
Was heute nicht ist, wird morgen sein; so geht das Leben.

Petron, *Satyrica* 45.

Quod latet, ignotum est: ignoti nulla cupido.
Was verborgen ist, ist unbekannt; nach Unbekanntem gibt es kein Verlangen.

Ovid (*Ars amatoria* 3,397) rät den Frauen, ihre Schönheit zu zeigen.

Quod licet, ingratum est, quod non licet, acrius urit.
Was erlaubt ist, ist reizlos, was nicht erlaubt ist, brennt heftiger. (Vgl.: In verbotenen Teichen fischt man gern.)

Ovid, *Amores* 2,19,3.

Quod licet Iovi, non licet bovi.
Was Jupiter erlaubt ist, ist dem Ochsen (noch lange) nicht erlaubt.

Diese Wendung ist in der Antike nicht belegt. Sie nimmt ihren Ursprung vermutlich von dem Terenzischen **Aliis si licet, tibi non licet**.

Quod mihi praedicas, vitium id tibi est.
Der Fehler, den du mir anhängst, ist deiner.

Plautus, *Amphitruo* 401.

Quod non est in actis, non in mundo.
Was nicht in den Akten ist, ist nicht in der Welt (d. h.: es existiert nicht für den Richter).

Vgl. Cicero, *Ad familiares* 2,15,5.

Quod non expectes, ex transverso fit.
Was man nicht erwartet, kommt unverhofft.
(Vgl.: Unverhofft kommt oft.)

Petron, *Satyrica* 55.

Quod non fecerunt barbari, fecere Barberini.
Was die Barbaren nicht getan haben, taten die Barberini.

Carlo Castelli zugeschriebener Ausspruch über die Plünderung des Pantheons durch den Barberini-Papst Urban VIII.

Quod non potest, vult posse, qui nimium potest.
Was er nicht kann, will der können, der zuviel kann.

Seneca, *Hipplytus* 215.

Quod non vetat lex, hoc vetat fieri pudor.
Was das Gesetz nicht verbietet, das verbietet der Anstand.

Seneca, *Troades* 334.

Quod omnes tangit, debet ab omnibus approbari.
Was alle berührt, muß auch von allen gebilligt werden.

Papst Bonifaz VIII., *Liber sextus decretalium* 5,12, de regulis iuris 29, nach *Codex Iustinianus* 5,59,5,2.

Quod periit, periit.
Was untergegangen ist, ist untergegangen.
(Vgl.: Vorbei ist vorbei.)

Plautus, *Cistellaria* 703.

Quod petiit, spernit, repetit, quod nuper omisit.
Was (mein Sinn) erstrebte, verachtet er; er will wiederhaben, was er neulich weggab.

Horaz (*Epistulae* 1,1,100) malt seine schwankende Geisteshaltung zwei Verse weiter aus: »Diruit, aedificat, mutat quadrata rotundis.« (»Er [mein Geist] reißt ab, baut, vertauscht das Eckige mit dem Runden.«)

Quod posse fieri non putes, metuas tamen.
Das, wovon du nicht glaubst, daß es geschehen könne, fürchtest du dennoch.

Seneca, *Oedipus* 26.

Quod pudeat socios, prudens celare memento!
Was deine Gefährten beschämen könnte, das – denke daran – halte weise geheim!

Disticha Catonis 2,7,1.

Quod pudet, facilius fertur quam illud, quod piget.
Leichter erträgt man das, was einen beschämt, als das, was einen ärgert.

Plautus, *Pseudolus* 281.

Quodque fuit vitium, desinit esse mora.
Was ein Mangel war, hört auf, ein Hinderungsgrund zu sein.

Ovid (*Ars amatoria* 2,654) erklärt, daß man sich an körperliche Mängel des Partners schnell gewöhne.

Quodque parum novit, nemo docere potest.
Niemand kann lehren, wovon er zu wenig versteht.

Ovid, *Tristia* 2,348.

Quod quisque fecit, patitur, auctorem scelus / repetit.
Ein jeder leidet unter dem, was er getan; das Verbrechen kommt wieder auf seinen Urheber zurück.

Seneca, *Hercules furens* 735 f.

Quod ratio non quit, saepe sanavit mora.
Was der Verstand nicht kann, heilte oft die Zeit.

Seneca, *Agamemnon* 130.

Quod saepe fieri non potest, fiat diu. / Mors eligatur longa.
Was nicht oft geschehen kann, geschehe lang. Wähle einen langen Tod.

Seneca, *Oedipus* 948 f. – Oedipus' Worte, bevor er sich die Augen ausreißt.

Quod satis est, cui contingit, nihil amplius optet!
Nichts weiter wünsche, wer erhielt, was genug ist!

Horaz, *Epistulae* 1,2,46.

Quod scripsi, scripsi.
Was ich geschrieben habe, habe ich geschrieben.

Laut Johannes (19,22) Antwort des Pontius Pilatus auf die Aufforderung der jüdischen Priester, nicht »rex Iudaeorum« (»König der Juden«) auf das Kreuz zu schreiben.

Quod sequitur, fugio, quod fugit, usque sequor.
Was mir folgt, das will ich nicht, was sich mir entzieht, das verfolge ich.

Ovid, *Amores* 2,19,36.

Quod si deficiant vires, audacia certe
Laus erit: In magnis et voluisse sat est.
Auch wenn die Kräfte fehlen, wird die Kühnheit sicher Lob bringen. Bei großen Unterfangen ist es genug, den Willen gehabt zu haben.
(Vgl.: Hier gilt der Wille für das Werk.)

Properz, *Elegiae* 2,10,5 f. Vgl. **Ut desint vires . . .**

Quod sis, esse velis, nihilque malis!
Was du bist, das wolle sein, und nichts wolle lieber (sein)!

Martial, *Epigrammata* 10,47,12.

Quod supra nos, nihil ad nos!
Was über uns ist, ist nichts für uns!
(D. h.: Die Handlungen der Götter betreffen uns nicht.)

Minucius Felix (*Octavius* 13,1) zitiert hier Sokrates. Tertullian (*Ad nationes* 2,4,15) schreibt den Ausspruch Epikur zu.

Quod tibi fieri non vis, alteri ne feceris.
Wovon du nicht willst, daß es dir geschehe, das tu deinem Nächsten nicht an.
(Vgl.: Was du nicht willst, daß man dir tu, das füg auch keinem andern zu.)

Historia Augusta, »Vita Alexandri Severi« 51,8; vgl. Tobias 4,16.

Quod verum, simplex, sincerumque est, id est naturae hominis aptissimum.
Was wahr, einfach und aufrichtig ist, ist der Natur des Menschen am angemessensten.

Nach Cicero, *De officiis* 1,13.

Quod vides perisse, perditum ducas.
Halte für verloren, was, wie du siehst, untergegangen ist.

Catull, *Carmina* 8,2.

Quo fata trahunt retrahuntque sequamur.
Wohin auch das Schicksal uns zieht und wieder wegzieht, dorthin wollen wir folgen.

Vergil, *Aeneis* 5,709.

Quo me cumque rapit tempestas, deferor hospes siehe **iurare in verba magistri**

Quo mihi fortunam, si non conceditur uti?
Wozu (nützt) mir das Glück, wenn es mir nicht gestattet wird, davon Gebrauch zu machen?

Horaz, *Epistulae* 1,5,12.

Quoniam non potest id fieri, quod vis, / id velis, quod possit.
Da nun nicht geschehen kann, was du willst, wolle, was geschehen kann.

Terenz, *Andria* 305 f.

Quo non penetras, livor improbe?
Wohin dringst du nicht, schändlicher Neid?

Quintilian, *Declamationes* 13,4.

Quo plura habent, eo ampliora cupientes.
Je mehr sie haben, desto mehr begehren sie.

Iustinus, *Historiae Philippicae* 6,1,1.

Quo plura possis, plura patienter feras.
Je mehr du vermagst, desto mehr ertrage geduldig.

Seneca, *Troades* 254.

Quo quisque est maior, magis est placabilis irae.
Je größer jemand ist, desto eher kann sein Zorn gelindert werden.

Ovid, *Tristia* 3,5,31.

Quos amor verus tenuit, tenebit.
Wen wahre Liebe (zusammen)hielt, die wird sie (zusammen)halten.
(Vgl.: Wo Liebe, da ist Treue.)

Seneca, *Thyestes* 551.

Quos cogit metus laudare, / eosdem reddit inimicos metus.
Die, welche Furcht zwang (sich gegenseitig) zu loben, die wird Furcht auch wiederum zu Feinden machen.

Seneca, *Thyestes* 207 f.

Quos deus perdere vult, dementat prius.
Die, die Gott verderben will, die schlägt er zuerst mit Wahnsinn.

Scholien zu Sophokles, *Antigone* 620.

Quos ego . . .!
Euch (werd') ich . . .!

Vergil, *Aeneis* 1,135. – Der Meergott Neptun droht so den vier Winden, die von Aeolus freigelassen worden waren und ohne sein Geheiß die Flotte des Aeneas versprengt hatten.

Quot caelum stellas, tot habet tua Roma puellas.
So viele Sterne der Himmel, so viele Mädchen hat dein Rom.

Ovid, *Ars amatoria* 1,59.

Quot homines, tot sententiae.
So viele Menschen, so viele Meinungen.

Terenz, *Phormio* 454, und Cicero, *De finibus* 1,5,15. Vgl. Horaz, *Sermones* 2,1,27 f.; Ovid, *Ars amatoria* 1,759.

Quousque tandem abutere, Catilina, patientia nostra?
Wie lange schließlich willst du noch, Catilina, unsere Geduld mißbrauchen?

Cicero, *In L. Catilinam* 1,1. Vgl. Sallust, *Bellum Catilinarium* 20,9, und Livius, *Ab urbe condita* 6,18,5. – Der berühmte Auftakt der Anklagerede Ciceros gegen den Verschwörer Catilina, der auch Cicero selbst ermorden lassen wollte.

(Domine) quo vadis?
Herr, wo gehst du hin?

Linus, *Martyrium beatri Petri apostoli* 6. – Als Nero Rom angezündet hatte, floh Petrus aus der Stadt. Er traf Jesus und fragte ihn, wohin er gehe. Dieser antwortete: »Romam venio iterum crucifigi.« (»Ich gehe nach Rom, um ein zweites Mal gekreuzigt zu werden.«)

R

Rana in paludem ex aureo resilit throno.
Ein Frosch hüpft (selbst) von einem güldenen Thron wieder in den Sumpf zurück.

HW: 26241.

Rapienda rebus in malis praeceps via est.
In der Bedrängnis muß man eilends den schnellsten Weg einschlagen.

Seneca, *Agamemnon* 154.

Rapimur, quo cuncta feruntur.
Wir werden (im Strudel der Ereignisse) dorthin mitgerissen, wohin alles gezogen wird.

Lukan, *De bello civili* 8,522.

Rapit omnia casus.
Der Zufall reißt alles mit sich fort.

Lukan, *De bello civili* 7,487.

Rapuit vires / pondusque malis, casus animo / qui tulit aequo.
Den Übeln raubte die Kraft und das Gewicht, wer das Schicksal gleichmütig ertrug.

Seneca, *Hercules Oetaeus* 239 ff.

rara avis
ein seltener Vogel

Horaz, *Sermones* 2,2,26; vgl. Persius, *Saturae* 1,45, und Juvenal (*Saturae* 6,165), der als Beispiel einen schwarzen Schwan nennt.

Rara est adeo concordia formae / atque pudicitiae.
So selten ist der Einklang von Schönheit und Schamhaftigkeit.

Juvenal, *Saturae* 10,297 f.

Rara in tenui facundia panno.
Selten steckt Beredsamkeit in einem schäbigen Mantel.

Juvenal (*Saturae* 7,145) kritisiert, daß wahre Beredsamkeit bei den Zuhörern eine geringere Rolle spiele als das materielle Vermögen des Redners.

Rara iuvant.
Seltenes gefällt.
(Vgl.: Selten ist angenehm.)

Martial, *Epigrammata* 4,29,3.

Rari quippe boni.
Selten freilich sind gute Menschen.

Juvenal, *Saturae* 13,26.

Raro antecedentem scelestum / deseruit pede poena claudo.
Selten ließ die Strafe hinkenden Fußes vom vorausgehenden Sünder ab.
(D. h.: Meist holt die Strafe den Sünder ein.)

Horaz, *Carmina* 3,2,31 f.

Rarum est felix idemque senex.
Selten ist derselbe Mensch glücklich und alt.

Seneca, *Hercules Oetaeus* 643.

Ratio et consilium propriae ducis artes.
Berechnung und Klugheit sind charakteristische Eigenschaften eines Feldherrn.

Nach Tacitus, *Historiae* 3,20.

Ratio fatum vincere nulla valet.
Keine Berechnung kann das Schicksal besiegen.

Ovid, *Tristia* 3,6,18.

Rationi nulla resistunt.
Der Vernunft kann nichts widerstehen.
Nach Manilius, *Astronomica* 1,541.

Ratio quasi quaedam lux lumenque vitae.
Die Vernunft ist gleichsam Licht und Leuchte des Lebens.
Nach Cicero, *Academici libri priores* 2,26.

Rebus in angustis facile est contemnere vitam.
In der Bedrängnis ist es leicht, das Leben zu verachten.
Martial, *Epigrammata* 11,56,15.

Receptores non minus delinquunt quam adgressores.
Die Empfänger (von Diebesgut) verfehlen sich nicht weniger als die Räuber.
(Vgl.: Der Hehler ist nicht besser als der Stehler.)
Digesta, 47,9,3,3.

redire in viam
auf den Weg zurückkommen
(vgl.: wieder auf den rechten Weg finden)
Nach Terenz, *Andria* 190.

reges et regum vita praecurrere amicos
was das Leben betrifft, Könige und Freunde von Königen überholen
Horaz (*Epistulae* 1,10,33) erklärt, ein glückliches Leben und eine lange Lebensdauer hingen nicht vom Besitz ab. So könne auch die Lebensdauer eines Armen die eines Königs übertreffen.

Regia, crede mihi, res est succurrere lapsis.
Es ist, glaube mir, etwas Königliches, Gefallenen zu helfen.
Der im Exil befindliche Ovid (*Epistulae ex Ponto* 2,9,11) wendet sich mit diesen Worten an den thrakischen König.

Regi frenis nequit / et ira.
Auch Zorn kann nicht mit Zügeln gebändigt werden.
Seneca, *Troades* 279 f.

Regna custodit metus.
Furcht schützt die Königreiche.
(D. h.: Der König ist sicher, solange er seine Untertanen einschüchtert.)

Seneca, *Oedipus* 704.

Regnare nolo, liber ut non sim mihi.
Ich möchte nicht herrschen, sofern ich mich (dann) nicht frei fühle.
(D. h.: Selbst König wollte ich nicht sein, wenn es auf Kosten meiner Entscheidungsfreiheit wäre.)

Phaedrus, *Fabulae* 3,7,27. – Ein Wolf beneidete einen Hund, weil dieser immer wohlgenährt war. Als er dann jedoch erfuhr, daß der Hund den Befehlen seines Herren gehorchte, zog er es vor, ein armer, doch freier Wolf zu bleiben.

Relata refero.
Ich berichte (nur mir) Berichtetes.

Nach Herodot, *Geschichte* 7,152,1. Vgl. die andere Übersetzung des griechischen Originals: **prodenda, quia prodita**.

relicta non bene parmula
wobei ich meinen kleinen Schild schändlicherweise liegen ließ

Horaz (*Carmina* 2,7,10) über die Schlacht von Philippi.

Religentem esse oportet, religiosus ne fuas.
Es ziemt sich, gottesfürchtig zu sein, damit man nicht abergläubisch werde.

Gellius (*Noctes Atticae* 4,9,1) zitiert Nigidius Figulus (*Commentarii Grammatici* Fragmenta 4 Legrand), der die Worte einem alten Dichter zuschreibt, den er nicht namentlich nennt; vgl. Fragment 297 Ribbeck.

Rem facias, rem, / si possis, recte, si non, quocumque modo rem!
Schaffe dir ein Vermögen auf rechte Weise, wenn du kannst, wenn nicht, dann auf welche Weise auch immer.

Solche Leitsätze lehnt Horaz (*Epistulae* 1,1,65 f.) ab. Für ihn ist persönliche Integrität wichtiger als Besitz.

rem fidemque perdere

Vermögen und Vertrauen verlieren

Plautus, *Curculio* 504.

Rem tene, verba sequentur!

Halte an der Sache fest, die Worte werden folgen!

Cato (*Ad Marcum Filium* Fragment 15 Jordan) unterstreicht hier seine rhetorikfeindliche Haltung. Der Inhalt ist ihm wichtiger als die sprachliche Form.

Repetitio est mater studiorum.

Wiederholung ist die Mutter der Studien.

Vermutlich nach Horaz, *Ars poetica* 361 ff. Vgl. **ut pictura poesis**.

Requiescat in pace.

Er/Sie möge in Frieden ruhen.

Nach Psalm 4,9. Dort meint ›ruhen‹ jedoch tatsächlich den Schlaf und nicht den Tod.

rerum concordia discors

zwieträchtige Eintracht der Dinge

Horaz, *Epistulae* 1,12,19; vgl. Ovid, *Metamorphoses* 1,433, und Lukan, *De bello civili* 1,98.

Rerum omnium custos est memoria.

Aller Dinge Hort ist das Gedächtnis.

Cicero, *Partitiones oratoriae* 3.

Res ad triarios redit.

Die Sache kommt auf die Triarier zurück.
(D. h.: Es ist zum Äußersten gekommen.)

Livius (*Ab urbe condita* 8,8,11) bezeichnet die Wendung als bekanntes Sprichwort. – Die Triarier, die erfahrensten Soldaten, waren das dritte Treffen im Heer und kamen erst zum Einsatz, wenn die ersten beiden Treffen zurückgeworfen worden waren, die Lage also bedenklich wurde.

Res, aetas, usus semper aliquid apportat novi.
Die Umstände, die Zeit und die Erfahrung bringen immer etwas Neues mit sich.
(D. h.: Man kann das Leben nie ganz vorausplanen.)

Terenz, *Adelphoe* 856.

Res age, tutus eris.
Sei geschäftig, (und) du wirst sicher sein.

Ovid (*Remedia amoris* 144) erklärt, so wie eine Pflanze Wasser brauche, um zu wachsen, so bedürfe die Liebe der Untätigkeit. Daher könne man sich durch eifrige Arbeit vor der Liebe schützen.

Res amicos invenit.
Besitz findet Freunde.
(D. h.: Wer reich ist, hat viele Freunde.)

Plautus, *Stichus* 522.

reservatio mentalis
innerer Vorbehalt

Hermann Busenbaum (1600–1668), *Medulla theologiae moralis* 3,2,2,4. – Gemeint ist eine Eidesformulierung, die bewußt mehrere Deutungen zuläßt und sich somit nicht festlegt. Für die Jesuiten galt ein solcher innerer, nicht ausgesprochener Vorbehalt nicht als Meineid. Vgl. dagegen Luther (*An den christlichen Adel deutscher Nation*, Weimarer Ausgabe I,6, S. 425), der eine solche Eidesformulierung ablehnt. Ebenso Blaise Pascal, *Les provinciales* 9.

Res est imperiosa timor.
Furcht ist ein gebieterisch' Ding.

Martial, *Epigrammata* 11,58,8.

Res est ingeniosa dare.
Das Geben erfordert Verstand.

Ovid, *Amores* 1,8,62.

Res est solliciti plena timoris amor.
Liebe ist eine Angelegenheit voll unruhiger Furcht.

Ovid, *Heroides* 1,12.

Res immoderata cupido est.

Begierde ist etwas Grenzenloses.

Ovid, *Epistulae ex Ponto* 4,15,31.

Res in cardine est.

Die Sache ist am Wendepunkt.
(D. h.: Die Entscheidung steht bevor.)

Servius (*In Aeneidem* 1,672) bezeichnet die Wendung als bekanntes Sprichwort.

res iudicata

ein bereits entschiedener Fall

Nach Cicero, *Partitiones oratoriae* 126.

Res loquitur ipsa.

Die Sache spricht (für sich) selbst.

Cicero, *Pro T. Annio Milone* 53; vgl. Terenz, *Eunuchus* 705.

Respice post te, te hominem esse memento!

Blicke hinter dich; bedenke, daß du ein Mensch bist!

Tertullian (*Apologeticum* 33,4) berichtet, daß derselbe Staatssklave, der die prunkvolle Krone bei Triumphzügen über das Haupt des Triumphators hielt, diesem zu den Beifallskundgebungen des Volkes die obigen Worte ins Ohr zu flüstern hatte. Oft wird auch »Memento mori« zitiert, eine Wendung, deren eigentliche Quelle im dunkeln liegt. Sie verdeutlicht aber einen Grundgedanken der delphischen Theologie und des delphischen Menschenbildes und ist heute Wahlspruch des Kartäuserordens. Mitunter findet sich die Angabe, diese Wendung gehe auf ein alemannisches Gedicht aus der Zeit um 1090 zurück, das von einem Dichter Noker, womöglich dem Abt des Klosters Zwiefalten, verfaßt worden sei.

Respiciet deus bene cogitata.

Der Gott wird Wohlüberlegtes beachten.

Seneca, *Thyestes* 489.

Responsum date!

Gebt Antwort!

Horaz, *Epodi* 7,14.

Res similis fictae, sed quid mihi fingere prodest?
Die Sache ist (zwar) einer erdichteten ähnlich, doch was nützt mir das Erdichten?

Ovid, *Metamorphoses* 13,935.

Restat iter caeli; caelo temptabimus ire!
Es bleibt der Weg durch den Himmel; durch den Himmel zu gehen werden wir versuchen!

Ovid, *Ars amatoria* 2,37. – Daedalus sieht für sich und seinen Sohn nur die Möglichkeit, durch die Lüfte zu entkommen, da König Minos von Kreta alle anderen Wege versperrt hat.

Res timida est omnis miser.
Jeder Elende ist ein furchtsames Ding.

Ovid, *Epistulae ex Ponto* 2,7,37.

Retinent mores, quod perdidit aetas.
Die Gewohnheit bewahrt, was das Alter verdorben hat.

Claudian (*In Eutropium* 1,97) spricht hier von einer gealterten Prostituierten, die, obwohl ihr Alter es verbietet, immer noch aus Gewohnheit das Bordell aufsucht.

retrorsum / vela dare
die Segel wenden
(d. h.: zurückkehren)

Horaz, *Carmina* 1,34,3 f.

Rex eris, si recte facies.
Ein König wirst du sein, wenn du richtig handelst.

Nach Horaz (*Epistulae* 1,1,59 f.), der diese Wendung als Kindervers anführt. In den Scholien findet sich die komplette Version: »Rex erit qui recte faciet; qui non faciet, non erit.« (»Ein König wird sein, wer richtig handeln wird; wer nicht [richtig] handeln wird, wird es nicht sein.«)

Rex est, qui metuit nihil; / rex est, qui cupiet nihil.
Ein König ist, wer nichts fürchtete; ein König ist, wer nichts begehren wird.

Seneca, *Thyestes* 388 f.

Rex ipse sine aculeo.
Der (Bienen)könig selbst ist ohne Stachel.

Seneca (*De clementia* 1,19,3) erläutert anhand des Beispiels der stachellosen Bienenkönigin (die in der Antike für ein männliches Tier gehalten wurde), daß auch in der Natur Milde ein Merkmal der Herrscher sei.

Rex numquam moritur.
Der König stirbt nie.

In einer Monarchie mit Erbfolge wird es (außer bei fehlenden Nachkommen) niemals einen toten König geben: Stirbt der alte König, so lebt der neue; vgl. Ernst Kantorowicz, *The King's Two Bodies* 7.

Rex regnat, sed non gubernat.
Der König herrscht, aber regiert nicht.

Jan Zamoyski soll König Sigismund III. (1566-1632) zugerufen haben: »Regna, sed non impera!« (»Regiere, aber herrsche nicht!«) Adolphe Thiers formulierte später die obige Regel in französischer Sprache.

ridentem dicere verum siehe **Quamquam ridentem . . .**

Ride, si sapis, o puella, ride!
Lach, wenn du weise bist, Mädchen, lache!

Martial (*Epigrammata* 2,41,1) zitiert diesen Vers eines heute unbekannten Dichters und warnt dann sarkastisch vor dessen Anwendung: Maximina, die nur noch drei pechschwarze Zähne habe, solle tunlichst ihren Mund geschlossen halten.

Ridet argento domus.
Das (ganze) Haus strahlt vor Silber.

Horaz, *Carmina* 4,11,6.

Ridetur, chorda qui semper oberrat eadem.
Ausgelacht wird, wer immer bei derselben Saite danebengreift.

Horaz, *Ars poetica* 356.

Ridiculum acri / fortius et melius magnas plerumque secat res.
Scherz zerlegt große Fragen meist auf forschere und treffendere Weise als beißender Scharfsinn.

Horaz, *Sermones* 1,10,14 f.

Risum teneatis, amici?
Könnt ihr das Lachen zurückhalten, Freunde?

Horaz, *Ars poetica* 5.

Rivalem possum non ego ferre Iovem.
Einen Nebenbuhler kann ich nicht dulden, (und) sei es Jupiter (selbst).

Nach Properz, *Elegiae* 2,34,18.

Roma aeterna
das ewige Rom

Nach Tibull, *Elegiae* 2,5,23.

Romae Tibur amem ventosus, Tibure Romam.
In Rom wäre ich Wankelmütiger lieber in Tibur, in Tibur lieber in Rom.

Horaz, *Epistulae* 1,8,12.

Roma locuta, causa finita.
Rom hat gesprochen, der Fall ist beendet.

Nach Augustinus, *Sermones* 131,10. – Die zweigliedrige Fügung findet sich in französischer Sprache in dem Gedicht »Philotanus« des Abbé de Grécourt: »Rome a parlé, l'affaire est terminée.«

Romam cuncta undique atrocia atque pudenda confluunt celebranturque.
In Rom strömt alles Schreckliche und Schändliche zusammen und wird auch (noch) gefeiert.

Nach Tacitus, *Annales* 15,44.

Romanus sum civis siehe **Et facere et pati . . .**

Rosa de spinis floret.
Die Rose blüht am Dornenstrauch.

Nach Hieronymus (*Vita Hilarionis* 2), der die Wendung als sprichwörtlich bezeichnet.

rudis indigestaque moles
eine rohe, ungeordnete Masse

Ovid (*Metamorphoses* 1,7) beschreibt den Zustand der Welt zu Beginn ihrer Existenz.

Ruendi / in ferrum mens prona viris.
Diese Männer sind (stets) bereit, sich in das Schwert zu stürzen.

Lukan, *De bello civili* 1,460 f.

ruere in servitium
sich in die Knechtschaft stürzen

Tacitus, *Annales* 1,7.

Rumor in ambiguo est.
Das allgemeine Gerede ist unentschieden.

Ovid (*Metamorphoses* 3,253) beschreibt, wie unterschiedlich das Volk die Rachetat der Diana beurteilte. – Diana war vom Jäger Actaeon beim Bade erblickt worden. Aus Rache ließ sie ihn, in einen Hirsch verwandelt, von seinen eigenen Hunden zerfleischen.

Rumpe moras! siehe **Heia age . . .**

Rumpitur invidia.
Er zerplatzt vor Neid.

Martial, *Epigrammata* 9,97,1.

S

sacrificium intellectus
Opfer des Verstandes

Nach Korintherbriefe 2,10,5. – Gemeint sind Entscheidungen, bei denen man seinen Verstand dem Glauben hintansetzt, die Verstandeserkenntnis also opfert.

Sacrilegia minuta puniuntur, magna in triumphis feruntur.
Kleine Verbrechen werden bestraft, große in Triumphzügen gefeiert.
(Vgl.: Die Kleinen hängt man, die Großen läßt man laufen.)

Seneca, *Epistulae morales* 87,23.

Saepe enim audivi poetam bonum neminem sine inflammatione animorum existere posse et sine quodam afflatu quasi furoris.
Oft habe ich gehört, kein guter Dichter könne leben, ohne daß seine Leidenschaft entflammt sei, und ohne einen gewissen Anflug von Wahnsinn.

Cicero, *De oratore* 2,194. Vgl. **Misce stultitiam** und **Nullum magnum ingenium . . .**

Saepe est etiam sub palliolo sordido sapientia.
Oft steckt auch unter einem schmutzigen Gewand Weisheit.

Cicero (*Tusculanae disputationes* 3,56) zitiert hier Caecilius, *Statius* Fragment 2,266 Ribbeck.

Saepe in coniugiis fit noxia, si nimia est, dos.
Oft wird in der Ehe eine allzugroße Mitgift zum Unheil.
(Vgl.: Ist das Geld die Braut, so taugt die Ehe selten was.)

Ausonius, *Technopaegnion* 7,1; vgl. Juvenal, *Saturae* 6,460.

Saepe in magistrum scelera redierunt sua siehe **Peiora iuvenes . . .**

Saepe refert animus lusus gravitate carentes.
Oft erinnert sich mein Herz an die Ausgelassenheit, die des Ernstes entbehrte.

Ovid (*Epistulae ex Ponto* 1,9,9) trauert um den Tod seines Freundes Celsus.

Saepe solent auro multa subesse mala.
Oft pflegen im Gold viele Übel zu stecken.

Tibull, *Elegiae* 1,9,18.

Saepe stilum vertas!
Wende oft den Griffel!
(D. h.: Tilge Geschriebenes und feile am Text!)

Horaz, *Sermones* 1,10,72. – Wie sich an modernen Bleistiften oben ein Radiergummi befindet, so hatten die Schreibgriffel einen platten Teil zum Glätten des Wachses auf den Schreibtafeln, in das Buchstaben eingeritzt worden waren.

Saepe tacens vocem verbaque vultus habet.
Oft hat eine schweigende Miene Stimme und Worte.
(Vgl.: beredtes Schweigen)

Ovid, *Ars amatoria* 1,574.

Saepe tepent alii iuvenes, ego semper amavi.
Andere junge Männer sind oft erkaltet (in der Liebe); ich habe immer geliebt.

Ovid, *Remedia amoris* 7.

Saepe tulit lassis sucus amarus opem.
Oft hat bitterer Saft den Ermatteten Hilfe gebracht.
(Vgl.: Bitter dem Mund, dem Herzen gesund.)

Ovid, *Amores* 3,11,8.

Saepe vindicta obfuit.
Oft hat Rache geschadet.

Seneca, *Hercules furens* 1194.

Saepe viri fallunt.
Oft betrügen die Männer.

Ovid (*Ars amatoria* 3,31) hält Frauen in puncto Liebe für ehrlicher als Männer.

Saevaque diducto stipite flamma perit.
Die wilde Flamme erlischt, wenn das Holzscheit geteilt wird.

Ovid (*Remedia amoris* 446) rät, wer sich von Liebesqualen befreien wolle, solle sich mindestens zwei Geliebte nehmen, denn so werde die Leidenschaft halbiert.

Saevis inter se convenit ursis.
(Sogar) die wilden Bären kommen miteinander überein.

Juvenal, *Saturae* 15,164.

Saevit amor ferri et scelerata insania belli, / ira super.
Die Gier nach dem Schwerte wütet und des Krieges schändlicher Wahnsinn, Zorn noch dazu.

Vergil, *Aeneis* 7,461 f.

sal Atticus
attisches Salz
(d. h.: feiner Witz)

(z. B.) nach Cicero, *Ad familiares* 9,15,2.

salivam movere
den Speichel in Bewegung setzen
(d. h.: den Mund wäßrig machen)

Nach Seneca, *Epistulae morales* 79,7.

Salus extra ecclesiam non est.
Außerhalb der Kirche gibt es kein Heil.

Cyprianus, *Briefe* 73,21,2.

Salus populi suprema lex esto!
Das öffentliche Wohl soll das oberste Gesetz sein!

Nach Ciceros Auffassung (*De legibus* 3,8) sollte das öffentliche Wohl das höchste Anliegen der Prätoren, Richter und Konsuln sein.

sancta simplicitas
heilige Einfachheit

Hieronymus (*Epistulae* 57,12) verteidigt die Schlichtheit der Sprache der Jünger, da ihr etwas Heiliges innewohne. Im ironischen Sinne, die Einfalt eines Gläubigen beklagend, soll Johannes Hus diese Worte auf dem Scheiterhaufen ausgerufen haben, als ein Bauer noch weiteres Holz herantrug. Vgl. Julius Zincgref, *Teutscher Nation Apophthegmata* 3, S. 383; Eusebius Rufus, *Kirchengeschichte* 10,3.

Sapere aude; / incipe! siehe **Dimidium facti . . .**

Sapienter idem / contrahes vento nimium secundo / turgida vela.
Weise wirst du bei zu günstigem Wind die bauschigen Segel raffen.

Horaz, *Carmina* 2,10,21 ff.

sapienter vitam instituere
sein Leben weise einrichten

(z. B.) nach Terenz, *Andria* 67.

Sapienti aetas condimentum, sapiens aetati cibum est.
Alter ist Würze für den Weisen, der Weise ist die Nahrung des Alters.

Plautus (*Trinummus* 368) läßt Philto erklären, daß nicht das hohe Alter allein, sondern der Charakter Weisheit bedinge.

sapientia prima / stultitia caruisse siehe **Virtus est vitium fugere . . .**

Sapientia vino obumbratur.
Weisheit wird vom Wein umschattet.

Nach Plinius d. Ä. (*Naturalis historia* 23,41) ist dies eine sprichwörtliche Wendung.

Sapientissimus est, cui, quod opus sit, ipsi venit in mentem.
Der Weiseste ist der, dem selbst einfällt, was er braucht.

Nach Cicero (*Pro A. Cluentio Habito* 84), der diese Worte als gebräuchliche Wendung bezeichnet.

sapientum octavus
der achte der Weisen

Horaz (*Sermones* 2,3,296) reiht hier Stertinius als achten unter die Sieben Weisen (Bias, Chilon, Cleobulus, Periander, Pittacus, Solon und Thales) ein.

Sapit nimio plus quam Thales.
Er ist gar sehr viel weiser als Thales.

Nach Plautus, *Bacchides* 122. – Thales aus Milet war einer der Sieben Weisen.

Sat celeriter fit, quidquid fit satis bene.
Schnell genug wird ausgeführt, was gut genug ausgeführt wird.

Nach Sueton (*Vita divi Augusti* 25,4) soll Augustus diese Worte oft im Munde geführt haben.

satis eloquentiae, sapientiae parum
genügend Beredsamkeit, zu wenig Weisheit

Sallust, *Bellum Catilinarium* 5,5.

satis superque
genug und darüber hinaus
(d. h.: mehr als genug)

Cicero, *De natura deorum* 2,2.

Satis vixi; invictus enim morior.
Ich habe genug gelebt; ich sterbe nämlich unbesiegt.

Cornelius Nepos (*Epaminondas* 9,4) schreibt diese Worte Epaminondas zu.

Satura quidem tota nostra est.
Die Satire freilich gehört ganz uns.

Quintilian (*Institutio oratoria* 10,1,93) betont, daß die Satire eine rein römische Gattung ist, die auf kein griechisches Vorbild zurückgeht.

Saxa loquentur.
Die Felsen werden sprechen.

Lukan, *De bello civili* 6,618. – Die thessalische Hexe Eric(h)tho verkündet, daß man die Zukunft aus der Erde, dem Äther, dem Chaos, dem Meer, den Feldern und aus den Felsen des Rhodope-Gebirges erfahren könne. Vgl. Lukas 19,40.

scapham scapham dicere

einen Kahn einen Kahn nennen
(vgl.: das Kind beim Namen nennen)

Julian, *Orationes* 7,208a; vgl. Plutarch, *Moralia* 178b. – Die Wendung geht wohl auf ein altes griechisches Sprichwort zurück; vgl. Fragment *Adespota* 227 Kock.

Scelere velandum est scelus.

Ein Verbrechen muß durch ein Verbrechen vertuscht werden.

Seneca, *Hippolytus* 721.

Scholae sunt humanitatis officinae, efficiendo nimirum, ut homines vere homines fiant.

Schulen sind Produktionsstätten der Menschlichkeit, sofern sie bewirken, daß aus Menschen wirklich Menschen werden.

Johann Amos Comenius, *Didactica Magna* 10,3.

Scientia nobilitat.

Wissenschaft adelt.

HW: 27590 f. – Der Spruch soll sich auch in einer Glosse zum *Codex Iustinianus* 2,6,7 befinden.

Scilicet uxorem cum dote, fidemque et amicos,
Et genus et formam regina pecunia donat.

Natürlich werden eine Frau mit Mitgift, Ansehen und Freunde, edle Abstammung und Schönheit durch die Königin Geld gewährleistet.

Horaz, *Epistulae* 1,6,36 f.

Scinditur incertum studia in contraria vulgus.

Das unsichere Volk ist nach gegenteiligen Bestrebungen gespalten.

Vergil, *Aeneis* 2,39. – Das Volk teilt sich beim Anblick des Trojanischen Pferdes in zwei Lager, die zu gegenteiligen Maßnahmen greifen wollen.

Scio: tu coactus tua voluntate es.

Ich weiß: Du bist mit deiner Einwilligung gezwungen worden.

Terenz, *Andria* 658.

Scire tuum nihil est, nisi te scire hoc sciat alter siehe **At pulchrum est digito monstrari . . .**

Scitum est periclum ex aliis facere, tibi quod ex usu siet.
Es ist weise, aus anderen (d. h.: aus den Erfahrungen anderer) eine Lehre zu ziehen, die dir nütze.

Terenz, *Heauton timorumenos* 221; vgl. auch 210.

Scribendi recte sapere est et principium et fons.
Weise zu sein ist Anfang und Quelle richtigen Schreibens.

Horaz, *Ars poetica* 309.

Scribimus indocti doctique poemata passim.
Wir alle, Ungelehrte wie Gelehrte, schreiben allerorten Gedichte.

Horaz (*Epistulae* 2,1,117) erklärt, daß in praktischen Berufen der Schuster bei seinen Leisten bleibe (»Tractant fabrilia fabri« – »Die Handwerker gehen mit Werkzeug um«), doch zu dichten maße sich jeder an.

scrupulum alicui inicere
jemandem ein Steinchen hineinwerfen
(d. h.: jemandem einen Floh ins Ohr setzen)

Nach Terenz, *Adelphoe* 228.

sectores collorum
Halsabschneider

Cicero, *Pro Sexto Roscio Amerino* 80.

Secunda non habent umquam modum.
Glück hat niemals ein Maß.

Seneca, *Oedipus* 694.

Secundas fortunas decent superbiae.
Stolz ziemt sich für das Glück (d. h.: für die, denen das Glück hold ist).

Plautus, *Stichus* 300.

secundum naturam vivere
mit der Natur im Einklang leben
(d. h.: naturgemäß leben)

(z. B.) Cicero, *De finibus* 2,34. – Eine solche Lebensführung galt den Stoikern und den Kynikern als höchstes Gut. Vgl. **convenienter naturae vivere**.

Sed dux malorum femina, haec scelerum artifex.
Anführerin bei den Übeltaten aber ist die Frau; in Verbrechen ist sie Künstlerin.

Seneca, *Hippolytus* 559.

Sed fugit interea, fugit irreparabile tempus.
Doch es entflieht indes, es entflieht die unwiederbringliche Zeit.

Vergil, *Georgica* 3,284.

Sed nimium properas, et adhuc tua messis in herba est.
Aber du bist übereilig, und deine Ernte ist noch auf dem Halm.
(Vgl.: über ungelegte Eier sprechen)

Ovid, *Heroides* 16,263.

Sed non sum credulus illis.
Aber ich glaube ihnen nicht so leicht.

Vergil, *Bucolica* 9,34.

Sed nunc non erat his locus.
Doch hier war nicht der geeignete Ort dafür.

Horaz, *Ars poetica* 19.

Sed omnes una manet nox / et calcanda semel via leti.
Doch alle erwartet die eine Nacht und der nur einmal zu betretende Weg des Todes.

Horaz, *Carmina* 1,28,15 f.

sed piger ad poenas princeps, ad praemia velox
ein Fürst aber, der langsam beim Strafen und schnell beim Belohnen ist

Der im Exil befindliche Ovid (*Epistulae ex Ponto* 1,2,121) bezeichnet so Augustus, bei dem Ovids Freund Maximus ein gutes Wort für den verbannten Dichter einlegen soll.

Sed taciti fecere tamen convicia vultus.
Aber die schweigsamen Mienen machten dennoch Vorwürfe. (Vgl.: beredtes Schweigen)

Ovid, *Amores* 1,7,21.

Se ipse amans sine rivali.
Wer sich selbst liebt, hat keinen Rivalen.

Nach Cicero, *Ad Quintum fratrem* 3,6,4; vgl. Horaz, *Ars poetica* 444.

Semel emissum volat inrevocabile verbum siehe **Et semel emissum . . .**

Semen est sanguis Christianorum.
Ein Same ist das Blut der Christen.

Tertullian (*Apologeticum* 50,13) erklärt, daß die Christen gerade wegen der Märtyrer neue Anhänger bekämen.

Semper avarus eget.
Ein Habgieriger leidet immer Mangel.

Horaz, *Epistulae* 1,2,56.

Semper ego auditor tantum?
Soll ich immer nur Zuhörer sein?

Juvenal (*Saturae* 1,1) will sich mit seinem Werk endlich für die Unmengen schlechter Literatur rächen, denen er bislang als Zuhörer ausgesetzt war.

Semper homo bonus tiro est.
Ein guter Mensch ist immer ein Anfänger.

Martial, *Epigrammata* 12,51,2.

Semper honos nomenque tuum laudesque manebunt.
Immer werden deine Ehre, dein Name und dein Ruhm bleiben.

Vergil, *Aeneis* 1,609. – Aeneas preist Dido, die ihn freundlich aufgenommen hat.

semper idem
immer derselbe

(z. B.) Cicero, *Tusculanae disputationes* 3,31. Er zitiert Xanthippe, die berichtet, ihr Mann Sokrates habe immer dieselbe Miene zur Schau getragen. Das Motto der Königin Elisabeth I. von England war »Semper eadem« (»Immer dieselbe«).

Semper inops, quicumque cupit.
Immer arm ist, wer begehrt.

Claudian, *In Rufinum* 1,200.

Semper nocuit differre paratis siehe **Tolle moras . . .**

Semper pauper eris, si pauper es, Aemiliane;
Dantur opes nulli nunc nisi divitibus.
Immer wirst du arm sein, wenn du arm bist, Aemilianus; heutzutage werden Reichtümer nur Reichen gegeben.

Martial, *Epigrammata* 5,81.

Semper sursum!
Immer aufwärts!

Vgl. Platon, *Staat* 10,621c.

Semper tibi proximus esto.
Sei dir selbst immer der Nächste.

Disticha Catonis 1,40,2.

Senectus enim insanabilis morbus est.
Das Alter ist nämlich eine unheilbare Krankheit.

Seneca, *Epistulae morales* 108,28.

Senectus ipsa est morbus.
Das Greisenalter an sich ist eine Krankheit.

Terenz, *Phormio* 575.

Senescimus; effugit aetas: / Utere rene tuo!
Wir werden alt, die Zeit flieht dahin: Nütze deine Lenden!

Ausonius (*Epigrammata* 24,1 f.) wendet sich hier an die alternde Galla, die er einst mit den obigen Worten vor ihrer Keuschheit warnte. Nun wird er noch eindringlicher: »Non revocare potes, qui periere dies.« (»Man kann nicht die Tage zurückrufen, die vergangen sind.«) Obwohl Gallas Schönheit bereits verblüht ist, wirbt er weiter um sie: »Da, fruar, et si non quod volo, quod volui.« (»Gib [dich mir hin]; ich werde genießen – wenn auch nicht das, was ich will, so doch was ich einst wollte.«)

Sentit amans sua damna fere.
Der Liebende ist sich in der Regel seines eigenen Ruins bewußt.

Ovid, *Tristia* 4,1,33.

Sequitur superbos ultor a tergo deus.
Die Hochmütigen verfolgt im Rücken ein rächender Gott.
(Vgl.: Hochmut kommt vor dem Fall.)

Seneca, *Hercules furens* 385.

Sequitur vara vibiam.
Das Querholz folgt dem Balken.
(D. h.: Ein Übel folgt dem anderen; beide Übel passen perfekt ineinander wie zwei Balken.)

Ausonius (*Technopaegnion* 4) bezeichnet diese Wendung als altes Sprichwort.

Sera parsimonia in fundo est.
Am Grund kommt die Sparsamkeit zu spät.

Seneca (*Epistulae morales* 1,5, nach Hesiod, *Werke und Tage* 368 f.) bezeichnet diese Worte als altes Sprichwort. Gemeint ist: Man darf nicht erst zu sparen anfangen, wenn man bereits auf dem Boden eines Gefäßes angelangt ist; dort findet sich nur noch der Bodensatz.

Sera tamen tacitis poena venit pedibus.
Spät kommt die Strafe auf leisen Sohlen (doch sie kommt).

Tibull, *Elegiae* 1,9,4.

Seris venit usus ab annis.
Mit den späten Jahren kommt die Erfahrung.
(Vgl.: Erfahren kommt mit den Jahren.)

Ovid, *Metamorphoses* 6,29.

Serit / arbores, quae alteri saeclo prosint.
Er pflanzt Bäume, die in späteren Jahren nützen werden.

Cicero (*De senectute* 24) zitiert Caecilius Statius, *Synephebi* Fragment 210 Ribbeck.

Serius aut citius sedem properamus in unam.
Langsamer oder schneller eilen wir alle zu dem einen Ruhesitz (d. h.: in den Tod).

Ovid, *Metamorphoses* 10,33.

Sermo datur cunctis, animi sapientia paucis.
Sprache wird allen gegeben, Weisheit des Herzens wenigen.

Disticha Catonis 1,10,2.

Sero clipeum post vulnera sumo.
Zu spät ergreife ich, schon verwundet, den Schild.

Ovid, *Tristia* 1,3,35.

Sero recusat ferre, quod subiit, iugum.
Zu spät weigert er sich, das Joch zu tragen, unter das er (bereits) getreten ist.

Seneca, *Hippolytus* 135.

Sero sapiunt.
Spät kommen sie zu Verstand.

Festus (Fragment S. 343 Müller) berichtet von diesem trojanischen Sprichwort aus der verlorenen Tragödie *Equus Troianus*, deren Urheber Naevius oder Livius Andronicus ist. Vgl. Cicero, *Ad familiares* 7,16,1. – Gemeint sind die Trojaner, die zu spät beschlossen, Helena zurückzugeben.

Sero te amavi, pulchritudo tam antiqua et tam nova, sero te amavi.
Spät hab' ich dich geliebt, Schönheit, so alt und doch so neu, spät hab' ich dich geliebt!

Augustinus (*Confessiones* 10,27) über seine Bekehrung zum christlichen Glauben.

Serpet hoc malum, mihi credite, longius quam putatis.
Dieses Übel, glaubt mir, wird schleichend um sich greifen – weiter, als ihr denkt.

Cicero, *Pro C. Rabirio Postumo* 15.

Serum est cavendi tempus in mediis malis.
Zu spät ist der Zeitpunkt, wenn man sich (erst) mitten in den Übeln vorsieht.

Seneca, *Thyestes* 487.

Serva me, servabo te.
Rette mich, ich werde dich retten.
(Vgl.: Eine Hand wäscht die andere.)

Petron, *Satyrica* 44.

Servare cives maior est virtus patriae patri.
Seine Bürger zu retten ist ein größeres Verdienst für einen Vater des Vaterlandes.

Seneca (*Octavia* 444) vertritt hier gegenüber Nero die Meinung, daß es für einen Landesvater eine größere Tat sei, eigene Bürger zu retten, als Feinde zu zerstören.

Servat multos fortuna nocentes / Et tantum miseris irasci numina possunt.
Das Schicksal rettet viele Schuldige, und die Götter können (bisweilen) nur den Unglücklichen zürnen.

Lukan, *De bello civili* 3,448 f.

Serviet aeternum, qui parvo nesciet uti.
Ewig Sklave sein wird, wer nicht verstehen wird, von wenigem zu leben.

Horaz, *Epistulae* 1,10,41.

Sese omnes amant.
Alle lieben sich selbst.

Plautus, *Captivi* 477.

sesquipedalia verba
sechsfüßige (d. h.: ellenlange) Wörter

Horaz, *Ars poetica* 97.

Si alteram talem victoriam reportavero, mea erit pernicies.
Wenn ich noch solch einen Sieg erringe, wird er mein Untergang sein.

Nach Plutarch (*Moralia* 184c) Worte des Pyrrhus nach der Schlacht von Heraclia 280 v. Chr. oder nach der Schlacht von Ausculum im darauffolgenden Jahr. Vgl. dt. »Pyrrhussieg«.

Si bene te novi . . .
Wenn ich dich recht kenne . . .

Horaz (*Epistulae* 1,18,1) beginnt so seinen an Lollius gerichteten Brief.

Sibi famam diminuit, qui se indignis comparat.
Seinen guten Ruf verringert, wer sich mit Unwürdigen vergleicht.

Phaedrus, *Fabulae* Appendix Zander 10,11.

Sibi quisque peccat.
Ein jeder sündigt für sich.
(D. h.: Jeder muß selbst dafür geradestehen.)

Petron, *Satyrica* 45.

Sibi quisque ruri metit.
Jeder erntet für sich auf seinem Landgut.

Plautus, *Mostellaria* 799.

Si cadere necesse est, occurrendum discrimini.
Wenn man (schon) fallen muß, muß man der Gefahr entgegenlaufen.

Tacitus, *Historiae* 1,33.

Sic erat in fatis.
So stand es im Buch des Schicksals.

Ovid, *Fasti* 1,481.

Sic itur ad astra.
So steigt man zu den Sternen.

Vergil, *Aeneis* 9,641; vgl. Seneca, *Epistulae morales* 48,11 und 73,15 sowie **Non est ad astra mollis e terris via**.

Sic me servavit Apollo.
So hat mich Apoll gerettet.

Horaz (*Sermones* 1,9,78) in Anlehnung an Lucilius (*Saturae* Fragment 231 Marx), der wiederum Homer (*Ilias* 20,443) zitiert. – Apoll, Gott der Dichtkunst, rettet hier seinen Schützling Horaz vor einem geschwätzigen Schmeichler.

Sic saepe ingenia calamitate intercidunt.
So gehen oft große Talente durch Unglück zugrunde.

Phaedrus, *Fabulae* Appendix Perrottina 14,7.

Sic transit gloria mundi.
So vergeht die Herrlichkeit der Welt.

Patricius, *Ritus ecclesiastici SS. Romanae ecclesiae* 1,2,3. – Wenn der neugewählte Papst aus der Kapelle des Heiligen Gregor heraustritt, wird dreimal unter Ausruf dieser Worte ein Bündel Werg verbrannt. Vgl. Matthäus 24,35 und Thomas a Kempis, *Imitatio Christi* 1,3,30.

Sic vive cum hominibus, tamquam deus videat.
Lebe so mit deinen Mitmenschen, als ob der Gott es sähe.

Seneca, *Epistulae morales* 10,5.

Sic vos, non vobis siehe **Hos ego versiculos feci . . .**

Si deus pro nobis, quis contra nos?
Wenn Gott für uns ist, wer kann wider uns sein?

Römerbriefe 8,31.

si digito quem attigisset . . .
wenn er ihn (auch nur) mit dem Finger berührt hätte . . .
(d. h.: wenn er ihn auch nur irgendwie zu fassen bekommen hätte . . .)

Cicero, *Tusculanae disputationes* 5,55.

Si foret in terris, rideret Democritus.
Wenn Demokrit (noch) auf der Erde wäre, würde er lachen.
(D. h.: Er hätte etwas zu lachen.)

Horaz, *Epistulae* 2,1,194. – Demokrit von Abdera trug den Beinamen »der lachende Philosoph«, da er angeblich immer über die Torheiten der Menschen lachen mußte. Ihm wird Heraklit, der »weinende Philosoph«, gegenübergestellt.

Si fractus inlabatur orbis, / impavidum ferient ruinae.
Wenn zerborsten die Welt einstürzte, träfen die Trümmer einen Unerschrockenen.

Horaz, *Carmina* 3,3,7 f.

signatus septem sigillis
das mit sieben Siegeln versiegelte (Buch)

Nach Apokalypse 5,1.

Si iudicas, cognosce; si regnas, iube!
Wenn du urteilst, untersuche; wenn du herrschst, befiehl!

Seneca, *Medea* 194.

Silent enim leges inter arma.
Inmitten der Waffen schweigen nämlich die Gesetze.

Cicero, *Pro T. Annio Milone* 11; vgl. Lukan, *De bello civili* 1,277, und Quintilian, *Institutio oratoria* 5,14,17.

Si libet, licet.
Wenn es beliebt, ist es erlaubt.
(Vgl.: Erlaubt ist, was gefällt.)

Aelius Spartianus (*Vita Antonini Caracallae* 10,2) zufolge soll Julia, die Stiefmutter und spätere Frau Caracallas, ihn daran erinnert haben, daß er der Kaiser sei und selbst die Gesetze schaffe. Daher sei ihm, was immer er wünsche, erlaubt.

Simia quam similis, turpissima bestia, nobis!
Wie ähnlich ist uns der Affe, dieses äußerst scheußliche Tier!

Ennius (Fragment Ex libris inc. 26 Magno) bei Cicero, *De natura deorum* 1,97.

Si mihi perget, quae vult, dicere, ea, quae non vult, audiet.
Falls er mir weiter sagt, was er will, wird er (zu) hören (bekommen), was er nicht (hören) will.

Terenz, *Andria* 920. Vgl. **Qui, quae vult, dicit . . .**

Similem habent lactucam labra comedente asino carduos.
Seine Lippen halten Lattich, wie wenn ein Esel Disteln frißt.

Lucilius (Fragment 1299 Marx) zufolge soll Crassus Agelastus (»der Nicht-Lachende«) nur einmal in seinem Leben gelacht haben, nämlich als er dieses Sprichwort hörte.

simplex munditiis
einfach, was den Schmuck betrifft
(d. h.: von schlichter Eleganz)

Horaz, *Carmina* 1,5,5.

Simulare certe est hominis.
Täuschung ist sicherlich typisch für Menschen.

Terenz, *Adelphoe* 734.

Simul flare sorbereque haud factu facile est.
Blasen und zugleich schlucken ist nicht leicht zu bewerkstelligen.
(Vgl.: auf zwei Hochzeiten gleichzeitig tanzen)

Bei Plautus (*Mostellaria* 791) wird diese Wendung als sprichwörtlich bezeichnet.

Sincerum est nisi vas, quodcumque infundis, acescit.
Wenn das Gefäß nicht sauber ist, wird sauer, was auch immer du hineingießt.

Horaz (*Epistulae* 1,2,54) erklärt mittels dieses Gleichnisses, daß bei innerer Unausgeglichenheit auch ein großes Vermögen keine Zufriedenheit schaffe.

Sine amicitia vita est nulla.
Ohne Freundschaft gibt es kein Leben.

Nach Cicero, *De amicitia* 86.

Sine Cerere et Libero friget Venus.

Ohne Ceres und Liber friert die Venus.

Terenz (*Eunuchus* 732) bezeichnet die Wendung als Sprichwort; vgl. Cicero, *De natura deorum* 2,60. – Ceres steht für Ackerbau und Nahrung, Liber für Wein.

sine ira et studio

ohne Zorn und Eifer
(d. h.: objektiv)

Tacitus, *Annales* 1,1; vgl. auch *Historiae* 1,1 und Cicero, *Pro Marcello* 29.

Sine pennis volare haud facile est.

Ohne Flügel zu fliegen ist nicht leicht.

Plautus (*Poenulus* 871) läßt Syncerastus verdeutlichen, daß Anstrengung nichts bewirkt, wenn die nötigen Mittel fehlen.

Sine philosophia nemo intrepide potest vivere.

Ohne die Philosophie kann niemand unverzagt leben.

Nach Seneca, *Epistulae morales* 16,3.

sine sudore et sanguine

ohne Schweiß und Blut (zu vergießen)

Ennius, *Achilles Fragment* 22 Magno, zitiert bei Cicero, *De officiis* 1,61.

**Si nihil infesti durus vidisset Ulixes,
Penelope felix, sed sine laude foret.**

Wenn der leidgeprüfte Odysseus auf keine Gefahren gestoßen wäre, wäre Penelope zwar glücklich gewesen, doch ohne Ruhm.

Ovid, *Tristia* 5,5 (6),51 f. – Odysseus war wegen des Trojanischen Krieges und der anschließenden Irrfahrt zwanzig Jahre lang von seiner Gattin Penelope getrennt.

Si non proficient artes, veniemus ad arma.

Wenn die Künste nichts nützen, werden wir zu den Waffen übergehen.

Ovid, *Heroides* 20,47. – Acontius will zur Not Cydippes Liebe mit Gewalt erlangen.

Sint Maecenates, non deerunt, Flacce, Marones.

Wenn es Leute wie Maecenas gibt, dann, Flaccus, werden auch Leute wie Maro nicht fehlen.

Martial, *Epigrammata* 8,55,5. – Mit Flaccus ist Quintus Horatius Flaccus (Horaz) gemeint; mit Maro der Dichter Publius Vergilius Maro (Vergil); Maecenas war ihr heute sprichwörtlich gewordener Gönner, ihr Mäzen.

Sint, ut sunt, aut non sint!

Sie sollen sein, wie sie sind, oder nicht sein!

Lorenzo Ricci, Ordensgeneral der Jesuiten, soll Papst Clemens XIII. (1693–1769) gegenüber diese Worte bezüglich einer möglichen Änderung der Ordensverfassung geäußert haben.

Si paenitet, haud nocet error.

Wenn man reuig ist, schadet die Verfehlung nicht.

Prudenz, *Psychomachia* 396. Vgl. **Geminat peccatum, quem . . .** und **Quem paenitet pecasse . . .**

. . . si parva licet componere magnis.

. . . wenn es erlaubt ist, Kleines mit Großem zu vergleichen.

Vergil (*Georgica* 4,176) vergleicht die Arbeit der Kyklopen mit der der Bienen. – Vgl. Vergil, *Bucolica* 1,23, und Ovid, *Metamorphoses* 5,416 f.

Si qua venit sero, magna ruina venit.

Wenn (die Leidenschaft) spät kommt, kommt großes Verderben (mit ihr).

Properz, *Elegiae* 2,25,28.

Si qua voles apte nubere, nube pari.

Wenn du passend (d. h.: glücklich) heiraten willst, dann heirate einen Ebenbürtigen.

Ovid, *Heroides* 9,32.

Si quid novisti rectius istis, / candidus inperti; si nil, his utere mecum.

Wenn du etwas Besseres weißt als jene (Leitlinien), dann teile du Redlicher sie (mir) mit; wenn nicht, so folge diesen (bisherigen Leitlinien) zusammen mit mir.

Horaz, *Epistulae* 1,6,67 f.

Si quid te vetat bene vivere, bene mori non vetat.
Wenn dir etwas verbietet, gut zu leben, so verbietet es dir (doch) nicht, gut zu sterben.

Seneca, *Epistulae morales* 17,5.

Si rota defuerit, tu pede carpe viam.
Wenn dir ein Rad fehlt, mache den Weg zu Fuß.

Ovid (*Ars amatoria* 2,230) weist darauf hin, daß man eine Geliebte unter keinen Umständen warten lassen dürfe.

Si sapis, / quod scis, nescis.
Wenn du weise bist, weißt du nicht, was du weißt.
(D. h.: Wer weise ist, stelle sich in heiklen Angelegenheiten besser unwissend.)

Terenz, *Eunuchus* 721 f.

Siste furibundum impetum!
Widersetze dich dem wütenden Angriff!

Seneca, *Hippolytus* 263.

Si tacuisses, philosophus mansisses.
Wenn du geschwiegen hättest, wärest du ein Philosoph geblieben.

Nach Boethius, *Consolatio philosophiae* 2,7. Ein angeblicher Philosoph war einst von einem Gesprächsgegner so aus der Fassung gebracht worden, daß er sich eben durch seinen mangelnden Gleichmut als falscher Philosoph entpuppte. Vgl. Hiob 13,5 und Sprüche 17,28.

Sit caeca futuri / mens hominum fati: liceat sperare timenti.
Der menschliche Geist mag für das kommende Schicksal blind sein: Wenn er schon fürchten muß, sei es ihm wenigstens erlaubt zu hoffen.

Lukan, *De bello civili* 2,14 f.

Sit procul omne nefas; ut ameris, amabilis esto!
Fern sei alles Ungehörige; damit du geliebt wirst, sei liebenswürdig!

Ovid, *Ars amatoria* 2,107.

Sit tibi credibilis sermo consuetaque verba!
Deine Rede sei glaubwürdig, deine Worte die üblichen!

Ovid (*Ars amatoria* 1,467) rät jungen Männern dazu, in Liebesbriefen eine schmeichelnde, doch nicht zu ausgefallene Sprache zu verwenden.

Sit tua cura sequi, me duce tutus eris.
Deine Sorge sei (nur) zu folgen; unter meiner Führung wirst du sicher sein.

Ovid, *Ars amatoria* 2,58. – Daedalus ermahnt so seinen Sohn Icarus, ihm zu folgen und weder der Sonne noch dem Meer zu nahe zu kommen.

Si vir es, i!
Wenn du ein Mann bist, geh!

Ovid, *Fasti* 6,594. – Tullia fordert so ihren Mann Superbus auf, ihren Vater zu töten und die Königsherrschaft an sich zu reißen.

Si vis amari, ama!
Wenn du geliebt werden willst, liebe!

Seneca (*Epistulae morales* 9,6) zitiert hier Hekaton (Fragment 27 Fowler). Vgl. Ovid, *Ars amatoria* 2,107, und Martial, *Epigrammata* 6,11,10.

Si vis me flere, dolendum est / primum ipsi tibi.
Wenn du willst, daß ich weine, mußt du selbst zuerst Schmerz empfinden.

Horaz (*Ars poetica* 102 f.) erläutert, wahre Dichtung setze voraus, daß der Dichter das Dargestellte selbst empfinde.

Si vis pacem, para bellum! siehe **Qui desiderat pacem . . .**

societas leonina siehe **Numquam est fidelis . . .**

Societatis vinculum est ratio et oratio.
Das Band der Gesellschaft sind Vernunft und Sprache.

Nach Cicero, *De officiis* 1,50.

Sociorum olla malle fervet.
Der Topf von Freunden kocht schlecht.
(D. h.: Da ist nichts zu holen.)

Petron, *Satyrica* 38. – Nach einem griechischen Sprichwort oft zitiert als »Fervet olla, vivit amicitia« (»Siedet der Topf, so blüht die Freundschaft«).

socordia atque desidia bonum otium conterere
in Sorglosigkeit und Untätigkeit die gute Muße vergeuden

Sallust, *Bellum Catilinarium* 4,1.

Sola deos aequat clementia nobis.
Nur Milde macht uns den Göttern ebenbürtig.

Claudian, *De quarto consulatu honorii Augusti* 277.

sola fide
allein durch den Glauben

Nach Römerbriefe 1,3,28.

Solamen miseris socios habuisse malorum.
Ein Trost für die Elenden ist es, im Unglück Gefährten zu haben.

Spinoza, *Ethik* 4,57, nach Aesop, *Fabulae* 191 Chambry.

Solent mendaces luere poenas maleficii.
Lügner pflegen für ihre Missetat Strafe zu büßen.

Phaedrus, *Fabulae* 1,17,1.

Solet a despectis par referri gratia.
Oft wird (uns) von denen, die wir verachtet haben, gleicher Dank gezollt.
(Vgl.: Wie es in den Wald hineinschallt, so schallt es hinaus.)

Phaedrus, *Fabulae* 3,2,1.

Soli igitur hoc contingit sapienti, ut nihil faciat invitus.
Dem Weisen allein also gelingt es, daß er nichts gegen seinen Willen tut.

Cicero, *Paradoxa Stoicorum* 34.

Solitudinem faciunt, pacem apellant.
Sie schaffen eine Wüste und nennen das Frieden.

Tacitus, *Agricola* 30,5.

Sollicitae mentes speque metuque pavent.
Aufgeregte Gemüter zittern vor Hoffnung und vor Furcht.

Ovid, *Fasti* 3,362.

Sol omnibus lucet.
Die Sonne leuchtet für alle.

Petron, *Satyrica* 100. – Encolpius versucht so, seine Eifersucht zu dämpfen: Alle wirklichen Güter auf der Erde gehörten der Allgemeinheit; daher müsse man auch die eigene Geliebte mit anderen teilen.

Solve senescentem mature sanus equum.
Sei weise und löse das alternde Pferd rechtzeitig (von den Zügeln).
(D. h.: Höre zur rechten Zeit auf.)

Horaz, *Epistulae* 1,1,8.

Somnus est imago mortis.
Der Schlaf ist ein Abbild des Todes.

Nach Cicero, *Tusculanae disputationes* 1,92.

Sorex suo perit indicio.
Die Spitzmaus kommt dadurch um, daß sie sich selbst anzeigt (indem sie quiekt).

Nach Terenz, *Eunuchus* 1024. Vgl. Ovid, *Heroides* 11,72.

Sors tua mortalis: non est mortale, quod optas.
Dein Los ist das eines Sterblichen: Was du begehrst, ist (jedoch) nichts Sterbliches.

Ovid, *Metamorphoses* 2,56.

spargere voces / in vulgum ambiguas
zweideutige Reden im Volke verbreiten

Vergil, *Aeneis* 2,99 f.

Spatio brevi / spem longam reseces!
Da die (Lebens)zeit kurz ist, begrenze deine lange Hoffnung!

Horaz, *Carmina* 1,11,6 f.

Spectatum veniunt, veniunt, spectentur ut ipsae.
Sie kommen zum Zuschauen, sie kommen (aber auch), um selbst gesehen zu werden.

Ovid, *Ars amatoria* 1,99; vgl. Aelian (*Bunte Geschichten* 7,10), der berichtet, Sokrates habe mit diesen Worten seine Frau Xanthippe zurechtgewiesen, die einer Prozession nicht in ihrem alten Mantel zusehen wollte.

spemque metumque inter dubii
schwankend zwischen Hoffnung und Furcht

Vergil, *Aeneis* 1,218.

Spem retine! Spes una hominem nec morte relinquit.
Bewahre die Hoffnung! Die Hoffnung allein verläßt den Menschen auch nicht im Tode.

Disticha Catonis 2,25,2.

Spem teneo, salutem amisi.
Ich halte (noch) an der Hoffnung fest; mein Heil habe ich (bereits) verloren.

Plautus, *Mercator* 592.

Sperat quidem animus, quo eveniat, dis in manu est.
Der (menschliche) Geist hegt zwar Hoffnungen, worauf die Sache aber hinausläuft, liegt in der Hand der Götter.
(Vgl.: Der Mensch denkt, Gott lenkt.)

Plautus, *Bacchides* 144.

Sperne voluptates, nocet empta dolore voluptas.
Verachte die Vergnügungen; es schadet das mit Schmerz erkaufte Vergnügen.

Horaz, *Epistulae* 1,2,55.

Spes est, quae pascat amorem.
Die Hoffnung ist es, die die Liebe nährt.

Ovid, *Metamorphoses* 9,749.

Spiritus magnos fuga!
Meide den Großmut!

Seneca, *Troades* 514.

sponte asceam cruribus suis illidere
sich absichtlich eine Axt ins Bein schlagen

Nach Apuleius, *Metamorphoses* 3,22,6. Vgl. **Ipse mihi asciam . . .**

spumans ex ore scelus, anhelans ex infimo pectore crudelitatem
aus dem Mund Verbrechen hervorschäumend, aus der tiefsten Brust Grausamkeit aushauchend
(vgl.: Gift und Galle speien)

Auctor ad Herennium 4,68.

stans pede in uno
auf einem Fuß stehend

Horaz (*Sermones* 1,4,10) über einen Schnelldichter, der sich zum Dichten nicht einmal hinsetzt.

Stat nulla diu mortalibus usquam / Fortuna titubante fides.
Keine Treue währt den Sterblichen je lange, wenn das Glück schwankt.

Silius Italicus, *Punica* 11,3 f.

Stat sua cuique dies. Breve et inreperabile tempus / omnibus est vitae.
Einem jedem steht der (Todes)tag fest. Kurz und unwiederbringlich ist die Lebenszeit aller.

Vergil, *Aeneis* 10,467 f.

statua taciturnius
schweigsamer als eine Statue
(vgl.: stumm wie ein Fisch)

Horaz (*Epistulae* 2,2,83) bezeichnet so den typischen Weisen, der Abgeschiedenheit liebt und wegen seiner Schweigsamkeit oft für verrückt gehalten wird.

Stertit noctes et dies.
Er schnarcht Tag und Nacht.
Terenz, *Eunuchus* 1079.

Stillicidii casus lapidem cavat.
Der Fall des Tropfens aus der Dachrinne höhlt den Stein.
Lukrez, *De rerum natura* 1,313. Vgl. **Ferreus adsiduo consumitur . . .**, **Gutta cavat lapidem . . .** und **Percussu crebro . . .**

Stimulos dedit aemula virtus.
Sporen verlieh die wetteifernde Tüchtigkeit.
Lukan, *De bello civili* 1,120.

Stomachor omnia.
Ich rege mich über alles auf.
Cicero, *Ad Atticum* 14,21.

strenua inertia
geschäftiges Nichtstun
Nach Horaz, *Epistulae* 1,11,28.

Studia adulescentiam alunt, senectutem oblectant.
Die Wissenschaft nährt die Jugend und ergötzt das Alter.
Cicero, *Pro Archia Poeta* 7,16.

Stultitia est, pater, venatum ducere invitas canes.
Es ist eine Dummheit, Vater, unwillige Hunde zur Jagd zu führen.
(Vgl.: die Hunde zur Jagd tragen)
Plautus, *Stichus* 139.

Stultitiam patiuntur opes.
Reichtum kann Dummheit erdulden.
(D. h.: Wer reich ist, kann es sich leisten, dumm zu sein.)
Horaz, *Epistulae* 1,18,29.

Stultorum eventus magister est siehe **Eventus docebit**

Stultorum infinitus est numerus.
Die Zahl der Dummen ist unendlich.
Ecclesiastes 1,15.

Stultorum plena sunt omnia.
Der Dummen voll ist alles.
Cicero, *Ad familiares* 9,22,4.

Stultus es, qui facta infecta facere verbis postules.
Dumm ist, wer glaubt, durch Worte Geschehenes ungeschehen machen zu können.
Plautus, *Truculentus* 730.

sua confessione indui et iugulari
sich im eigenen Geständnis verwickeln und erdrosseln
Nach Cicero, *Actio secunda in C. Verrem* 5,166.

Sua cuique deus fit dira cupido.
Die eigene schreckliche Begierde wird einem jedem zum Gott. (D. h.: Die eigene Begierde bestimmt das Leben.)
Vergil, *Aeneis* 9,185.

Suae quemque fortunae maxime paenitet.
Jeden verdrießt das eigene Schicksal am meisten.
Nach Cicero, *Ad familiares* 6,1,1.

Suam quisque homo rem meminit.
Jeder erinnert sich an seine eigenen Angelegenheiten. (D. h.: Jeder ist sich selbst der Nächste.)
Plautus, *Mercator* 1011.

Sua quemque premit terroris imago.
Jeden bedrängt sein eigenes Schreckensbild. (D. h.: Jeder hat andere Alpträume.)
Lukan, *De bello civili* 7,773.

Sua quisque exempla debet aequo animo pati.
Ein jeder ertrage seine Vorbilder mit Gleichmut.
(D. h.: Man muß erdulden, so behandelt zu werden, wie man andere zuvor behandelt hat.)

Phaedrus, *Fabulae* 1,26,12.

Suave mari magno turbantibus aequore ventis
E terra magnum alterius spectare laborem.
Es ist angenehm, vom Land aus bei stürmischer See und wilden Winden die große Bedrängnis des anderen zu sehen.

Lukrez, *De rerum natura* 2,1 f. Vgl. **naufragia ex terra intueri**.

Suavis laborum est praeteritorum memoria siehe **Iucundi acti labores**.

Subiere minores / saepe casas superi.
Götter haben schon oft geringere Hütten betreten.

Ovid, *Metamorphoses* 5,282 f. – Mit vermeintlicher Bescheidenheit versucht Pyreneus, der König von Daulis, die Musen bei einem Unwetter in sein Haus zu locken, um sie zu vergewaltigen.

Sublimi feriam sidera vertice.
Mit erhabenem Scheitel werde ich die Sterne streifen.

Horaz (*Carmina* 1,1,36) über seinen Dichterruhm.

Sub noctem cura recursat.
Während der Nacht kehrt die Sorge zurück.

Vergil, *Aeneis* 1,662.

Sub omni lapide scorpius dormit.
Unter jedem Stein schläft ein Skorpion.

Nach Macarius Hieromonachus 8,69.

sub reservatione Iacobea siehe **Deo volente . . .**

sub specie aeternitatis
unter dem Blickwinkel der Ewigkeit

Spinoza, *Ethik* 5,29 f. – Gemeint ist die Betrachtung vergänglicher Dinge als Erscheinungen der einzigen wahren Substanz.

Successore novo vincitur omnis amor.
Jede Liebe wird von einer neuen folgenden besiegt.
Ovid, *Remedia amoris* 462.

Successus ad perniciem multos devocat.
Erfolg zieht viele ins Verderben hinab.
Phaedrus, *Fabulae* 3,5,1.

Successus improborum plures allicit.
Der Erfolg von Schuften lockt (noch) mehr (Schufte) an.
Phaedrus, *Fabulae* 2,3,7.

sucum ac sanguinem amittere
Saft und Blut verlieren
(d. h.: keine Energie mehr haben)
Nach Cicero, *Ad Atticum* 4,18.

sui generis
von eigener Art
(d. h.: besonders)
(z. B.) Plinius d. Ä., *Naturalis Historia* 23,134.

Suis fortuna cuique fingitur moribus.
Durch den eigenen Charakter bestimmt sich einem jeden das Schicksal.
Nach Cicero (*Paradoxa Stoicorum* 34), der diese Worte einem »weisen Dichter« zuschreibt. Vgl. Cornelius Nepos, *Atticus* 11,6: »Sui cuique mores fingunt fortunam hominibus.« (»Der eigene Charakter formt den Menschen das Schicksal.«)

Sum apud te primus.
Ich bin bei dir der erste.
(Vgl.: bei jemandem die Hauptrolle spielen)
Terenz, *Eunuchus* 90.

summa summarum
alles in allem
Plautus, *Truculentus* 25.

Summisque negatum / stare diu.
Und den Mächtigen ist es verwehrt, lange (in ihrer hohen Position) zu verweilen.

Lukan, *De bello civili* 1,70 f.

Summum ius summa iniuria.
Das höchste Recht ist das höchste Unrecht.
(D. h.: Man soll das Recht nicht auf die Spitze treiben.)

Cicero (*De officiis* 1,33, nach Terenz, *Heauton timorumenos* 796) bezeichnet die Wendung als altes Sprichwort. Vgl. z. B. Columella, *De re rustica* 1,7,2.

Sunt animis etiam sua nubila.
Auch der Verstand hat (bisweilen) seine Wolken.
(D. h.: Er ist getrübt.)

Prudenz, *Hamartigenia* 89.

sunt certi denique fines siehe **Est modus in rebus . . .**

Sunt Iovis omnia plena siehe **Ab Iove principium . . .**

Sunt lacrimae rerum.
Es gibt Tränen der Welt.

Vergil, *Aeneis* 1,462. – Aeneas, der im Schutze eines Nebels unerkannt durch Karthago wandert, sieht an einem Tempel eine Darstellung des Trojanischen Krieges und ist ergriffen von dem Gedanken, daß menschliche Geschicke allerorten auf Mitgefühl stoßen.

Sunt pueri pueri, pueri puerilia tractant.
Kinder sind Kinder; Kinder treiben Kindereien.

HW: 30797b nach Korintherbriefe 1,13,11, bzw. Horaz, *Epistulae* 2,1,116.

Sunt superis sua iura.
Die Götter haben ihre eigenen Gesetze.

Ovid, *Metamorphoses* 9,500.

Sunt verba et voces.
Es gibt Worte und Stimmen (d. h.: Zusprüche und Zauberformeln, die Abhilfe leisten können).

Horaz (*Epistulae* 1,1,34) rät, auch wenn man sein Ziel nicht ganz erreichen könne, dennoch auf alle Hilfsmittel zurückzugreifen, um diesem Ziel näherzukommen.

suo Marte
aus eigener Kraft

(z. B.) Cicero, *Orationes Philippicae* 2,95.

Superflua non nocent.
Überflüssiges schadet nicht.

Augustinus, *De civitate* Dei 4,27, und *Codex Iustinianus* 6,23,27.

Surdas iamdudum aures pulso.
Schon lange schlage ich an taube Ohren.
(Vgl.: tauben Ohren predigen)

Curtius Rufus, *Historia Alexandri Magni* 9,2,30.

surdis auribus dicta
tauben Ohren Gesagtes

Livius, *Ab urbe condita* 3,70,7.

surdo narrare fabulam
einem Tauben eine Geschichte erzählen

Nach Terenz, *Heauton timorumenos* 222.

Sursum corda, gratias agimus.
Himmelwärts die Herzen, wir sagen Dank.

Einleitungsworte der Präfation der katholischen Messe. Nach den Klageliedern des Jeremia 3,41. Ebenso Patricius, *Ritus ecclesiastici SS. Romanae ecclesiae* 1,2,2.

Suspecta ne sint, longa colloquia amputa!
Kürze die lange Rede, damit sie nicht verdächtig wirke!

Seneca, *Medea* 530.

Sustine et abstine!
Halte durch und halte dich fern!
(Vgl.: Leide und meide!)

Gellius (*Noctes Atticae* 17,19,6) zitiert hier Epiktet in griechischer Sprache. Die lateinische Version findet sich bei HW: 30937a.

suum cuique (tribuere)
einem jeden das Seine (zollen)

Cicero (*De legibus* 1,19) bezeichnet diese Worte als Grundsatz der griechischen Gesetze. Gellius (*Noctes Atticae* 13,24,1) berichtet von folgendem Ausspruch Catos: »Suum cuique per me uti atque frui licet.« (»Von mir aus sei es einem jeden erlaubt, was er hat, zu nutzen und es zu genießen.«) Vgl. Iustinian, *Institutiones* 1,1,3. – Der Spruch wurde von den Nationalsozialisten, die ihn in Buchenwald anbrachten, in seiner Intention mißbraucht.

Suum cuique pulchrum est.
Jedem ist das Seine schön.

Cicero, *Tusculanae disputationes* 5,63; vgl. auch *Ad Atticum* 14,20.

Suum quemque decet.
Für jeden ziemt sich das Seine.

Plautus, *Stichus* 693.

Suus est mos cuique genti.
Jedes Volk hat seine eigene Sitte.
(Vgl.: Andre Länder, andre Sitten.)

Prudenz, *Contra orationem Symmachi* 2,89.

Suus rex reginae placet.
Der eigene König gefällt der Königin.

Plautus, *Stichus* 133.

T

tabula rasa
eine geglättete Tafel
(vgl.: ein unbeschriebenes Blatt)

Die Römer schrieben Notizen auf Wachstäfelchen, die man nach Gebrauch wieder glattstreichen konnte. Den Vergleich des menschlichen Geistes mit einer solchen Tafel stellt bereits Sokrates an (Platon, *Theaetetus* 191c). Vgl. Aristoteles, *De anima* 3,4. Wörtlich findet sich die Wendung bei Albertus Magnus (*De anima* 3,2,17), der so die kindliche Seele bezeichnet, da sie noch völlig rein und unbeeinflußt sei. Ebenso Thomas von Aquin, *Summa theologiae* 1,79,2.

Tacent: satis laudant.
Sie schweigen: (Damit) loben sie genügend.

Terenz, *Eunuchus* 476.

Tacere multis discitur vitae modis / malis.
Schweigen lernt man aus des Lebens häufigem Unbill.

Seneca, *Thyestes* 319 f.

Talis hominibus fuit oratio, qualis vita.
Wie ihr Leben, so war der Menschen Rede.

Seneca (*Epistulae morales* 114,1) bezeichnet die Wendung als griechisches Sprichwort. Vgl. Diogenes Laertius (1,58), der ähnliche Worte Solon zuschreibt, und Cicero (*Tusculanae disputationes* 5,47), der Sokrates als Quelle anführt.

Tam deest avaro, quod habet, quam quod non habet.
Der Geizige leidet Mangel an dem, was er hat, wie an dem, was er nicht hat.

Publilius Syrus, *Sententiae* T 3; vgl. Quintilian, *Institutio oratoria* 8,5,6.

Tamdiu discendum est, quamdiu nescias.
Man muß so lange lernen, wie man (etwas) nicht weiß.

Seneca (*Epistulae morales* 76,2) fährt fort, wenn man einem antiken Sprichwort Glauben schenke, müsse man sogar so lange lernen, wie man lebe (». . . quamdiu vivas«).

Tam felix utinam quam pectore candidus essem!
Wäre ich doch so glücklich, wie ich reinen Herzens bin!

Ovid, *Epistulae ex Ponto* 4,14,43.

tamquam truncus stipesque
wie ein Baumstumpf und Holzklotz
(d. h.: nur Staffage)

Cicero (*In L. Calpurnium Pisonem* 19) spricht hier von einem Konsul, der keineswegs einen richtigen Politiker darstelle, sondern gerade einmal fähig sei, wie ein Pfahl dazustehen, der ein Schild mit der Aufschrift »Konsul« trage.

Tantae molis erat Romanam condere gentem.
So große Mühe bedeutete es, das römische Volk zu begründen.

Vergil (*Aeneis* 1,33) wirft zu Beginn seines Epos einen Blick auf das Resultat: Rom, das neue Troja.

Tantaene animis caelestibus irae?
Steckt in himmlischen Wesen solcher Zorn?

Vergil, *Aeneis* 1,11.

Tantummodo incepto opus est, cetera res expediet.
Es bedarf nur eines Anfangs, dann erledigt sich das übrige.

Sallust, *Bellum Catilinarium* 20,10.

Tantum ne noceas, dum vis prodesse, videto!
Sieh nur zu, daß du nicht schadest, während du zu helfen wünschst.

Ovid, *Tristia* 1,1,101.

Tantum religio potuit suadere malorum.
So viel Unheil vermochte der Aberglaube anzuraten.

Lukrez (*De rerum natura* 1,101) verteidigt die Philosophie gegen die Religion. Als Beispiel führt er die Opferung Iphigenies an, die zeige, zu welch unsinnigen Taten religiöser Glaube führen könne.

Tarda venit dictis difficilisque fides.
Spät und widerwillig kam der Glaube an das Gesagte.

Ovid, *Fasti* 3,350.

Tardo amico nihil est quicquam iniquius.
Es gibt nichts Ungünstigeres als einen trägen Freund.

Plautus, *Poenulus* 504.

Te, Fortuna, sequor.
Dir, Schicksal, folge ich.

Lukan (*De bello civili* 1,226) zufolge verkündete Caesar nach der Überschreitung des Rubikon, er lasse nun Frieden und Gesetze hinter sich und folge dem Schicksal.

Te hominem esse memento! siehe **Respice post te . . .**

Telum ira facit.
Der Zorn schafft (ihm) eine Waffe.

Vergil, *Aeneis* 7,508.

Tempora labuntur, tacitisque senescimus annis
Et fugiunt freno non remorante dies.
Die Zeit schwindet dahin und wir altern durch unmerkliche Jahre, und die Tage fliehen, da kein Zügel ihnen Einhalt gebietet.

Ovid, *Fasti* 6,771 f.

Tempora mutantur et nos mutamur in illis.
Die Zeiten ändern sich, und wir ändern uns mit ihnen.

Vgl. Corippus, *Iohannis* 7,91. Matthias Borbonius (in: Jan Gruter, *Delitiae poetarum Germanorum*) schreibt diese Worte in der Version »Omnia mutantur« Kaiser Lothar I. (795–855) zu. Die obige Version soll in den *Proverbialia dicteria* des Andreas Gartner zu finden sein.

Tempore qui longo steterit, male curret.
Wer lange Zeit stand, wird schlecht laufen.
(Vgl.: Wer rastet, der rostet.)

Ovid, *Tristia* 5,12,25.

tempore uno / duobus locis simul esse
zu einem Zeitpunkt an zwei Orten zugleich sein
(vgl.: auf zwei Hochzeiten gleichzeitig tanzen)

Plautus, *Amphitruo* 567 f.

Tempori aptari decet.
Man muß sich der Zeit anpassen.

Seneca, *Medea* 175.

Tempori cedere semper sapientis est habitum.
Den zeitlichen Umständen nachzugeben hat immer als weise gegolten.

Nach Cicero, *Ad familiares* 4,9,2.

Temporis ars medicina fere est.
Die Kunst der Zeit (d. h.: der Wahl des richtigen Zeitpunkts) ist fast eine Medizin.

Ovid, *Remedia amoris* 131.

tempus edax rerum
die alles verschlingende Zeit
(vgl.: der Zahn der Zeit)

Ovid, *Metamorphoses* 15,234 und *Epistulae ex Ponto* 4,10,7.

Tempus est etiam maiora conari.
Es ist (die richtige) Zeit, auch Größeres zu versuchen.

Livius, *Ab urbe condita* 6,18,13.

Tempus in agrorum cultu consumere dulce est!
Süß ist's, die Zeit auf die Bearbeitung der Äcker zu verwenden.

Ovid, *Epistulae ex Ponto* 2,7,69. – Die Zeit, in der man sich dem Ackerbau widmen kann, steht hier metonymisch für den Frieden.

Tendis iners docto retia nota mihi.
Ungeschickt spannst du mir, der ich erfahren bin, bekannte Netze.

Properz, *Elegiae* 2,32,20.

Tendit in ardua virtus.
Tugend strebt Schwieriges an.

Ovid, *Epistulae ex Ponto* 2,2,113.

Teneas tuis te!
Halte dich an deine Angelegenheiten!

Nach Horaz, *Sermones* 2,3,324.

tenero lascivior haedo
munterer als ein zartes Böckchen

Ovid, *Metamorphoses* 13,791. – Der häßliche Polyphem bezeichnet so die liebliche Galatea.

Ter bibe, vel toties ternos, sic mystica lex est.
Dreimal trinke oder ebensooft je drei (d. h.: neunmal) – so lautet das mystische Gesetz.

Ausonius, *Griphus ternarii numeri* 1.

terra incognita
ein unbekanntes Land

Vielleicht nach Tacitus (*Agricola* 10,4), der von bislang unbekannten Inseln spricht.

Terra mortalium semper ancilla.
Die Erde ist stets den Menschen dienlich.

Nach Plinius d. Ä., *Naturalis historia* 2,155.

Terraque securae sit super ossa levis.
Die Erde möge dir, Ruhender, leicht auf den Gebeinen wiegen.

Tibull, *Elegiae* 2,4,50.

Tertium non datur.
Ein Drittes wird nicht gegeben.
(D. h.: Eine dritte Möglichkeit ist ausgeschlossen.)

Nach Cicero, *Ad familiares* 9,22,1.

Tertius e caelo cecidit Cato!
Ein dritter Cato ist vom Himmel gefallen!

Juvenal, *Saturae* 2,40. – Anspielung auf die beiden gestrenge römische Moral verkörpernden Porcier: M. Porcius Cato Censorius und dessen Urenkel M. Porcius Cato Uticensis.

Te semper anteit saeva necessitas.
Vor dir läuft immer die grimmige Notwendigkeit her.

Horaz, *Carmina* 1,35,17.

Te spectem, suprema mihi cum venerit hora,
Te teneam moriens deficiente manu.
Schau'n will ich dich, wenn die letzte Stunde mir schlägt, sterbend dich halten mit schon ermattender Hand.

Tibull, *Elegiae* 1,1,59 f.

Testis unus, testis nullus.
Ein Zeuge ist kein Zeuge.

Vgl. *Codex Iustinianus* 4,20,9 und **Uni testi nec Catoni creditum est**.

Tetigisti acu.
Du hast es mit der Nadel(spitze) berührt.
(Vgl.: den Nagel auf den Kopf treffen)

Plautus, *Rudens* 1306.

Te tua, me delectant mea.
Dich erfreut das Deine, mich das Meine.

Cicero (*Tusculanae disputationes* 5,63) erklärt hier, Dichter seien stets von ihrem eigenen Werk überzeugt.

Tibi aras, tibi occas, tibi seris, tibi idem metis.
Für dich pflügst du, für dich eggst du, für dich säst du, und für dich erntest du ebenfalls.

Plautus, *Mercator* 71.

Tibi ut opus est facto, face!
Handle, wie du handeln mußt.

Cicero (*De finibus* 5,29) zitiert Terenz, *Heauton timorumenos* 80.

Timeo lectorem unius libri.
Ich fürchte den, der (nur) ein einziges Buch gelesen hat.

Thomas von Aquin zugesprochen.

Timeri autem tam domi molestum est quam foris.
Gefürchtet zu werden jedoch ist unangenehm, zu Hause wie draußen.

Seneca (*Epistulae morales* 105,4) warnt davor, sich bei anderen unbeliebt zu machen, denn wer gefürchtet werde, müsse auch selbst fürchten.

Timet timentes.
Er fürchtet die, die fürchten.

Seneca, *Oedipus* 705. – Kreon erklärt, daß Tyrannen meist ihre Untertanen genauso fürchteten, wie sie von diesen gefürchtet würden. So fährt er fort: »Metus in auctorem redit.« (»Die Furcht kommt auf ihren Urheber zurück.«) Vgl. *Epistulae morales* 105,4.

Timidi est optare necem.
Den Tod (nur) zu wünschen ist feige.

Ovid (*Metamorphoses* 4,115) läßt Pyramus mit diesen Worten Selbstmord begehen.

Tolle, lege!
Heb es auf und lies!

Augustinus (*Confessiones* 8,12) berichtet, er habe einst ein Kind diese Worte rufen gehört und sich dazu aufgefordert gefühlt, sofort zur Bibel zu greifen. Die Lektüre der zufällig aufgeschlagenen Stelle (Römerbrief 13,13) habe seine religiöse Umkehr eingeleitet.

Tolle moras! Semper nocuit differe paratis.
Beende das Zaudern! Immer hat Aufschub denen, die bereitstanden, geschadet.

Lukan, *De bello civili* 1,281. – Curios Rat an Caesar, der zögernd am Rubicon stand. Vgl. **Alea iacta est**.

Tolluntur in altum, / ut lapsu graviore ruant.
Sie werden in die Höhe gehoben, um in heftigerem Fall zusammenzustürzen.

Claudian (*In Rufinum* 1,22 f.) erklärt, er wolle sich nie wieder über den Aufstieg eines schlechten Menschen beschweren, da er seit Rufinus wisse, daß ein Bösewicht um so tiefer falle.

tondere usque ad vivam cutem
bis auf die lebende Haut scheren

Nach Plautus, *Bacchides* 242.

Tota erras via.
Auf dem ganzen Weg irrst du.
(D. h.: Du bist auf dem Holzweg.)

Terenz, *Eunuchus* 245.

Totaque res vacillat et claudicat.
Und die ganze Sache schwankt und hinkt.

Cicero, *De natura deorum* 1,107.

totidem hostes quot servi
so viele Sklaven, so viele Feinde

Seneca (*Epistulae morales* 47,5) kritisiert diese bereits in der Antike als Sprichwort bekannte Wendung: Sklaven seien nicht von sich aus Feinde ihrer Herren, sondern würden erst durch schlechte Behandlung dazu gemacht.

Totum igitur in eo est, ut tibi imperes.
Alles beruht also darauf, daß du dir selbst gebietest.

Cicero, *Tusculanae disputationes* 2,53.

Totus homuncio nil est.
Das ganze elende Menschlein ist ein Nichts.

Petron, *Satyrica* 34.

Tractant fabrilia fabri siehe **Scribimus indocti . . .**

Trahit sua quemque voluptas.
Jeden reißt seine Leidenschaft hin.

Vergil, *Bucolica* 2,65.

Tranquillas etiam naufragus horret aquas.
Der Schiffbrüchige fürchtet auch ruhige Gewässer.
(Vgl.: Gebranntes Kind scheut das Feuer.)

Ovid (*Epistulae ex Ponto* 2,7,8) entschuldigt sich bei seinem Freund Atticus für seine übermäßge Verzagtheit, die in seinen bisherigen Erfahrungen begründet sei.

Tres faciunt collegium.
Drei bilden ein Kollegium.

Nach *Digesta*, 50,16,85. – Hier bezieht sich die Wendung auf einen Verein im juristischen Sinne. Heute wird mit diesen Worten konstatiert, daß genügend Personen beisammen sind, um eine Lehrveranstaltung stattfinden zu lassen (»Tres faciunt colloquium«).

Tria verba non potest iungere.
Drei Worte kann er nicht aneinanderreihen.
(D. h.: Er bringt keine drei zusammenhängenden Worte heraus.)

Seneca, *Epistulae morales* 40,9.

Tristis eris, si solus eris.
Traurig wirst du sein, wenn du allein sein wirst.

Ovid (*Remedia amoris* 583) rät, sich vor Liebeskummer zu schützen, indem man Gesellschaft suche.

Truditur dies die.
Der (eine) Tag wird vom (nächsten) Tag weggestoßen.
(D. h.: Dem vorausgehenden Tag ist der kommende schon auf den Fersen.)

Horaz, *Carmina* 2,18,15.

Tua quod nil refert, ne cures!
Sorge dich nicht um Dinge, die dich nichts angehen.

Plautus, *Stichus* 320.

Tua quod nil refert, percontari desinas!
Höre auf zu erforschen, was dich nichts angeht!

Terenz, *Hecyra* 810.

Tu dic, mecum quo pignore certes!
Sag, um welches Pfand du mit mir wetten willst!

Vergil, *Bucolica* 3,31.

Tu, homo, adigis me ad insaniam.
Du, Mensch, treibst mich (noch) zum Wahnsinn!

Terenz, *Adelphoe* 111.

Tu mihi sola places.
Du allein gefällst mir.

Ovid, *Ars amatoria* 1,42.

Tunc omnia iure tenebis, / cum poteris rex esse tui.
Du wirst mit Recht alles in deiner Macht haben, wenn du König über dich selbst sein kannst.

Claudian, *De quarto consulatu honorii Augusti* 261 f.

Tu ne cede malis, sed contra audentior ito!
Weiche dem Übel nicht, sondern geh ihm kühner noch entgegen!

Vergil, *Aeneis* 6,95. – Die Sibylle von Cumae flößt Aeneas Mut ein, nachdem sie ihm zunächst furchtbare Kriege und einen »anderen Achill« vorhergesagt hat.

Tu ne quaesieris, scire nefas, quem mihi, quem tibi / finem di dederint.
Forsche du dem nicht nach – es zu wissen ist verwehrt –, welches Ende mir, welches dir die Götter vorbestimmt haben.

Horaz (*Carmina* 1,11,1 f.) zieht aus der obigen Erkenntnis folgenden Schluß: »**carpe diem**« (»pflücke, d. h. nütze den Tag«).

Tu nescies, quod scis, si sapies.
Du wirst nicht wissen, was du weißt, wenn du weise bist.

Nach Terenz, *Heauton timorumenos* 748. – Ein Sklave warnt seinen Kollegen, sich besser dumm und unwissend zu stellen.

Tunica propior palliost.
Die Tunika ist mir näher als der Mantel.
(Vgl.: Das Hemd ist mir näher als der Rock.)

Plautus, *Trinummus* 1154.

Tu quod cavere possis, stultum est admittere.
Es ist dumm zuzulassen, wovor du dich hüten könntest.

Terenz, *Eunuchus* 761.

Turdus ipse sibi malum cacat.
Die Drossel kackt ihr eigenes Unglück.

HW: 31933c. – Aus dem Kot der Drossel wurde Leim gefertigt, mit dem man Vögel fing.

Turpe est aliud loqui, aliud sentire.
Es ist schändlich, etwas anderes zu sagen, als man denkt.

Seneca, *Epistulae morales* 24,19.

Tu si animum vicisti, potius quam animus te, est, quod gaudeas.
Wenn du deine Leidenschaften eher als sie dich besiegt hast, hast du einen Grund, dich zu freuen.

Plautus, *Trinummus* 310.

Tu si hic sis, aliter sentias.
Wärest du hier (an meiner Stelle), dächtest du anders.

Terenz, *Andria* 310.

Tute hoc intristi: Tibi omne est exendendum.
Du hast dir das eingebrockt: Du mußt das alles aufessen. (Vgl.: die Suppe auslöffeln, die man sich eingebrockt hat)

Terenz, *Phormio* 318; vgl. Ausonius, *Bissula*, praefatio 1,5.

Tutemet mirabere.
Du wirst dich selbst wundern.

Terenz, *Heauton timorumenos* 374.

U

Ubi amici, ibidem opes.
Wo Freunde, da Vermögen.

Plautus (*Truculentus* 885) bezeichnet diese Wendung bereits als Sprichwort. Vgl. Quintilian, *Institutio oratoria* 5,11,41.

Ubi bene, ibi patria siehe **Patria est, ubicumque est bene**

Ubi defecerit ratio, ibi est fidei aedificatio.
Wo der Verstand versagt, dort besteht das Glaubensgebäude.

Augustinus, *Sermones* 247,2.

Ubi erit victoriae spes, / si offenditur Deus?
Wo wird Hoffnung auf Sieg bestehen, wenn man Gott angreift?

Friedrich Schiller, *Wallenstein*, Wallensteins Lager, V. 533 f.

Ubi leonis pellis deficit, vulpina est insuenda.
Wo es am Löwenfell mangelt, muß man sich den Fuchspelz überziehen.
(D. h.: Wo einem die Kräfte fehlen, muß man schlau sein.)

Nach Phaedrus, *Fabulae* Appendix Perrottina 23.

Ubi semel quis peieraverit, ei credi postea, etiamsi per plures deos iuret, non oportet.
Dem, der einmal einen Meineid geleistet hat, darf man, auch wenn er bei mehreren Göttern schwört, nicht glauben.
(Vgl.: Wer einmal lügt, dem glaubt man nicht, und wenn er auch die Wahrheit spricht.)

Cicero, *Pro C. Rabirio Postumo* 36.

Ubi sum, ibi non sum; ubi non sum, ibi est animus.
Wo ich bin, dort bin ich nicht; wo ich nicht bin, dort ist meine Seele.

Plautus, *Cistellaria* 212. – Alcesimarchus ist vor lauter Liebestaumel gänzlich verwirrt.

Ubi terrarum sumus?
Wo in aller Welt sind wir?

Cicero, *Pro C. Rabirio Postumo* 37.

udi tamquam mures
naß wie Mäuse
(vgl.: pudelnaß)

Petron, *Satyrica* 44.

ulcus tangere
eine Wunde berühren
(vgl.: den Finger in die Wunde legen)

Terenz, *Phormio* 690.

ultima ratio regis
die letzte Methode des Königs

Kanoneninschrift z. B. der preußischen Geschütze seit 1742. Vielleicht nach Pedro Calderón de la Barca (*En la vida todo es verdad y todo mentira*, V. 1188), der Waffen als »última raçón de reyes« bezeichnet.

ultima Thule
das äußerste Thule
(d. h.: der äußerste Norden)

Vergil, *Georgica* 1,30. – Der Seefahrer Pytheas von Massilia hatte um das Jahr 325 v. Chr. auf einer Erkundungsfahrt im äußersten Norden eine Insel mit dem Namen Thule entdeckt. Vgl. Pytheas, Fragmente 6a, 6c, 7a und 11b Mette.

Ultra posse nemo obligatur siehe **Impossibilium nulla obligatio est**

ululam Athenas portare
eine Eule nach Athen tragen

Nach Cicero (*Ad familiares* 6,3,4), der in griechischer Sprache Aristophanes (*Vögel* 301) zitiert. Vgl. **In silvam ne ligna feras!** und die andere Übersetzung des griechischen Originals **noctuam Athenas deportare**.

Umbra et imaginibus utimur.
Wir verwenden Schatten und Abbilder.

Cicero (*De officiis* 3,69) erklärt, daß man kein wirkliches Abbild des wahren Gesetzes und der echten Gerechtigkeit habe, sondern dem Menschen nur eine Art bloßer Skizze vorliege.

Umbram suam metuit.
Er fürchtet seinen eigenen Schatten.

Q. Cicero, *Commentariolum Petitionis* 9.

una atque eadem voce
mit ein und derselben Stimme

Nach Cicero, *De officiis* 2,42.

Una domus non alit duos canes.
Ein Haus ernährt nicht zwei Hunde.

Vgl. Aristophanes, *Wespen* 927.

Una hirundo non facit ver.
Eine Schwalbe macht keinen Frühling.

(z. B.) Gregor von Nazianz, *Orationes* 39,14, nach Aristoteles, *Nikomachische Ethik* 1,1098a 16. Vgl. **Barba non facit . . .** und **Cucullus non facit . . .**

Una salus victis nullam sperare salutem.
Die einzige Rettung der Besiegten ist, auf keine Rettung zu hoffen.

Vergil, *Aeneis* 2,354.

Unde fames homini vetitorum tanta ciborum est?
Woher kommt dem Menschen so großer Hunger nach verbotenen Speisen?

Ovid, *Metamorphoses* 15,138.

Unde gentium?
Woher in aller Welt?

Plautus, *Asinaria* 91 und *Epidicus* 483.

Unde habeas, quaerit nemo; sed oportet habere.
Woher man hat, fragt niemand; aber haben muß man.

Juvenal (*Saturae* 14,207) bezeichnet diese Worte als geläufige Maxime.

Undique enim ad inferos tantundem viae est.
Von überallher ist nämlich der Weg in die Unterwelt gleich weit.

Cicero (*Tusculanae disputationes* 1,104) zufolge lehnte der sterbende Anaxagoras mit diesen Worten ab, vor seinem Tod noch in seine Geburtsstadt gebracht zu werden.

unguibus ac pedibus repugnare
sich mit Krallen und Füßen wehren
(vgl.: sich mit Händen und Füßen wehren)

Nach Lukrez, *De rerum natura* 5,1037.

unguibus et dentibus
mit den Nägeln und den Zähnen
(vgl.: mit Händen und Füßen)

Augustinus, *Contra Faustum Manichaeum* 22,73; vgl. Lukian, *Dialoge über die Toten* 11,4.

Uni testi nec Catoni creditum est.
Einem einzigen Zeugen glaubt man nicht, selbst wenn es Cato wäre.
(Vgl.: Ein Zeuge ist kein Zeuge.)

Hieronymus, *Adversus Rufinum* 2,24; vgl. Deuteronomion 17,6 und Matthäus 18,16. Vgl. **Testis unus, testis nullus**.

Unum cum noris, omnes noris.
Kennst du einen, kennst du alle.

Terenz, *Phormio* 265.

Unum pro multis dabitur caput.
Ein Haupt wird für viele gegeben werden.
(D. h.: Einer wird für viele sterben.)

Vergil, *Aeneis* 5,815. – Palinurus wird zur Rettung seiner Gefährten sein Leben lassen.

unus et idem
ein und derselbe

(z. B.) Horaz, *Epistulae* 2,2,200.

Unus homo nobis cunctando restituit rem.
Ein einziger Mann hat uns (allen) durch sein Zaudern den Staat wiederhergestellt.

Ennius (*Annales* Fragment 351 Magno) beschreibt so die von Quintus Fabius Maximus Verrucosus im Zweiten Punischen Krieg angewandte Verzögerungstaktik. Vgl. auch Vergil, *Aeneis* 6,846 (›Heroenschau‹).

unus / multorum
einer von vielen (Unaufgeklärten)

Horaz, *Sermones* 1,9,71 f.

Urbem venalem et mature perituram, si emptorem invenerit!
Käufliche Stadt, die bald zugrunde gehen wird, wenn sie (nur) einen Käufer findet!

Sallust, *Bellum Iugurthinum* 35,10. – Worte Iugurthas, als er auf einen Beschluß des Senates Rom verlassen muß.

urbi et orbi
für die Stadt (Rom) und für den (Welt)Kreis
(d. h.: für die ganze Welt)

Der Segen des Papstes nach Patricius, *Ritus ecclesiastici SS. Romanae ecclesiae* 1,1,4. Diese Kollokation findet sich in der Antike in anderem Zusammenhang bei Cicero, *In L. Catilinam* 1,9; Ovid, *Ars amatoria* 1,174 und *Fasti* 2,683.

Urceatim pluit.
Es regnet krügeweise.
(Vgl.: Es gießt wie aus Kübeln.)

Nach Petron, *Satyrica* 44.

Urget diem nox et dies noctem.
Die Nacht folgt drängend dem Tag und der Tag der Nacht.

Horaz, *Epodi* 17,25.

Urit miserum gloria pectus.
Seine elende Brust glüht vor (Verlangen nach) Ruhm.

Seneca, *Hercules Oetaeus* 620.

Urticae proxima saepe rosa est.
Der Brennessel ganz nah ist oft die Rose.

Ovid (*Remedia amoris* 46) erläutert, Gegensätzliches läge oft nah beieinander. So lehre er selbst sowohl die Liebeskunst als auch die Heilung von der Liebe.

Usque adeone mori miserum est?
Ist denn das Sterben gar so arg?

Vergil, *Aeneis* 12,647.

Usus magister est optimus.
Erfahrung ist die beste Lehrerin.

Cicero, *Pro C. Rabirio Postumo* 9.

Usus tyrannus.
Die Gewohnheit ist ein Tyrann.
(Vgl.: die Macht der Gewohnheit)

Vgl. Herodot, *Geschichte* 3,38 und 7,104.

. . . ut aliquid fecisse videamur
. . . damit es so aussieht, als hätten wir etwas unternommen

Nach Laktanz, *Institutiones divinae* 7,4.

Ut ameris, ama!
Um geliebt zu werden, liebe!
Martial, *Epigrammata* 6,11,10.

Ut ameris, amabilis esto! siehe **Sit procul omne nefas . . .**

Ut desint vires, tamen est laudanda voluntas.
Wenn auch die Kräfte fehlen, muß dennoch der (gute) Wille gelobt werden.
(Vgl.: Hier gilt der Wille für das Werk.)
Ovid, *Epistulae ex Ponto* 3,4,79. Vgl. **Quod si deficiant vires . . .**

Utendum est aetate, cito pede labitur aetas.
Man muß die Zeit nutzen: Schnellen Fußes vergeht die Zeit.
Ovid, *Ars amatoria* 3,65.

Ut fragilis glacies interit ira mora.
Wie zerbrechliches Eis vergeht Zorn auf Dauer.
Ovid, *Ars amatoria* 1,374.

Ut homo est, ita morem geras.
Wie der Mensch ist, so folge seiner Sitte.
(Vgl.: mit den Wölfen heulen)
Terenz, *Adelphoe* 431.

Utile opus manuum vario sermone levemus.
Laßt uns das nützliche Werk der Hände durch buntes Gespräch erleichtern.
Ovid, *Metamorphoses* 4,39.

Utilis interdum est ipsis iniuria passis.
Bisweilen ist Unrecht selbst für die nützlich, die es erlitten haben.
Ovid, *Heroides* 17,187.

uti possidetis
wie ihr besitzt
(d. h.: nach eurem augenblicklichen Besitzstand)

Digesta 43,17.

ut locuples moriaris, egentis vivere fato
um als Reicher zu sterben, das Schicksal eines Armen durchleben

Juvenal (*Saturae* 14,137) fragt sich hier nach dem Sinn von übermäßiger Sparsamkeit.

ut nil supra
daß nichts darüber (geht)

Terenz, *Andria* 120.

ut pictura poesis
wie ein Gemälde, so auch ein Gedicht

Horaz (*Ars poetica* 361) vergleicht Gedichte mit Bildern: Manche beeindruckten bei näherer Betrachtung, andere eher aus der Ferne; manche liebten das Dunkel, andere wiederum wollten im Lichte stehen; manche gefielen bei einmaligem Hinsehen, andere nachdem sich die Prozedur zehnmal wiederholt habe (»decies repetita placebit«). Vgl. **Pictoribus atque poetis . . .**

Ut quimus, quando, ut volumus, non licet.
(Wir handeln) wie wir können, wenn es nicht erlaubt ist (zu handeln), wie wir wollen.

Nach Terenz (*Andria* 805), der die Wendung als sprichwörtlich bezeichnet.

Ut quisque fortuna utitur, / ita praecellet.
Wie ein jeder sein Glück nutzt, so wird er sich auszeichnen.
(Vgl.: Jeder ist seines Glückes Schmied.)

Plautus, *Pseudolus* 679 f.

Ut rem servare suave est!
Wie angenehm es ist, sein Vermögen zu bewahren!

Plautus, *Truculentus* 342.

Ut saepe summa ingenia in occulto latent!
Wie oft höchste Begabung im Verborgenen liegt!

Plautus, *Captivi* 165.

Ut sementem feceris, ita metes.
Wie du gesät hast, so wirst du ernten.

Cicero, *De oratore* 2,262.

Ut sis nocte levis, sit tibi coena brevis siehe **Ex magna coena . . .**

ut solet accipiter trepidas urgere columbas
wie der Habicht die zitternden Tauben zu bedrängen pflegt

Ovid (*Metamorphoses* 5,606) läßt die von Diana in ein Gewässer verwandelte Arethusa so ihre Flucht vor dem Flußgott Alpheus beschreiben.

Ut sunt humana, nihil est perpetuum datum.
Wie die menschlichen Dinge (so) sind: Nichts ist (uns) auf ewig gegeben.

Plautus, *Cistellaria* 194.

Ut tute es, item omnes censes esse?
Glaubst du, daß alle so sind, wie du selbst bist?

Plautus, *Rudens* 1099.

Ut valeas, multa dolenda feres.
Um zu genesen, mußt du viel Schmerzhaftes ertragen.

Ovid, *Remedia amoris* 226.

Uxorem fato credat adesse suo.
Er mag glauben, seine Frau käme zu seinem Glück noch hinzu.

Ovid, *Remedia amoris* 566. Oft auch zitiert: »Uxorem fato credat obesse suo.« (»Er mag glauben, seine Frau stehe seinem Glück im Wege.«)

Uxori nubere nolo meae.

Meine Frau will ich nicht zum Manne nehmen.

Martial (*Epigrammata* 8,12,2) begründet hier seine Weigerung, eine reiche Frau zu heiraten: Dann sei er seiner Frau unterlegen und nähme gleichsam die Stellung der Frau in der Ehe ein, die seiner Meinung nach untergeordnet zu sein hat.

Uxorium se praebet.

Er zeigt sich seiner Gattin sklavisch ergeben.

(Vgl.: Pantoffelheld)

Nach Macrobius, *Saturnalia* 7,3,19.

V

Vacare culpa magnum est solatium.
Frei von Schuld zu sein ist ein starker Trost.

Cicero, *Ad familiares* 7,3,4.

Vade mecum.
Gehe mit mir.

Pantagruel (Rabelais, *Gargantua et Pantagruel* 2,28) bezeichnet so eine Feldflasche, die er stets bei sich trägt. Heute wird die Wendung meist für Bücher, die einen ein Leben lang begleiten, gebraucht, vielleicht in Anlehnung an eine *Vade mecum* genannte Epigrammsammlung von Peter Lotichius.

Vae victis!
Wehe den Besiegten!

Plautus, *Pseudolus* 1317. Häufiger zitiert nach: Livius, *Ab urbe condita* 5,48,9. Vgl. **Additus ab insolente Gallo . . .**

Valere malo quam dives esse.
Ich möchte lieber gesund als reich sein.

Nach Cicero (*De officiis* 2,88), der diese Überlegung als Beispiel für die Abwägung von physischen und materiellen Vorteilen heranzieht.

Valetudo decrescit, accrescit labor.
Das Wohlbefinden nimmt ab, die Pein nimmt zu.

Plautus, *Curculio* 219.

vallis lacrymarum
Tal der Tränen
(vgl.: Jammertal)

Nach Psalm 83,7.

vana surdis auribus canere
tauben Ohren Vergebliches vorsingen
(vgl.: tauben Ohren predigen)

Livius, *Ab urbe condita* 40,8,10.

Vanescitque absens et novus intrat amor.
So verblaßt der Abwesende, und eine neue Liebe tritt ein.
(Vgl.: Aus den Augen, aus dem Sinn.)

Ovid (*Ars amatoria* 2,358) warnt so vor allzu langer Abwesenheit des Geliebten.

Vanitas vanitatum!
Eitelkeit der Eitelkeiten!

Ecclesiastes 1,2 und 12,8; vgl. Thomas a Kempis, *Imitatio Christi* 1,1,11.

Variatio delectat.
Abwechslung erfreut.

In der Antike findet sich statt »variatio« stets »varietas«, so z. B. bei Cicero, *De natura deorum* 1,22, und bei Aesop, *Fabulae* 2, prologus 10.

Varium et mutabile semper / femina siehe **Heia age, rumpe moras . . .**

vas electionis
auserwähltes Gefäß

Apostelgeschichte 9,15. – Gemeint ist Paulus.

Vectigalia nervi sunt rei publicae.
Die Steuern sind die Nerven des Staates.

Nach Cicero, *Pro lege Manilia* 17. Vgl. **Nervi belli pecunia infinita**.

Velle parum est; cupias, ut re potiaris, oportet.
Zu wollen ist zu wenig: Du mußt begehren, dich der Sache zu bemächtigen.

Ovid, *Epistulae ex Ponto* 3,1,35.

Velle suum cuique est.
Jeder hat seinen (ganz) eigenen Willen.
(Vgl.: Des Menschen Wille ist sein Himmelreich.)

Persius, *Saturae* 5,53.

velut inter ignes / luna minores
wie der Mond unter kleineren Feuern (Sternen)

Horaz (*Carmina* 1,12,48 f.) preist das Julische Geschlecht, das unter allen anderen hervorglänze.

Venalis populus, venalis curia patrum, / est favor in pretio.
Käuflich ist das Volk, käuflich die Kurie der Väter, ihre Unterstützung hängt vom Preis ab (den man ihnen dafür zahlt).

Petron, *Satyrica* 119,41 f.

Venenum in auro bibitur.
Gift trinkt man aus Gold (d. h.: aus einem goldenen Becher).

Seneca, *Thyestes* 453.

Venia sit dicto.
Das Wort sei gestattet.
(D. h.: Mit Verlaub.)

Plinius d. J., *Epistulae* 5,6,46.

Venienti occurrite morbo!
Laufe der kommenden Krankheit entgegen (d. h.: gebiete ihr Einhalt, bevor sie gänzlich um sich greift).

Persius, *Saturae* 3,64.

Veniet quondam felicior aetas.
Es wird einst ein glücklicheres Zeitalter kommen.

Silius Italicus, *Punica* 11,123.

Venimus ad summum fortunae.
Wir sind zum Gipfel des Glücks gekommen.

Horaz, *Epistulae* 2,1,32.

Venit amor gravius quo serius.
Je später die Liebe kommt, um so heftiger.

Ovid, *Heroides* 4,19.

Venit post multos una serena dies.

Nach den vielen (Tagen) kam (schließlich) ein heiterer Tag.

Tibull, *Elegiae* 3,6,32.

Veni, vidi, Deus vicit!

Ich kam, sah, Gott siegte!

Kaiser Karl V. nach der Gefangennahme des Kurfürsten Johann Friedrich von Sachsen und der Einnahme Wittenbergs; vgl. Julius Wilhelm Zincgref, *Teutscher Nation Apophthegmata* 1, S. 71.

Veni, vidi, vici.

Ich kam, sah, siegte.

Sueton (*Vita divi Iuli* 37,2) berichtet, daß beim Triumphzug Caesars anläßlich des Sieges über Pharnaces von Pontus (47 v. Chr.) eine Tafel mit diesen Worten gezeigt wurde, die nicht die Ereignisse dieses Krieges, sondern die Geschwindigkeit, mit der er beendet wurde, dokumentieren sollte.

Venter non habet aures.

Ein Bauch hat keine Ohren.

Vgl. Seneca, *Epistulae morales* 21,11: »Venter praecepta non audit; poscit, appellat.« (»Ein Bauch hat keine Ohren; er fordert, ruft.«) Plutarch (*Cato* 8,1) berichtet, Cato habe, als er versuchte, das Volk von einer Forderung nach Korn abzuhalten, gesagt, es sei schwierig, mit einem Bauch zu diskutieren, da er keine Ohren habe.

ventis remis

mit dem Wind (und) mit Rudern
(vgl.: volle Kraft voraus)

Cicero, *Ad familiares* 12,25,3.

Ventum ad supremum est.

Es ist zum Äußersten gekommen.

Vergil, *Aeneis* 12,803.

Ventum seminabunt et turbinem metent.

Sie werden Wind säen und Sturm ernten.

Hosea 8,7.

Verae amicitiae sempiternae sunt.
Wahre Freundschaften sind von ewiger Dauer.
Cicero, *De amicitia* 32.

Vera redit facies, dum simulata perit.
Das wahre Aussehen kehrt zurück, während das vorgetäuschte verschwindet.
Petron, *Satyrica* 80.

verba dare
(bloße) Worte geben
(d. h.: jemanden täuschen)
(z. B.) nach Terenz, *Andria* 211.

Verba dat in ventos.
Er spricht seine Worte in den Wind.
Ovid, *Amores* 1,6,42.

Verba dat omnis amor.
Jede Liebe verleiht (schöne) Worte.
Ovid, *Remedia amoris* 95.

Verba puellarum foliis leviora caducis.
Die Worte der Mädchen sind leichter als herabfallende Blätter.
Ovid, *Amores* 2,16,45.

verba sine penu et pecunia
Worte ohne Nahrung und Geld
(d. h.: Worte, doch keine materiellen Leistungen)
Plautus, *Captivi* 472.

Verba volant, scripta manent.
Die Worte fliegen hinfort, die Schrift bleibt.
HW: 33093a.

verborum paupertas, immo egestas
eine Armut, ja Dürftigkeit der Worte

Nach Seneca, *Epistulae morales* 58,1.

verbo tenus
wörtlich, bis aufs Wort

(z. B.) Cicero, *De legibus* 3,14.

Vere calor redit ossibus.
Im Frühjahr kehrt die Wärme in die Knochen zurück.

Vergil, *Georgica* 3,272.

Verecundari neminem apud mensam decet.
Bei Tische ziemt es sich für niemanden, zimperlich zu tun.

Plautus, *Trinummus* 478. – Gemeint ist: Wenn es ums bloße Überleben geht, darf man keine ideologischen Überlegungen anstellen, sondern muß nehmen, was kommt.

Vereor coram in os te laudare amplius.
Ich scheue mich, dich in deiner Gegenwart weiter zu loben.

Terenz, *Adelphoe* 269.

Vereri perdidit.
Er hat seine Ehrfurcht verloren.

Plautus, *Bacchides* 158.

Veris magna paratur / fama bonis.
Großen Ruhm erlangt man durch wahre Verdienste.

Lukan, *De bello civili* 9,593 f.

Veritas numquam perit.
Die Wahrheit geht niemals unter (d. h.: sie kommt letztlich immer zum Vorschein).

Seneca, *Troades* 614.

Veritas odit moras.
Wahrheit haßt Verzögerung.
Seneca, *Oedipus* 850.

veritas odium parit siehe **Obsequium amicos . . .**

Veritatem dies aperit.
Der Tag offenbart die Wahrheit.
Seneca (*De ira* 2,22) warnt vor vorschnellen Schlüssen: Oft scheine ein Sachverhalt auf den ersten Blick klar, doch käme die Wahrheit erst nach einiger Zeit zum Vorschein.

Veritatis simplex oratio est.
Der Wahrheit Rede ist einfach.
Seneca (*Epistulae morales* 49,12) zitiert hier Euripides, *Die Phönizischen Mädchen* 469.

vero distinguere falsum
vom Wahren das Falsche unterscheiden
(z. B.) Horaz, *Epistulae* 1,10,29.

Versate diu, quid ferre recusent, / quid valeant umeri!
Überlegt lange, was eure Schultern zu tragen sich weigern und was sie tragen können.
Horaz (*Ars poetica* 39 f.) mahnt die Dichter, sich nur an Themen heranzuwagen, die ihre Fähigkeiten nicht übersteigen.

Versatur celeri Fors levis orbe rotae.
Das leichte Rad des Schicksals dreht sich in schnellen Kreisen.
Tibull, *Elegiae* 1,5,70.

Verum gaudium res severa est.
Wahre Freude ist eine ernste Sache.
Seneca (*Epistulae morales* 23,4) grenzt hier oberflächliche Freude, die oft durch Lächeln zum Ausdruck komme, von wahrer Freude ab: Sie entstehe dadurch, daß man die stoischen Forderungen zur Erlangung der Gemütsruhe erfülle, indem man z. B. keine Furcht vor Tod und Schmerzen empfinde.

Verum mihi videtur, quod est.
Wahr scheint mir (nur) das zu sein, was ist.

Nach Augustinus, *Soliloquia* 2,8.

Verus amicus est tamquam alter idem siehe **Amicus est tamquam alter ego**

Verus amor nullum novit habere modum.
Wahre Liebe kennt kein Maß.

Properz, *Elegiae* 2,15,30.

vestigia terrent siehe **quia me vestigia terrent**

Vestis virum reddit.
Das Kleid macht den Mann.
(Vgl.: Kleider machen Leute.)

Erasmus, *Adagia* 3,1,60, nach Quintilian, *Institutio oratoria* 8, praefatio 20. Vgl. **Cultus magnificus . . .**

Vexilla regis prodeunt . . .
Des Königs Banner rücken vor . . .

Venantius Fortunatus, *De passione domini hymnus* 1. Diese Worte zitierte Bismarck in seiner »Polenrede« vom 28. Januar 1886.

Via hostibus, qua fugiant, munienda est.
Den Feinden soll man einen Weg bahnen, auf dem sie fliehen können.

Nach Vegetius (*Epitoma rei militaris* 3,21), der diese Worte als eine von Scipio aufgestellte Militärregel bezeichnet.

Via trita est tutissima.
Der ausgetretene Weg ist der sicherste.

Liebs V 21.

Vicina sunt vitia virtutibus.
Den Tugenden benachbart sind die Laster.

Hieronymus, *Dialogus contra Luciferianos* 14.

Vicit et superos amor.
Die Liebe hat selbst Götter (schon) besiegt.
Seneca, *Hercules Oetaeus* 473.

victima nil miserantis Orci
ein Opfer des erbarmungslosen Orcus
Horaz, *Carmina* 2,3,24. – Orcus ist der Herr des Totenreichs.

Victi vincimus.
Obwohl besiegt, siegen wir.
(D. h.: Der Spieß wird sich umdrehen.)
Plautus, *Casina* 510.

Victoria pax, non pactione parienda.
Durch einen Sieg, nicht durch einen Pakt soll man den Frieden schaffen.
Cicero, *Ad familiares* 10,6,1.

Victrix causa diis placuit, sed victa Catoni.
Die siegreiche Sache gefiel den Göttern, die besiegte dem Cato (Uticensis).
Lukan, *De bello civili* 1,128. – Aus dem Bürgerkrieg ging Caesar nicht nur als Sieger über Pompeius hervor, sondern auch über den jüngeren Cato, den Verfechter der alten republikanischen Staatsidee. Da Cato Caesars Alleinherrschaft nicht ertragen konnte, beging er nach der Schlacht bei Thapsus im Jahre 46 v. Chr. Selbstmord.

Victrix fortunae sapientia.
Siegerin über das Schicksal ist die Weisheit.
Juvenal, *Saturae* 13,20.

Videant consules, ne quid res publica detrimenti capiat.
Mögen die Konsuln Sorge tragen, daß der Staat keinen Schaden nehme.
Nach (z. B.) Cicero, *Pro T. Annio Milone* 70. – Formel, mit der der Senat den Notstand erklärte.

Video meliora proboque, / deteriora sequor.
Ich sehe das Bessere und billige es, dem Schlechteren folge ich.
Ovid, *Metamorphoses* 7,20 f.

Videre nostra mala non possumus.
Alii simul delinquunt, censores sumus.
Wir können unsere eigenen Fehler nicht sehen; sobald aber andere sich verfehlen, sind wir (ihre) Richter.
(Vgl.: den Balken im eigenen Auge nicht sehen)
Phaedrus, *Fabulae* 4,10,4 f.

Videte, quaeso, quid potest pecunia!
Seht, so bitte ich, was das Geld vermag!
Plautus, *Stichus* 410.

Vigilavit iustitiae oculus sempiternus.
Es wachte das ewige Auge der Gerechtigkeit.
Ammianus Marcellinus, *Res gestae* 28,6,25.

Vilius argentum est auro, virtutibus aurum.
Geringer als Gold ist Silber, geringer als die Tugenden das Gold.
Horaz, *Epistulae* 1,1,52.

vim vi depellere
Gewalt mit Gewalt vertreiben
Nach Cicero, *Pro Sestio* 39; vgl. Damasus, *Regulae canonicae* (Lyon 1566) 72; *Digesta* 4,2,12,1 und 43,16,1,27.

Vina dabant animos.
Der Wein gab (ihnen) Mut.
Ovid, *Metamorphoses* 12,242.

Vina quies sequitur.
Auf den Wein folgt die Ruhe.
Ovid, *Fasti* 3,305.

Vince animos iramque tuam, qui ceteras vincis!
Besiege deinen Unmut und deinen Zorn, du, der du (alles) übrige besiegst!

Ovid, *Heroides* 3,85.

Vince omnem virtute laborem!
Überwinde jede Mühsal durch deine Tugend!

Silius Italicus (*Punica* 12,511) zufolge ermahnte Hannibal seine Soldaten in Capua mit diesen Worten.

Vincere scis, Hannibal, victoria uti nescis.
Du verstehst zu siegen, Hannibal, aber den Sieg zu nutzen verstehst du nicht.

Livius, *Ab urbe condita* 22,51,4. – Maharbal soll mit diesen Worten Hannibal gedrängt haben, nach seinem Sieg über die Römer bei Cannae (216 v. Chr.) sofort gegen Rom zu marschieren.

Vincere vult animos, non satiare Venus.
Besiegen, nicht befriedigen will Venus die Herzen.

Ausonius, *Epigrammata* 56,2.

Vincit sanctos dira libido.
Die schreckliche Lust besiegt (selbst) Tugendhafte.

Seneca, *Hippolytus* 981.

Vincula da linguae, vel tibi vincia dabit.
Lege deiner Zunge Fesseln an, oder sie wird dir Fesseln anlegen.

HW: 33446.

Vincuntur molli pectora dura prece.
Besiegt werden harte Herzen durch weiche Bitten.

Tibull, *Elegiae* 3,4,76.

Vindicta / nemo magis gaudet quam femina.
Niemand erfreut sich mehr an Rache als eine Frau.

Juvenal, *Saturae* 13,191 f.

Vino diffugiunt mordaces sollicitudines.
Beim Wein fliehen die beißenden Sorgen dahin.

Nach Horaz, *Carmina* 1,18,4.

Vino forma perit, vino corrumpitur aetas.
Wein richtet die Schönheit zugrunde; durch Wein wird die Blüte des Lebens verdorben.

Properz, *Elegiae* 2,23,33.

Vinum lac Veneris.
Wein ist die Milch der Venus.

HW: 33476.

Vinum laetificat cor hominis.
Wein erfreut des Menschen Herz.

Psalm 103,15.

viperam sub ala nutricare
eine Schlange unter der Achsel nähren
(vgl.: eine Schlange am Busen nähren)

Nach Petron, *Satyrica* 77 (nach Aesop 82 Chambry); vgl. Cicero, *De haruspicum responsis*, 50.

viribus, ingenio, specie, virtute, loco, re
was Kräfte, Begabung, Aussehen, Tugend, Position, Besitz betrifft

Horaz (*Epistulae* 2,2,203) behauptet, in bezug auf alle Aspekte des Lebens eine Mittelposition einzunehmen: Nie sei er der erste noch jemals der letzte.

viribus unitis
mit vereinten Kräften

Wahlspruch des österreichischen Kaisers Franz Joseph I., geprägt von Joseph Ritter von Bergmann.

vir omnium horarum
ein Mann für alle Stunden

Quintilian (*Institutio oratoria* 6,3,110) zufolge wurde von Asinius Pollio berichtet, daß er zu Spaß wie Ernst fähig, d. h. ein Mann für jede Gelegenheit gewesen sei.

Virtus est medium vitiorum.
Tugend ist die (rechte) Mitte zwischen den Fehlern.

Horaz, *Epistulae* 1,18,9.

Virtus est vitium fugere et sapientia prima / stultitia caruisse.
Die Tugend liegt darin, das Laster zu fliehen, und von Dummheit frei zu sein ist der Beginn der Weisheit.

Horaz, *Epistulae* 1,1,41 f.

Virtus et summa potestas / non coeunt.
Tugend und absolute Macht passen nicht zusammen.

Lukan, *De bello civili* 8,494 f.

Virtus in astra tendit, in mortem timor.
Tugend strebt nach den Sternen, Furcht nach dem Tod.

Seneca, *Hercules Oetaeus* 1971.

Virtus mihi in astra et ipsos fecit ad superos iter.
Tugend hat mir den Weg zu den Sternen und selbst zu den Göttern geöffnet.

Seneca, *Hercules Oetaeus* 1951.

Virtus omnia in sese habet.
Tugend birgt alles in sich.

Plautus, *Amphitruo* 652.

Virtus post nummos! siehe **O cives, cives . . .**

Virtus, recludens immeritis mori
Caelum, negata temptat iter via.
Tugend, die den Himmel denen öffnet, die nicht zu sterben verdienen, versucht sich an einem Pfad, der (anderen) verwehrt ist.

Horaz, *Carmina* 3,2,21 f.

Virtute decet, non sanguine niti.
Auf Tugend, nicht auf Blut muß man sich stützen.

Claudian, *De quarto consulatu honorii Augusti* 220.

Virtutem incolumen odimus.
Wir hassen vollkommene Tugend.

Horaz (*Carmina* 3,24,31) erklärt, die meisten Menschen beneideten Tugend. Erst wenn verdiente Menschen stürben, wünschten sie sich deren Tugend zurück.

Virtutis est domare, quae cuncti pavent.
Tapferkeit liegt darin zu bezwingen, was alle fürchten.

Seneca, *Hercules furens* 439.

vis comica
komische Kraft
(d. h.: Kraft der Komik)

Diese Kollokation beruht auf einem Mißverständnis: Caesar hatte in einem Gedicht Terenz' Komik (»comica virtus«, in: Sueton, *Terentius* 5) gelobt. Das Adjektiv »comica« ist dabei von einigen Lesern fälschlicherweise auf die in der nächsten Zeile folgende »vis« bezogen worden. Inhaltlich besteht jedoch kein Widerspruch.

Vis consilii expers mole ruit sua.
Kraft ohne Überlegung bricht durch ihre eigene Wucht zusammen.
(Vgl. Friedrich Schiller, »Das Lied von der Glocke«: »Wo rohe Kräfte sinnlos walten . . .«)

Horaz, *Carmina* 3,4,65.

Viscus merus vestra est blanditia.
Purer Vogelleim ist eure Schmeichelei.
(Vgl.: jemandem auf den Leim gehen)

Plautus, *Bacchides* 50.

Vis nulla cruentam castrat avaritiam.
Keine Gewalteinwirkung schwächt grausamen Geiz.

Claudian, *In Eutropium* 1,192.

Vita brevis est, ars longa.
Das Leben ist kurz, die Kunst lang.

Seneca (*De brevitate vitae* 1) zitiert Hippokrates, *Aphorismen* 1,1.

Vitae summa brevis spem nos vetat incohare longam.
Die kurze Spanne des Lebens verbietet uns, lange Hoffnungen zu hegen.

Horaz, *Carmina* 1,4,15.

vitam impendere vero
sein Leben der Wahrheit widmen

Juvenal, *Saturae* 4,91.

Vitam regit fortuna, non sapientia.
Glück regiert das Leben, nicht Weisheit.

Cicero (*Tusculanae disputationes* 5,25) zufolge war Theophrast wegen dieser in seinem *Callisthenes* aufgestellten Behauptung (vgl. Plutarch, *De fortuna* 97) oft kritisiert worden.

Vitaque mancipio nulli datur, omnibus usu.
Das Leben wird niemandem als Eigentum, allen (aber) zum Gebrauch gegeben.

Lukrez, *De rerum natura* 3,969.

Vitavi denique culpam, / non laudem merui.
Ich habe nur gar die Schuld gemieden, (doch) kein Lob verdient.

Horaz, *Ars poetica* 267 f.

vita vigilia est siehe **Profecto enim vita . . .**

Vitia nobis sub virtutum nomine obrepunt.
Laster beschleichen uns unter dem Decknamen der Tugend.

Seneca, *Epistulae morales* 45,7.

Vitiosum est ubique, quod nimium est.
Fehlerhaft ist alles, was zuviel ist.
(Vgl.: Nichts im Übermaß!)

Seneca, *De tranquilitate animi* 9,6. Vgl. **Ne quid nimis.**

Vivat Bacchus!
Bacchus lebe!

Wolfgang Amadeus Mozart, *Die Entführung aus dem Serail*, 2. Aufzug, 7. Auftritt, Duett zwischen Pedrillo und Osmin (Libretto von Gottlieb Stephanie und Christoph Friedrich Bretzner).

viva voce
mit lebender Stimme
(d. h.: mündlich, nicht schriftlich)

(z. B.) nach Seneca Rhetor, *Controversiae*, praefatio 11.

Vive memor leti! Fugit hora, hoc quod loquor inde est.
Lebe eingedenk des Todes! Die Zeit flieht dahin; was ich sage, ist schon hinweg.

Persius, *Saturae* 5,153.

Vive memor quam sis aevi brevis!
Lebe eingedenk der Kürze deiner Lebenszeit!

Horaz, *Sermones* 2,6,97.

Vivere est militare siehe **Atqui vivere . . .**

Vivere si recte nescis, decede peritis!
Wenn du nicht recht zu leben weißt, weiche den Erfahrenen (d. h.: denen, die zu leben verstehen)!

Horaz, *Epistulae* 2,2,213.

Vive vale!
Lebe (und) lebe wohl!

(z. B.) Horaz, *Epistulae* 1,6,67.

Vivimus, ut numquam sensu careamus amaro.
Wir leben derart, daß wir nie einer bitteren Empfindung entbehren.

Ovid, *Epistulae ex Ponto* 1,2,37.

Vivitur parvo bene.
Er lebt gut von wenigem.

Horaz, *Carmina* 2,16,13.

Vivos voco, mortuos plango, fulgura frango.
Die Lebenden rufe ich, die Toten beklage ich, die Blitze breche ich.

Friedrich Schiller, »Das Lied von der Glocke«, Motto.

Vix ea nostra voco.
Kaum nenne ich dies das unsere.

Ovid, *Metamorphoses* 13,141. – Odysseus erklärt hier, daß man nichts, was man nicht durch eigenes Verdienst erlangt habe – als Beispiel nennt er edle Abstammung – wirklich sein eigen nennen könne.

Vixere fortes ante Agamemnona / multi.
Viele Tapfere lebten (bereits) vor Agamemnon.

Horaz (*Carmina* 4,9,25 ff.) zufolge sind Helden wie z. B. Hector nicht allein aufgrund ihrer Taten berühmt, sondern vor allem, weil sie von einem Dichter verewigt wurden. Die nicht von einem Dichter »beweinten« Helden jedoch umgebe die tiefe Nacht der Unbekanntheit: »Sed omnes inlacrimabiles / urgentur ignotique longa / nocte.« (»Aber alle Unbeweinten und Unbekannten werden von einer langen Nacht bedrängt.«)

Vixit, dum vixit, bene.
Er hat, solange er lebte, gut gelebt.

Terenz, *Hecyra* 461.

Vix ossibus haerent.
Sie hängen kaum in ihren Knochen.
(Vgl.: nur noch aus Haut und Knochen bestehen)

Vergil, *Bucolica* 3,102.

Vocat labor ultimus omnes.
Die äußerste Not ruft alle.

Vergil, *Aeneis* 11,476.

Vocatus atque non vocatus audit.
Gerufen oder ungerufen hört er zu.

Horaz (*Carmina* 2,13,40) spricht hier von Orcus, dem Herrscher der Unterwelt, der jeden von den Mühen des Lebens befreit, ob man ihn ruft oder nicht.

volatilis aetas
die flüchtige Zeit

Ovid, *Metamorphoses* 10,519.

Volenti non fit iniuria siehe **Nulla iniuria est . . .**

volgivaga Venus
überall umherschweifende Liebe

Nach Lukrez, *De rerum natura* 4,1071.

volubilis fortuna
wandelbares Glück

Nach Valerius Maximus, *Dicta et facta memorabilia* 7,1,1.

Voluptatem maeror comes consequitur.
Auf das Vergnügen folgt wie ein Begleiter die Trauer.
(Vgl.: Ohne Verdruß ist kein Genuß.)

Nach Plautus, *Amphitruo* 635.

volventibus annis
während die Jahre sich dahinwälzen
(d. h.: im Laufe der Jahre)

Vergil, *Aeneis* 1,234.

voraces impensae
gefräßige Unkosten

Nach Valerius Maximus, *Facta et dicta memorabilia* 7,1,2.

Vos exemplaria Graeca / nocturna versate manu, versate diurna.
Verweilet bei den griechischen Vorbildern bei Tag und bei Nacht.

Horaz, *Ars poetica* 268 f.

vox clamantis in deserto
die Stimme des Rufenden in der Wüste

Matthäus (3,3) über Johannes den Täufer.

Vox faucibus haesit.
Die Stimme blieb im Halse stecken.
Vergil, *Aeneis* 2,774 und 3,48.

Vox populi vox dei.
Die Stimme des Volkes ist die Stimme Gottes.
Petrus Bledensis, *Epistulae* 15, nach Isaias 66,6; vgl. Seneca Rhetor, *Controversiae* 1,1,10.

Vulcanum naribus efflant.
Aus den Nüstern blasen sie Feuer.
Ovid (*Metamorphoses* 7,104) beschreibt so die Stiere, mit denen Iason kämpfen mußte.

Vulgare amici nomen, sed rara est fides.
Verbreitet ist die Bezeichnung »Freund«, doch selten ist die Treue.
Phaedrus, *Fabulae* 3,9,1.

Vulgi opinio mutari vix potest.
Die Meinung der breiten Menge läßt sich kaum ändern.
Cicero, *Topica* 73.

Vulgus amicitias utilitate probat.
Die breite Menge mißt Freundschaften an ihrem Nutzen.
Ovid, *Epistulae ex Ponto* 2,3,8.

Vulpes non iterum capitur laqueo.
Ein Fuchs läßt sich nicht zweimal mit einer Schlinge fangen.
Nach einem griechischen Sprichwort, z. B. Zenobius 1,67; vgl. Horaz, *Sermones* 2,7,70 f.

Vulpes pilum mutat, non mores.
Ein Fuchs wechselt den Balg, nicht den Charakter.
Sueton (*Vita divi Vespasiani* 16,3) zufolge Ausruf eines Schäfers, der Vespasian nach dessen Thronbesteigung um seine Freiheit gebeten hatte und dafür zahlen sollte.

Vultus indicat mores.
Die Miene zeigt den Charakter an.

Nach Cicero, *De legibus* 1,27.

Vultus loquitur, quodcumque tegis.
Deine Miene spricht aus, was auch immer du verheimlichst.

Seneca, *Hercules Oetaeus* 705.

Register lateinischer Schlagwörter

Register deutscher Schlagwörter

Die Verweise beziehen sich auf das lateinische Schlagwortregister.

Register der Autoren und Quellen